JN240875

米国海運 100年の変遷

アメリカ・プレジデント・ラインズと先駆者たち

ジョン・ニーヴェン [著]

山本 裕 [訳]

The American President Lines and
Its Forebears 1848-1984

John Niven

中央経済社

序　文

パシフィック・メール・スチームシップ・カンパニーの創業

　アメリカン・プレジデント・ラインズ^(訳注1)は，世界でなくとも，米国最大で，最も効率的に経営されている海運会社の1つだ。23隻のコンテナ船とバルク船で，アメリカ西海岸と極東を結ぶ全米の輸出入貿易の多くを担っている。また，精巧で洗練された電子データ処理システムにより，マーケットエリアの積替え貨物だけでなく，マーケットエリア内での貨物輸送も管理している。APLはインターモダル（複合一貫輸送）の会社として，米国内外の仕出地から仕向地までの貨物の輸送に責任を負っており，単なる船会社ではなく，船舶，鉄道，トラックなどを含む世界的な輸送システムを管理している。

　1849年，パナマとカリフォルニアを結ぶ最初の航路を運営したパシフィック・メール・スチームシップ・カンパニー^(訳注2)を前身とし，1世紀半の間に劇的な発展を遂げ，現在の姿になっていった。商人，鉄道王，投機家，木材王，石油王，経営専門家などが会社のリーダーとして活躍し，利益と損失，合併と買収を繰り返してきた。2,500総トンの石炭外輪船から始まり，現在では4万600総トンのディーゼルエンジン搭載のコンテナ船まで，その変化の激しい歴史の中で富を築き，また失ってきた。

　APLの長い歴史は，多くの人間の努力と同様に，偶然の産物でもあった。メールラインを設立したニューヨークの商人，ウィリアム・H・アスピンウォール（William H. Aspinwall）は，パナマからカリフォルニアへの海運会社を設立するという危険な事業が，その後の金の発見によって莫大な利益を生むことになるとは，知る由もなかった。また，世紀末にロバート・ダラー（Robert Dollar）が行っていた不定期航路も，材木業で栄えた彼の補助的なビジネスとしか考えていなかった。APLの歴史には，ベンチャーキャピタリストたちが米国西海岸の潜在的な経済力と海運業の重要性に着目し，自らのキャリアと財

（訳注1）American President Lines, Ltd. は，APL と略すこともある。
（訳注2）Pacific Mail Steamship Company は，慣用的に呼ばれたメールラインと訳すことが多い。

産を賭けた起業家的行動と実績が脈々と流れている。それは、開かれた、非常に個性的なビジネスと言える。

1915年まで、西海岸の沿岸と大洋を横断するさまざまな船会社は、政府の影響を比較的受けずにすんだ。もちろん、関税、海上の安全規制、いくらかの郵便助成などの間接的な公共的な政策は、沿岸と大洋両方の商業に影響を与えた。しかし、船主は自由にできるだけ低い賃金で乗組員を雇うことができ、それは一般に東洋人、とくに中国人を雇うことを意味した。士官も外国籍の者が多かった。

メールラインはアメリカ国旗を掲げていたが、デッキやエンジンルームのクルー（乗組員）は外国人であり、給仕係も外国人だった。ダラーラインは中国人船員を誇りにしていた。太平洋航路の船は英国籍で英国人船員のもとで運航し、貨物船の多くは英国製であった。当時も今も、アメリカの商船員の賃金は、アメリカの船が直面する国際的な競争を考えると、法外に高いものだった。また、アメリカの造船所で建造された船は、外国で建造された船に比べると3割から5割ほども高かったのである。

しかし、APLの前身を含むアメリカの船会社は、沿岸と大洋の航路で熾烈な競争をしており、西海岸ほどそれが顕著なところはなかった。やがて、競合する船会社のほとんどが姿を消した。ある会社は倒産し、ある会社はより大きな会社、より良い資金、より良い経営の会社に買収されたり合併されたりした。このような傾向は、政府がアメリカの商船に直接的に関与するようになってから、ますます顕著になった。

1915年のラ・フォレット船員法（La Follette Seamen's Act of 1915）は、米国籍で運航する船の商船員の労働条件の改善を求める第一歩であった。さらに、外国人乗組員の過半数が英語による合法的な命令を理解できることを義務付けることで、外国人の乗船員も割り当てた。ラ・フォレット法は施行が難しく、もちろん外国船籍の船には適用されなかったが、アメリカ商船員の賃金と労働条件を改善した。さらに、ライセンスのないクルーたちの組合結成に大きな刺激を与えた。

その後の法整備は、平均的なアメリカ人船員の生活を向上させる一方で、運航コストを上昇させ、競争力が高かった小規模な船隊の終焉を早めることになった。しかし、規制が西海岸の海運業界に与えた影響は、アメリカの第一次世界大戦参戦の衝撃に比べれば軽いものだった。西海岸の港を往復していた船

隊のほとんどは，政府に引き継がれ，外航船の乗組員のマーケットは，西海岸から東海岸へ，太平洋航路から大西洋航路へ多くが移っていった。

　戦時中は西海岸の荷主に船腹が足りなかったが，戦後は何百万トンもの政府建造船が市場に投入され，過剰となった。1916年，1920年，1928年に制定された海事法（Shipping Act）は，それまで規制のなかった業界にさらなる制限を加えるものだった。しかし，「キャプテン」ロバート・ダラーとその息子 R. スタンレー・ダラー（R. Stanley Dollar）のような敏腕経営者は，新しい秩序に適応するだけでなく，繁栄につなげることができた。政府からバーゲン価格で近代的な船隊を手に入れたダラーラインは，メールラインと北西部の競合会社アドミラル・オリエンタル・ライン（Admiral Oriental Line）を吸収した。一時期，ダラーラインは全米で最も収益性の高い海運会社の1つとなった。しかし，ダラーは拡張しすぎ，経営手法も会社の財政を悪化させ，1929年に大恐慌が起こると，著しく弱体化した。そして，1934年と1936年の海運ストライキは，同社を破産に導いたのである。

　1936年，議会は包括的な海事法を可決し，アメリカ商船全体が新たな足場を築くことになった。国内における業界の状況と，ヨーロッパと極東における敵対的な全体主義国家の台頭を受け，ルーズベルト政権は商船を強化するための補助金政策と大規模な造船計画を策定した。新しい政府機関である海事委員会（Maritime Commission）は，それまでの海事機関の権限をすべて引き継ぎ，さらに産業を規制する権限が付与された。ジョセフ・P・ケネディ（Joseph P. Kennedy）が初代委員長として，いまや経営難に陥っていたダラーラインの徹底的な調査を開始した。その結果，委員会はダラーの株式の大半を政府に譲渡させ，同社が負っていた莫大な抵当権の債務に対する責任を免除した。この新会社は，アメリカン・プレジデント・ラインズ（APL）と改称された。

　1938年から1952年まで APL は政府によって経営されていたが，1946年から6年間，アメリカ海事史上最も長い訴訟の1つとして，ダラーラインはこの船社の復活を求めた。最終的に，この船社は入札にかけられ，その代金をダラーラインと政府の間で分配するという妥協案が成立した。1952年，ラルフ・デイヴィス（Ralph Davies）を中心とするベンチャーキャピタルが APL アソシエイツを設立し，政府所有の株式を取得した。以来，1971年に亡くなるまで，デイヴィスは APL の経営トップとして活躍した。1954年，彼はダラーの子会社で30年代後半に倒産した北西部の主要な海運企業であったアメリカンメールライ

ン（American Mail Lines：AML）の経営権を取得した。再建された AML は，APL と同様，1940年以降，利益を上げながら経営された。1959年，デイヴィスはパシフィック・ファーイースト・ライン（Pacific Far East Line：PFEL）の太平洋航路の経営権を取得し，海運業をさらに発展させた。

第二次世界大戦後のアメリカン・プレジデント・ラインズ

　デイヴィスは，海運会社を統括する持ち株会社 APL アソシエイツを，金鉱の採掘会社であるナトマス社と合併させた。60年代前半，ナトマスは特にインドネシアで石油やガスの開発と生産に力を入れるようになった。PFEL の持分は1967年に売却された。しかし，1983年にナトマスがテキサス州に本拠を置く大手石油会社ダイヤモンドシャムロックに買収されるまで，APL の支配権を維持した。1974年，AML は APL に合併された。

　デイヴィスの死後，ナトマスの社長だったチャンドラー・アイデ（Chandler Ide）が最高経営責任者（CEO）にも就任した。彼はナトマスと APL に新しい経営陣を招き入れた。1974年，ナトマスの社長兼最高経営責任者に，石油会社出身で財務管理を専門としたドーマン・コモンズ（Dorman Commons）が就任し，アイデは会長となった。1976年，ナトマスの財務担当上級副社長だったブルース・シートン（Bruce Seaton）は APL の社長兼最高執行責任者（COO）となり，ドーマン・コモンズは会長兼最高経営責任者になった。彼らのリーダーシップの下，会社の経営はインターモダル（intermodal）に沿って分業化された。

　シートンは，もし経営陣が新しいコンテナ技術を十分に活用するのであれば，輸送プロセスを海上輸送のリンクから米国内の陸上輸送のリンクにまで，そのコントロールを拡大させなければならないと考えた。そこで彼は，コンテナ化と電子追跡システムのダイナミクスを理解する，鉄道，トラック輸送，海運の各分野の輸送専門家を集めたマネジメントチームを結成した。1983年，この船社は新たに設立されたアメリカン・プレジデント・カンパニーズ（American President Companies, Ltd.）のもとで独立した地位を取り戻した。APL のかつての親会社であるナトマスがダイヤモンド・シャムロックに買収され，APL はスピンオフ（分社化）されたのだ。こうして，APL は一周して，再びかつてのような独立した企業となったのである。新しいコンテナターミナルと近代的な船隊，有能な経営陣により，APL は，今や世界貿易の中で重要となったアジア市場からの利益を共有する地位を確立したと言える。

　本書は，APLの幹部たちの協力なしには書けなかった。調査中，50のオーラルヒストリーが録音され，1,500ページを超えるタイプスクリプトになった。これらの貴重な回想は，劇的な変化を遂げた西海岸の海運業に関するユニークな歴史的アーカイブを作り上げた。このプログラムに参加したすべての人に感謝したい。

　APLのマーケティング部門のパメラ・ピーターセンとAPLアーカイブスのコレット・キャリーには，会社の歴史に関する知識と時間を惜しみなく提供していただいた。さらに，Robert Dollar Papersを利用させて頂いたカリフォルニア大学バークレー校のバンクロフト図書館（Bancroft Library），ダラー対ランド訴訟の書類を提供して頂いたカリフォルニア歴史協会，アメリカンメールの書類コレクションを快く貸して下さったアラン・ヨスト，このプロジェクトを立ち上げ，絶え間ない関心と支援を与えて下さったチャンドラー・アイデ，太平洋北西部の海洋史に関する知識がたいへん貴重だったオーステン・ヘミオンに感謝の意を示したい。

　ポモナ・カレッジ（Pomona College）のジョン・H・ケンブル教授は，太平洋海事史に関する豊富な知識を生かし，さまざまな草稿を編集し，最終版の一部を執筆してくれたことに，特別な謝意を表す。その他，アルフレッド・ルーシュとジョン・B・ラエの2人の同僚は原稿全体を読んでくれた。また，デラウェア大学出版局のジェームズ・M・メリルとリサ・レイノルズ，APU出版局のキャサリン・トゥロック，ヴェルナ・グルオ，ジュリアン・ヨゼロフに感謝したい。レラ・マルリカンとパトリック・デラナはすべての草稿をタイプしてくれた。

目　　次

■序　　文　*I*

第7章

戦間期の経営 *113*

第8章

再び民間の海運会社に *143*

第 1 章

ORIGINS

|||||||||||||||||||||||||||||||||||||||||||||||||||||||||||||||||||||||||||||||

パシフィックメールの起源

1　プレジデント・リンカーンとコロラドの竣工式

　1982年11月8日の夜は，アメリカン・プレジデント・ラインズ（APL）の社員とゲストにとって，とても特別な日だった。それは，今後何年にもわたってアメリカ西海岸の海運業の未来に大きな影響を与える出来事だと彼らは感じていたからだ。APLの経営陣，とくに社長のブルース・シートンにとっては，6年前から6億ドルもの資金を投入して進めてきた建造計画の集大成でもあった。この日は，APLの未来への投資の多くを占める3隻のコンテナ船のうち，最も新しい船であるプレジデント・リンカーン（M. V. *President Lincoln*）の処女航海であった。

　プレジデント・リンカーンは，総トン数約5万5,000トン，全長860フィートであった。ロサンゼルス港のサンペドロ（San Pedro）に係留されたこの船は，ブリッジが海面から100フィート以上もの高さに立っていた。APLのターミナルを見下ろすようにそびえ立ち，APLの特徴である赤い鷲が描かれた数百個ものコンテナがクレーンで船に運ばれた。プレジデント・リンカーンは積み付けが終わるとすぐに出港するため，セレモニーは短時間で終了した。当日は，シートンの挨拶，プレジデント・リンカーンの船長ピーター・ボエル（Pieter Boele）の挨拶，APLの親会社であるナトマス（Natomas Company）の会長兼CEOであったドーマンの夫人・ジェリー・コモンズ（Gerry Commons）の記念詩の朗読などが行われた。しかし，海事史に興味のある人にとって，とくに西海岸での出来事であることから，プレジデント・リンカーンの日本への出港が間近に迫ったことは，1867年にAPLの前身であるパシフィック・メール・

スチームシップ・カンパニーのサンフランシスコと東洋を結ぶ初の太平洋定期航路の蒸気船コロラド（*Colorado*）を想い起こさせた。

コロラドは当時，米国で建造された商業船としては最大級のものだった。この船と姉妹船は，500万ドルという巨額の資本を投入したもので，現在なら5,000万ドルを下らないだろう。

海事史家たちは，コロラドとプレジデント・リンカーンのとの間にある，何らかの比較に注目したことであろう。両船とも，重い荷物を積んだまま荒々しい海に耐えられるように造られた。リンカーンは二重ハルで，縦と横が独立した箱型構造^(訳注1)でコンテナ保管用に設計され，コロラドの隔壁（bulkheads）は3つのデッキを支えており，重い鉄棒の格子で木造船体を強化しながら，同時に最大限の乗客スペース，貨物倉庫，燃料炭（coal bunker）を確保した。

そしてメールラインは，その後1世紀以上経ったAPLと同様，出港を祝賀会で祝った。サンペドロで行われたリンカーンの出港式に比べ，この時の祝賀会はより手の込んだものだった。サンフランシスコのオクシデンタルホテルの宴会場は，「グランド・チャイナ・メール・ディナー（"Grand China Mail Dinner"）」と銘打たれ，州や地域の要人，海運関係者，宗教家，商社関係者で溢れかえっていた。フレデリック・フェルディナンド・ロー州知事（Governor Frederick Ferdinand Low）の司会で，コロラドの砂糖の模型を中心としたヘッドテーブルが設けられた。18回もの乾杯が行われ，シャンパンの大瓶がこのような席の定番である手の込んだ料理と一緒に運ばれた。極東貿易の豊かな展望を象徴するかのように，地域社会ではよく知られた3人の中国人商人がロー知事の両脇に座り，利益が期待される未来を祝い，乾杯を行った[1]。しかし，これらの類似点によって，他のすべての比較は終わる。

大きさも，貨物容積も，プレジデント・リンカーンとその姉妹船であるプレジデント・ワシントン（*President Washington*），プレジデント・モンロー（*President Monroe*）がコロラドを凌駕していた。もしコロラドを分解してAPLの新しい45フィートのアルミコンテナに詰め込めば，これらの船のいずれかが，コロラドと同トン数の船舶を6隻分，貨物スペースに余裕を持って積載できたはずである。プレジデント・リンカーンのクラスはC9と呼ばれ，船体設計も推進装置も世界の貨物船の中で最も先進的なものだった。一方，コロラドとそ

（訳注1） コンテナ船に特徴的なセルガイドの構造。

の姉妹船であるアメリカ（*America*），グレート・リパブリック（*Great Republic*），チャイナ（*China*），ジャパン（*Japan*）は，いずれも1864年から1867年にかけて建造されたが，ニューヨークのウィリアム・H・ウェブ＆ヘンリー・ステアーズ造船所（William H. Webb's and Henry Steers' shipyards）で進水する前には時代遅れになってしまった。

　鉄製の船体を持つ新造船が次々と建造された時代に，これらの船は木造であった。また，推進装置も，ヨーロッパの貨物船や旅客船で標準となりつつあった海洋工学の進歩が反映されていなかった。メールラインの蒸気船は，最も効率的とされた船舶推進の方法であるスクリュープロペラの代わりに，外輪船を装備していたのである。機関は1830年代のもので，つまり，ウォーキングビーム式（walking-beam）の低圧単気筒エンジン（low pressure single-cylinder engines）がピストンストローク12フィートの車輪を回した。高度な修理設備から遠く離れた太平洋を航行するのであれば，シンプルだが時間のかかるウォーキングビームエンジンを搭載するのが賢明だった。当時はまだ複合エンジンが使われ始めたばかりで，冶金工学的に見ても，金属疲労でプロペラシャフトが破損することが多く，当時のシングルスクリュー汽船は帆（sail）を外すことはできなかったのである。

2　ウィリアム・アスピンウォールの登場

　太平洋を横断するこのサービスが開始されたとき，メールラインはカリフォルニア州では由緒ある企業だった。1848年の創業以来，この航路はウィリアム・H・アスピンウォール（William H. Aspinwall）が率いるシンジケートの所有者にとって最も利益が見込める事業であった。この痩身で口角の上がったニューヨークの商人は，メキシコ戦争が終結したばかりの1848年にこの会社を設立した。メキシコとの平和条約により，アメリカはカリフォルニアと現在のロッキー山脈以西のアリゾナ，ニューメキシコ，ネバダ，ユタ，コロラド各州の領土を割譲された。

　保守的な商人と思われていたアスピンウォールは，ニューヨーク州議会から，パナマからオレゴン州までの汽船航路を設立する許可を獲得し，経済界を驚かせた。しかし，実はハウランド（Howland）とアスピンウォールの会社は，この新事業を発表する前に，ニューヨークの造船所で太平洋航路用の蒸気船3隻

を建造中であった。海事関係者の間では，この事業が成功するかどうか，驚きから懐疑的な意見に変わっていった。確かに，連邦政府はこの新会社と10年間の郵便契約を結んだ。しかし，「初期投資を考えれば，年間19万9,000ドルの補助金なんて，運航費用やリスクを含めるとどうなんだ」と，気難しい商人たちは疑問を抱いた[2]。確かに，西海岸の新領土の人口はわずか2万人で，海岸線2,000マイルに散らばっているのだから，大した貿易にはならないだろう。また，遠く離れた国にどんな資源があるのか，またその資源を遠く離れた市場まで運ぶことで利益が得られるのか，アスピンウォールとその仲間はもちろん，誰も知らないことだった。チャンスがこの事業に対しては，重くのしかかることになる。

商人たちの嘲笑にもめげず，アスピンウォールは1848年秋にカリフォルニア（*California*），オレゴン（*Oregon*），パナマ（*Panama*）の3隻を完成させた。郵便契約の条件として，汽船は国家の非常時に軍艦に転用できるよう，海軍の仕様に適合していなければならない。新造船はすべての条件を満たし，1848年10月から12月にかけて間隔をおいてニューヨークから出港した[3]。

アスピンウォールの最初の判断が正しかったかどうかは別として，メールラインは，その後，コムストック鉱床（Comstock Lode），ペンシルベニア州のドレーク油田（Colonel Drake's oil strike）の採掘，ミネソタ州の素晴らしいメサビ鉄山（Mesabi iron range）の発見といった記念すべき宝の山を目撃した世紀において，幸運な投機の1つであったことが判明していく。実際，メールラインの幸運は，アメリカ川河畔でのカリフォルニアの金採掘という，鉱物の豊富なゴルコンダ（Golconda）の発見が直接もたらしたものだった。1848年1月，カリフォルニアのゴールドラッシュのきっかけとなる発見があったが，そのニュースが米国に届いたのは夏になってからで，12月にポーク大統領が議会へのメッセージでその豊かさを公表して初めて大衆の興奮を呼んだのである。一方，10月には，新会社の最初の汽船がニューヨーク港を出港し，西海岸への長い，そして困難な航海に出ることになった。

3 メールラインの初航海

カリフォルニアがリオデジャネイロに到着する前に船長のクリーブランド・フォーブス（Cleveland Forbs）は結核にかかり，重篤な状態に陥った。フォー

ブスは，マゼラン海峡の危険な航路でも操船することはできたが，チリのバルパライソに到着したときには体調を崩していたため，ハウランド＆アスピウォールの現地代理人が経験豊富な船長であるジョン・Ｔ・マーシャル（John T. Marshall）に代えた。しかし，フォーブスは乗客として航海を続行した。

　サターズ・ミルで金鉱が発見されたというニュースは，南米西海岸にも届いていた。ハウランドとアスピンウォールのカラオ（Callao）の代理店は，かなりの圧力を受けながら，世間の興奮に屈し，カリフォルニアの乗客スペースをペルー人に割り当てた。彼は52人の予約を受け入れ，客室（キャビン）クラス300ドル，三等客室150ドルという法外な運賃で乗船させた[4]。また，投機家がリマから積み込んだ相当量の貨物を，独占的な料金で引き受けた。フォーブス船長は，カラオからサンフランシスコまでの航海で，貨物だけでハウランドとアスピンウォールに1万5,000ドルの利益をもたらすと推定した[5]。

カリフォルニア。PM の最初の外輪船。

　1849年1月17日，パナマに到着したカリフォルニアは，アメリカ人を中心とした金鉱探鉱者達に迎えられ，北への航路を求められた。カリフォルニアとその姉妹船は，おもに貨物輸送船として設計されていたため，乗客は客室と三等客室など60床程度に限られていた。ここで，マーシャル船長は，予想だにしなかった深刻な問題に直面することになる。彼は，米国内で購入した数少ない人たちのチケットを尊重した。しかし，ペルー人が乗船していることがわかると，失望したアメリカ人は，市民としての権利と特権について，自分たちが優先さ

れるべきであると主張した。ペルー人は降ろさなければならないと……。しかし，マーシャル船長の名誉のために言っておくと，彼はこの騒ぎに応じることを拒否し，ペルー人たちも同じように頑固であったが，彼らのチケットは正当に購入したものだと主張した。そして，彼らはマーシャルが空きスペースに仮設寝台（temporary bunks）を設置することに同意した。さらに，マーシャルが考案したシステムにより，通常の2倍にあたる約300人の乗客が追加で乗船できるようになった。乗客の1人が，カリフォルニアの船内の様子を語っている。

　　　　船の中はどこもかしこも混雑している。機械の両側，上下の表の甲板，船首からエンジンの両舷の船尾まで続く長い三等客室はすべて満員で，多くの寝台（berth）には2人ずつの乗客にあてがわれた。個室や客室はすべてたいへん混雑し，当然，乗客は慣れている多くの便利さを奪われることになった。この記事の筆者は，ニューヨークでかなり早くチケットを手に入れたが，パナマを出発して以来，寝台が確保できず，シーツも枕もなく，幸運にも手の届くところにキャンプ用の毛布を置いていなければ，航海中ずっと着の身着のままで寝なければならなかっただろう[6]。

パナマで乗船した乗客の中には，行儀よく，過密な船内での不快感や貧しい食事に耐えている者もいた。しかし，フォーブス船長の言葉を借りれば，それ以上に多くの乗客が，「詐欺師，ギャンブラー，泥棒，逃亡者，酔っ払いという天下のクズ」だった。カリフォルニアがメキシコ沿岸を9ノットで北西に航行する間，食べ物や飲み物をめぐる争いは日常茶飯事となった。不注意な乗客は，船内で少なくとも4回の火事を起こした。とくに食料の窃盗が横行した。ある時は船員たちの火夫（機関士）の間で次のような会話がなされた[7]。非情な振る舞いは，手に負えない乗客に限ったことではなかった。フォーブス船長は，「あのデヴィネス牧師でさえも，この偉大な職業に就いているのだから」と述べている。「ある例では，この立派な紳士の1人が，お祈りをしながら，グリーンピースの皿を自分の皿の方に持っていき，最後に皿に全部を空け，最も貪欲で荒々しい表情で他の皿を要求し，まるで自分の命がかかっているように食事を食べ尽くした」。別の乗客である海軍のパーサー，ロッドマン・M・プライス（Rodman M. Price）は，マーシャル船長が無能であり，「乗組員の全体

的な規律の欠如が，我々の状況を安全ではなく，危険で，時には危機的なものにした」と訴えた[8]。

カリフォルニアはモントレーに近づくと，石炭を使い果たした。マーシャルは，薪を割るために作業隊を陸に送った。ジュール・ヴェルヌの『八十日間世界一周』に出てきそうな光景だが，乗組員は炉を動かすための燃料を求めて船の艤装を解き始めた。大きな被害が出る前に，船室の下の使われていない貨物スペースから，サンフランシスコまでに十分な燃料となる余った石炭の袋が発見された。1849年2月28日にサンフランシスコに到着したカリフォルニアは，乗客だけでなく，士官や乗組員も金鉱地帯に向かうため全員上陸し，療養中のフォーブス船長と機関士1名を船に残すのみとなった。

サンフランシスコ湾に海軍提督のトーマス・ケイツビー・ジョーンズ（Thomas ap Catesby Jones）がいなければ，カリフォルニアは岩に乗り上げて難破していたかもしれない。その間に健康を取り戻したフォーブス船長が乗組員と契約（signing）するという，長く手間のかかる手続きを行っている間，ジョーンズは海軍の乗組員を乗船させた。すべてが足りない状態で，特に石炭はイギリスから取り寄せたものの数カ月も届かなかった。ハウランドとアスピンウォールにとって幸いだったのは，海軍が20万ドルの支援を融通してくれたことだった。フォーブスと共に船内に残った1人の男が，機械に油を注ぎ，船の稼働状態を維持した[9]。

メールラインの最初の航海は，確かに不運なものであった。しかし，ゴールドラッシュを予測できなかったことや，フォーブス船長の病気についても，その経営陣が責められるべきことではなかった。この点は，カリフォルニアに続いてサンフランシスコに向かったオレゴン（Oregon）での経験が物語っている。船長のリチャード・H・ピアソン（Richard H. Pearson）は，乗組員や乗客に対して厳しい規律を守らせた。サンフランシスコに到着すると，海軍の戦隊の近くに停泊し，乗客や貨物の上陸を許可する前に現地の状況について情報を求めた。彼は海兵隊の分遣隊を要請し，船内を巡回させ，士官や部下に上陸するのを阻止するよう命じた。メキシコのサンブラス港で運良く石炭船（collier）を見つけ，十分な石炭も確保することができたので，パナマへの帰路は予定通りであった[10]。

ピアソン船長もフォーブス船長も，サンフランシスコ地域の極端な人手不足を反映して，士官と部下の賃金を上げなければならなかった。彼らは自らの責

任において，船員の通常の賃金である月12ドルから10倍である月120ドルに全面的に賃金を引き上げたのである[11]。現代の基準では考えられないようなこの賃金でも，フォーブス船長は船員を募集するのに2カ月近くかかった[12]。

4 沿岸航路の熾烈な競合

　ニューヨークの本社は，西海岸の混乱した状況をある程度把握すると，現地の状況や市場の期待に応えるよう，迅速に方針を立てた。2〜3カ月のタイムラグがある大陸横断の通信事情の中で，アスピンウォールとその仲間たちは，有能で想像力豊かなビジネスマンであることを証明した。

　船員不足で船が運航できなくなることを恐れ，また貴重な財産が危険にさらされることを懸念した彼らは，西海岸の船員に対する法外な賃金の必要性を容易に認めた。さらに，アスピンウォールは，会社の投資を保全し，定期運航を維持するために，すぐに海軍省から支援を思いついた。アスピンウォールは，会社の郵便契約の広義規定を引き合いに出し，公益と信用のために，港の警備とパナマまでの往復には海軍からの人員の貸与が必要であり，それ以外では手当できないことを主張した。プレストン海軍長官（Secretary of the Navy Preston）は，ジョーンズ提督にできる限り支援するよう促したが，メールラインに対して実効性のある支援は命じないと答えた。

　メールラインは，効率的で収益性の高い運航に努めるとともに，急成長する市場を確保し，活用するために迅速に行動した。パナマとサンフランシスコ間の航路を，当初予定していた月1回から2週間に1回，さらに10日に1回とするため，汽船を追加購入した。しかし，カリフォルニアでのブームを競争なしで享受することは許されなかった。

　その後四半世紀の間，メールラインをめぐる実際の市場での競争や潜在的な競争が絶え間なく続いた。この脅威に対処するには，3つの方法があった。1つは，競争相手が破産するか，少なくとも撤退を余儀なくされるほど料金を引き下げることであった。通常，ニューヨークからカリフォルニアまでの客室料金（キャビンクラス）は200ドルから300ドル，三等客室は50ドルから100ドルであった。しかし，競争の激しい時期には，客室は75ドルか100ドル，三等客室は35ドルで，パナマ地峡を渡る25ドルの鉄道チケット込みであった。競合他社に対処する第2の方法は，メールラインが必要とするか否かにかかわらず，敵

対する就航船を購入し，運航から外すことであった。第三の方法は，競合他社と妥協することで，輸送量を減らすか，運航間隔をずらすか，事業から撤退させるための一時金を支払うことであった。

　メールラインの最初のライバルは，1850年に 3 隻の小型汽船を太平洋に送ったエンパイア・シティーライン（Empire City Line）である。パナマからサンフランシスコへの航路は，メールラインの航路とほぼ同じであった。アスピンウォールはこの脅威に対し，エンパイア・シティーラインの汽船 2 隻を購入し，事実上の独占を維持した[13]。

　同年，西海岸では，はるかに深刻な競争相手であった US メールライン（United States Mail Steamship Company）が事業を開始した。この会社はメールラインとほぼ同時期に設立され，政府の郵便契約も得ていた。1850年まで，US メールラインは東海岸の港とパナマを結ぶ大西洋航路に特化した会社であった。しかし，この年，イスモス（*Isthmus*），コロンバス（*Columbus*），リパブリック（*Republic*），アンテロープ（*Antelope*）の 4 隻で西海岸まで事業を拡大した。これらの船は，大きさ，速度，容量においてメールラインの船に匹敵するものはなかったが，すぐに壊滅的な運賃戦争を始める可能性があった。

　US メールラインの所有者は，荒っぽく，無節操な投機家であるだけでなく，ザカリー・テイラー（Zachary Taylor）大統領の新しいホイッグ政権に貴重な政治的コネクションを持っていた。ジョージ・ロー（George Law）とマーシャル・O・ロバーツ（Marshall O. Robers）は，この会社の主要な権力者で，ローはニューヨークの街路鉄道（street railroad）契約で財を成した。ロバーツも同様に，党のコネを利用して公共事業から利益を得ることに長けていた。2 人とも，カリフォルニアでの一攫千金を狙ったニューヨークの財界から潤沢な資金を援助してもらっていた。そして，ローとロバーツは，太平洋航路は自分たちのものと考えているハウランドとアスピンウォールの舞台に挑むことになった。メールラインは，大西洋航路の汽船の一部をヨーロッパ航路から転用し，地峡の大西洋側における US メールラインの独占に挑戦するため，追加の汽船建造の準備ができていた。

　西海岸だけでなく，東海岸でも運賃競争が始まったが，その期間は短かった。ローとロバーツは太平洋航路の小さな船隊をメールラインに売却することに合意し，アスピンウォールは大西洋航路の競合船 4 隻を US メールラインに売却した。そして，対立する勢力は，それぞれ確立された領域にとどまり，東海岸

から西海岸への通し旅客切符と貨物の手配で協力することに合意した[14]。この取り決めは，その後8年間続いた。

US メールラインの脅威が抑えられた頃，より頑固で，より危険なライバルが出現した。コーネリアス・ヴァンダービルト（Cornelius Vanderbilt）は3隻の汽船を太平洋に投入し，同時にメールラインの地峡横断ルートに挑戦したのである。

その6年前，アメリカはニューグラナダ（New Granada，現コロンビア共和国）と条約を結び，アメリカ企業にパナマ州を横断する権利を与えていた。アスピンウォールの強い要望により，彼の会社の代理人はニューグラナダと協定を結び，大西洋側のチャグレス（Charges）から太平洋側のパナマシティまで，地峡を横断する特別な通行権を得た。1850年にニューグラナダ議会で承認されたこの契約は，パナマ鉄道会社（Panama Railroad Company）に地峡を横断する路線と，ターミナル施設を建設するための25万エーカーの土地の独占権を与えた。やがてハウランドとアスピンウォールは，地峡のカリブ海側のネイビーベイ（Navy Bay）に埠頭と倉庫を建設し，チャグレス川の河口よりも海から守られたこの地がアスピンウォールの港（訳注2）となった。パナマシティでは潮の満ち引きの関係で十分な岸壁を作ることができず，物資や乗客を常に浜辺から船まで運ぶ必要があった。

狡猾で冷酷な競争者であるヴァンダービルトは，メールラインの独占を崩すには，地峡を越える別のルートを見つけなければならないことに気づいていた。北のニカラグアはその最良のルートであったが，輸送距離が長く，川や湖を経由するルートがほとんどであった。そこでヴァンダービルトは，ニカラグアの臨時政府の1つから必要な協定を取り付け，港湾施設の建設に着手した。その後15年間は，料金の交渉と妥協の繰り返しで，メールラインは粘り強いヴァンダービルトと争うことになる。他の競争相手は，急遽組織されたニューヨーク・サンフランシスコ汽船（New York and San Francisco Line）だけであった。1852年，コルテス（*Cortes*）とウィンフィールド・スコット（*Winfield Scott*）という2隻の大型汽船を西海岸に配置した。しかし，メールラインは1年後にこれらを購入し，拡大する船隊に加えた。

西海岸航路での優位性を確保するために，競合船の購入だけに頼らず，メー

（訳注2） 現在のパナマ共和国のコロン（Colon）。

ルラインは大規模な造船計画にも着手した。1850年から1854年にかけて，ニューヨークの造船所とエンジン工場で1年に1隻の船を製造した。サンフランシスコ‐オレゴン航路用に設計されたコロンビア以外は，すべて1,600トンから2,300トンの木製外輪船で，旅客輸送の市場性を経験したメールラインは，これらの船で900人もの乗客を快適に運べるように設計していた[15]。1851年に就航したゴールデンゲート（*Golden Gate*）は，拡大するカリフォルニア貿易のニーズに応えるために設計されたシリーズ船の始まりである。2,000トンを超える蒸気船で，全長269フィート，幅40フィートの船体だった。2基の振動エンジンで直径40フィートの側面のパドルホイールを駆動し，パナマ‐サンフランシスコ間を11日4時間で航行した最初の記録は，4年間破られなかった。2年後，ジョン・L・スティーブン（*John L. Stephens*（2,183トン））は，パナマ‐サンフランシスコ間の航路に就いた。この船には350人分の客室と550人分の三等客室があり，客室の乗客には，温水と冷水がすぐに出る浴室が用意されていた。

　このころには，航路上に石炭基地が設けられ，燃料のほか，水や食料，船内に持ち込めない予備部品も入手できるようになっていた。補助帆を使うのはごくまれで，船長が燃料費を減らすために風向きを利用した場合に限られた。1850年，メールラインは，ハウランド＆アスピンウォールの会社とは別に，西海岸に独自の代理店を設立した。

　1851年に始まった金貨の高騰は，人手不足を解消した。ニューヨークの幹部たちは，サービスを向上させ，スケジュールや運航費用をより正確に計画することができるようになった。アスピンウォールの慎重かつ積極的な経営により，メールラインは，新造船や競合船の購入など多額の資本支出にもかかわらず，1850年には50％もの高配当を支払うようになった。その後3年間は不況のため利益が減少し，配当もなくなり，1854年には4万ドルの損失を出した。しかし，1857年から1867年まで，会社は8倍になった資本金に対して10％から30％の年間配当金を支払った[16]。

　カリフォルニアの経済が飛躍的に発展する中で，メールラインも飛躍的な発展を遂げていった。カリフォルニア州は，毎年4,000万ドル以上の金塊を輸出していたが，同時に未曾有の人口増加により，断続的に好景気を経験していた。1865年まで20隻の汽船で構成されていたメールラインの船隊は，毎年ほぼ満員の状態で航海していた。パナマから西海岸へ向かう唯一のバラ積み貨物船とし

て，また西へ向かう移民にとって最も速く，最も快適で，最も危険の少ない航路として，メールラインはアメリカ最大の，最も利益を生む海運会社となった。

5 パナマ地峡経由の新ルート

アスピンウォールの先見の明により，メールラインは，1855年に地峡を横断して完成したパナマ鉄道と確実に接続することができた。パナマ鉄道が開通したことで，それまでチャグレス川を丸木舟（dugout canoes）で3〜4日かけて移動し，ラバ（muleback）で航路の先頭からパナマまで移動していたのが，4時間で海から海へ移動できるようになった。鉄道と蒸気船のスケジュールを調整した結果，ニューヨークとサンフランシスコ間の所要時間は約21日となり，1869年に大陸横断鉄道が登場するまで，パナマルートは沿岸交通で重要な地位を占めた。パナマ鉄道はコモンキャリアであり，メールラインや競合する船会社からも同様に乗客を受け入れていたが，メールラインはそのサービスの主たる利益を享受していた[17]。

1856年，ウィリアム・アスピンウォールは社長職を退いたが，主要株主であり取締役会のメンバーであることに変わりはなかった。後任には，アスピンウォールの弟子で会社のアシスタントであったウィリアム・ダヴィッジ（William Davidge）が就任した。ダヴィッジ体制は，拡大ではなく，統合の時代であった。船社にとっては比較的競争の少ない時期で，ヴァンダービルトは助成金だけで凌いでいた。新造船はなく，また他の船会社から買収することもなかった。

ダヴィッジの任期が終わろうとする頃，対抗的なヴァンダービルトはメールラインの独占を崩すべく，最後の試みを行った。メールラインが先にヴァンダービルトに売却したコルテス（Cortes），オリザバ（Orizaba），シエラネバダ（Sierra Nevada），アンクルサム（Uncle Sam）の4隻で，それぞれ1,000トンを超える汽船を太平洋に投入した。これらの汽船はいずれも比較的新しく，旅客用に設計されたものであったが，かなりの貨物容量もあった。

ヴァンダービルトはすぐに運賃競争に突入したが，それは彼にとってあまりにも大きな負担となった。メールラインは，ヴァンダービルトの船を十分な利益を与える金額で買い取ることに合意し，ヴァンダービルトは競争から撤退することにした。その後，ヴァンダービルトは二度とメールラインに挑戦するこ

とはなかった。メールラインにとってその代償は高く，ヴァンダービルトに200万ドル以上の利益をもたらした。ヴァンダービルトに翻弄され，病気を訴えたダヴィッジは，会社の経営を元海軍将校の若いアラン・マクレーン（Allan McLane）に喜んで譲った。マクレーンは，アンドリュー・ジャクソン大統領（Andrew Jackson）の財務長官の息子で，メールラインの経営を目指す者にとって必要不可欠な重要な政治的コネクションを持っていた。マクレーンは，ワシントンにおける一族の影響力と，船舶と海運に関する完璧な知識を兼ね備えていた。父ルイス・マクレーン（Louis McLane）と同様，彼は行動的で知的な人物であり，会社の将来性を見極め，拡大路線を見直した。また，ボルチモアとニューヨークの銀行・投資グループであるブラウン・ブラザーズ・アンド・カンパニー（Brown Brothers and Company）から強力なバックアップを受け経営にあたった。マクレーンにとって最も有益だったのは，彼の兄ルイスが西海岸最大の輸送とバンキングのウェルズ・ファーゴ（Wells Fargo）の社長であったことである。もう1人の弟チャールズ（Charles）は，そのサンフランシスコの代理店であった。

　チャールストン港周辺の南軍（Confederate forces）がサムター要塞（Fort Sumter）を降伏させ，南北戦争が始まったとき，マクレーンは社長になってわずか数カ月しか経っていなかった。しかし，南軍の襲撃よりも，敵対する銀行グループや株価を操作しようとする投機家たちとの間で，この船会社は大きな問題を抱えていた。1863年，アスピンウォールは取締役を辞任し，翌年，ブラウン・ブラザーズが組織した共同出資会社がこの会社を経営することになった。戦争が終わるころには，この金融グループはメールラインの事業を飛躍的に拡大する準備が整い，1865年には資本金を400万ドルから1,000万ドルに，さらにその1年後には2,000万ドルに増額したのである。この新しい資金でマクレーンとその銀行家仲間はヴァンダービルトのアトランティックメール汽船（Atlantic Mail Steamship Company）を買収し，ニューヨークからニューオリンズ，アスピンウォール港，パナマ鉄道を経てサンフランシスコに至る一貫ルートを一元管理するようになった[18]。

　ブラウン・ブラザーズグループは，この新しいサービスを巧みに宣伝し，ウォール街の株価を上昇させた。内部関係者は1カ月足らずで1,200万ドルの利益を得た。こうした投機的な取引にもかかわらず，メールラインは大西洋航路と太平洋航路の統合による規模の経済を短期間享受することができた。より

良いサービスを提供することができ，そのコスト削減の一部を料金の引き下げという形で顧客に還元することもできたのである[19]。メールラインは，大西洋からパナマへの航路に10隻の汽船を，パナマからサンフランシスコへの航路にさらに10隻の汽船を所有するようになった。国内最大の海運会社であるメールラインに，利益をもたらす未来が見えてきたのである。

[注]────────────

1   *San Francisco Alta California*, 10 January 1867.

2   3隻で60万9,942ドル。以下を参照のこと。John H. Kemble, *The Panama Route: 1848-1869* (Berkeley and Los Angeles: University of California Press, 1943), 218, 239, 242.

3   I. McKeever, W. L. Hudson, and T. Hartt to John Y. Mason, Navy Yard, New York, 28 September 1848 in "Commandants of Navy Yards," New York, 1848, National Archives, Record Group 45. *New York Herald*, 30 November; 1, 2, 27 December 1848; 6 January; 18 February 1849.

4   John M. Pomfret, ed., *California Gold Rush Voyages, 1848-1849* (San Marino, Calif.: Huntington Library Publications, 1954), 192-219.

5   上掲書219頁。

6   *Littell's Living Age* (Boston) 21 (April-June 1849): 164-65.

7   Letter of Stephen Branch in (New York) *Journal of Commerce*, 15 February 1849, quoted in Victor M. Berthold, *The Pioneer Steamer California, 1848-1849* (Boston and New York: Houghton Mifflin Co., 1932), 55; Edward E. Dunbar, *The Romance of the Age* (New York, 1867), 83-84.

8   Pomfret, *Voyages*, 226; Editing Committee, *The First Steamship Pioneers* (San Francisco: H. S. Crocker, 1874), 352.

9   Kemble, *Panama Route*, 128.

10   Pomfret, *Voyages*, 230.

11   上掲書242頁。

12   上掲書233頁。

13   Kemble, *Panama Route*, 129.

14   William Heilman v. Marshall O. Roberts, New York Superior Court (1861), 22-23; *New York Herald*, 14 March, 1 April 1851.

15   Kemble, *Panama Route*, 228-33.

16   Pacific Mail Steamship Company, *Proceedings at a Meeting of Stockholders*, 1855, 5-7; *New York Herald*, 11 July 1850, 6 January 1853, 26 June 1862, 13 August 1863, 20 November 1866.

17   *New York Herald*, 11 November 1859; *Panama Star and Herald*, 18 February 1860.

18　John A. Munroe, *Louis McLane, Federalist and Jacksonian* (New Brunswick, N. J.: Rutgers University Press, 1974), 44, 92, 99, 438, 467.

19　*Panama Star and Herald*, 11 January 1866.

第 2 章

PACIFIC MAIL: THE LATER YEARS

‖‖

パシフィックメールのその後

1 太平洋航路の開設

　海運業は1866年の一時的な不況を除けば，1860年代後半は活況を呈した時期で売り上げも増加したため，船を増やすことは妥当であった。しかし，メールラインの経営陣は，ライバルとなる海運会社よりも，もっと大きな競争にさらされていることに気づいていた。1863年から建設が進められていた大陸横断鉄道が，新たな脅威となったのだ。西へ向かうユニオン・パシフィック鉄道（Union Pacific）と東へ向かうセントラル・パシフィック鉄道（Central Pacific）がユタ州のプロモントリー（Promontory）で合流する以前に，メールラインは太平洋航路の定期便のための政府補助金を獲得した。そして，1867年1月1日，コロラド（*Colorado*）はサンフランシスコから横浜，香港に向けて出港し，太平洋航路の開設を宣言した[1]。

　横浜，香港への航路に加え，神戸，長崎，上海，そして日本列島最北端である北海道の港，函館へのフィーダー（支線）も開設された[2]。メールラインは，このサービスを行うために，グレートリパブリック（*Great Republic*），チャイナ（*China*），ジャパン（*Japan*），アメリカ（*America*）の4隻の汽船を発注した。この4隻の汽船は，外航としては最大級の木造外輪船（wooden side-wheelers）であり，総トン数は3,800トンから4,400トン，全長は約360フィート，全幅は約47フィートだった。シリンダーの直径が105インチ，ストロークが12フィートの巨大なウォーキングビーム・エンジンで駆動した。客室はブラック・ウォールナットのパネル張り，床はライト・スプルース（えぞまつ）とブラック・ウォールナットのゼブラ模様，絹のドレープが両舷に取り付けられるなど，

最新の快適性とゆとりを備えた一等客室だった。家具は金ぴか時代（Gilded Age）の趣味にふさわしく，ピーチやピーグリーン，ラベンダーやパープルなどの色で張り分けられ，一等客室250人のほか，1,000〜1,200人収容の三等客室があった。

サンフランシスコに向かうアラスカの中国人用三等客室。

20世紀の最初の10年間，メールラインのビジネスでますます重要になったのが，東洋人の乗客，おもに中国からの乗客で，1900年以降はフィリピン人や日本人も含めての輸送であった。1916年まで，コックと給仕係は，ほとんどの乗組員と同様に常に中国人であり，中国人スチュワードは，キャビンクラスの乗客にとって，常に興味と好奇心の対象だった。ピジンイングリシュ（Pidgin English）（訳注1）を話せる人はほとんどいなかったが，常に通訳がそばにいた。メニューやルームサービスの案内など，乗客に役立つ情報は英語で印刷され，中国語が併記されていた。メールラインのスチュワードは，黒のワイドパンツに紺のチュニック，黒のピルボックス帽（pillbox hats），黒いフェルトの白い靴底のスリッパといういでたちだった。背中には辮髪を揺らし，「青い少年」と船上ニュースレターで呼ばれた彼らは，乗客のニーズにきめ細かく対応していた[3]。

1873年のパニックと恐慌まで，鉄道に旅客輸送を徐々に奪われながらも，

（訳注1） 元来中国の港で通商語として使われた中国なまりの英語で，一般的には東洋・メラネシア・アフリカなどの現地語なまりの英語（『新英和中辞典（第4版）』17刷）。

メールラインは高い収益性を維持していた。この繁栄は，太平洋航路の成長と西海岸の沿岸船隊の拡大方針，特に単位当たりのコストが低く済むバルク貨物で鉄道会社に対抗することで達成された。

　1872年，政府は太平洋航路への補助金を年間100万ドルに倍増して，極東への運航を増やし，船隊の近代化を図るように同社に求めた。その結果，1873年に5隻，1874年に3隻，1875年にさらに3隻の鉄製船体でスクリュー推進式の汽船がメールラインに納入された。中でも注目されたのは5,079トンのシティ・オブ・ペキン（*City of Peking*）とシティ・オブ・トキオ（*City of Tokio*）で，建造当時アメリカ国旗を掲げた船としては最大級のものだった。シティ・オブ・トキオは1885年に横浜港沖の岩礁で悲劇的な最期を遂げたが，その姉妹船は約35年間，同社に貢献し続けた。2週間ごとにサンフランシスコを出発する新しいスケジュールとなるため，メールラインでは1880年代初頭に木造外輪船は最後となり，段階的に運航を休止した。このため，すでに進められていた鉄製船体のスクリュー式の汽船建造計画を加速させなければならなかった。もちろん，この計画は，資本支出の額も率も大幅に増加させた。同社の潜在的な収益力は，1870年から1871年にかけての市場での株価が急落したとはいえ，深刻な問題とは無縁であった。不幸なことに2つの出来事が重なったメールラインは評判を落とし，ついには投機的な鉄道会社の手に渡ってしまった。

シティオブペキン。シティオブトキオの姉妹船で，鉄製のプロペラスクリューを装着した。

　マクレーンは1871年に社長職を辞し，取締役会はオルデン・B・ストックウェル（Alden B. Stockwell）を後任に選んだ。マクレーンはメールラインの指

導者として欠点はあったが，少なくとも海運業の経験は豊富であった。ストックウェルは，知的でエネルギッシュな人物であったが，鉄道や船の経験はまったくなかった。彼は投機的な株式ブローカーで，適切に宣伝すれば，自分と内部の関係者たちは株式市場で大儲けできるだろうと，すぐに建造計画を始めたのである。こうして彼は，太平洋に近代的な商船隊を置くことが軍にとって有益であるとして，政府補助金の増額を広範囲に渡って働きかけた。

ストックウェルの計画は，メールラインの行き過ぎた資金計画となり，野心的な建造計画だけでなく，ストックウェルの不始末や不正，無謀な経営資源の利用によって流動性が著しく損なわれたため，1873年の恐慌で頓挫した。さらに，1872年8月から1873年10月までの15カ月間に6隻の汽船が失われた一連の海難事故によって，同社は弱体化していた。ストックウェルは辞任し，その後任として，取締役会のメンバーでメールラインの上級船長の一人であったジョージ・H・ブラッドベリー（George H. Bradbury）が短期間就任した。

メールラインは倒産寸前で，株価はかつての数分の一となったが，まだ貴重な資産を持っており，そのうちの1つが新しい鉄製船体のスクリューの汽船だった。メールラインの沿岸船隊は，不況で収入が減ったとはいえ，収益性の向上は，単に好景気の到来を待っていたにすぎなかった。他の航路や船舶，パナマ鉄道との密接な関係も，すべてそのままであった。負債を抱えながらも，投機家のジェイ・グールド（Jay Gould）を魅了する資質を備えていたのである。

2 大陸横断鉄道との競争

グールドは，メールラインの株式売買の他に，同じくマネジメント不足と過剰資本に悩まされていたユニオン・パシフィック鉄道の経営権を得ようと考えていた。セントラル・パシフィック鉄道も視野に入れていたかもしれない。これらの鉄道を支配すれば，アメリカ大陸横断鉄道のすべてを自分の手にすることができるのである。メールラインは，鉄道に対する唯一の深刻な競争相手であり，その獲得は，彼の戦略上，不可欠な交渉材料となる。彼の計画が成功すれば，メールラインは貴重な財産となり，彼の鉄道投資を強化することになる。しかし，彼の行く手にはいくつかの障害が立ちはだかっていた。最大の障害は，セントラル・パシフィック鉄道の原動力であり，グールドに騙されたり，おだてられたり，脅かされたりすることはないであろう不屈の人物コリス・ハン

ティントン（Collis P. Huntington）の存在であった[4]。

　いずれにせよ，ストックウェルがメールラインの社長に就任し，同社の資金で投機を始めた直後，グールドは冷静に同社の株式を買い始めたのである。1873年5月，恐慌でパニックが起こる直前，グールドは自分の子分であるラッセル・セイジ（Russell Sage）と C. J. オズボーン（C. J. Osborne）を取締役に据えるだけの株式を手に入れた。

　金ぴか時代のウォール街では，投機家同士の連携は希薄で，それぞれが自分の利益を求めていた。セイジは，ニューヨークのトロイ（Troy）で八百屋をしていたときの貯金をもとに，株や債券で大儲けしていた。グールドは，セイジは信頼できない人物と見なして，彼の財産を気遣うようにして早期退職を勧めることを考えた。しかし，グールドは次の段階であるユニオン・パシフィック鉄道の買収の準備が整うまで時を待った。その間に1873年の大恐慌が起こり，グールドのスケジュールは変わっていった[5]。

　同じ頃，メールラインは鉄道会社との非公式なカルテルを解消した。この協定では，鉄道会社は貨物の配分と運賃を決める権利を保持しながらも，メールラインの沿岸汽船の貨物輸送能力をほぼ完全に認めていた。事実，この協定により，東から西へ運ばれる，かさばる貨物，単価の低い貨物のほとんどはメールラインで輸送された。メールラインが太平洋を横断するサービスを開始した後，パナマ鉄道は協定によって損なわれてしまった。有利な旅客輸送が大幅に縮小されただけでなく，東洋からアメリカ東部の市場に向けられた単価の高い商品も陸路で輸送されるようになったのである。

　この時，セイジはメールラインの社長になった。セイジは，パナマ鉄道からの圧力もあって，自分の利益を優先し，グールドやハンティントンとの確執もいとわなかった。こうしてメールラインは，鉄道会社とのカルテルを破棄し，本格的な運賃競争を開始することになった。1873年の大恐慌の真っ只中，この行動はユニオン・パシフィック鉄道とセントラル・パシフィック鉄道のすでに減少していた収益に大きな打撃を与えることになった。ユニオン・パシフィック鉄道の支配権をようやく確保したグールドは，競合船会社をつくるぞと脅したが，セントラル・パシフィック鉄道を味方につけることも，セイジとその仲間を脅して屈服させることはできなかった。ハンティントンは，セントラル・パシフィック鉄道の代理人として，グールドがメールラインで成功したときと同じようにできなかったが，両鉄道の支援を得て，競合する船会社を設立する

ことに理解を示すようになった。

　ハンティントンとグールドは，資本金1,000万ドルでオクシデンタル・アンド・オリエンタル汽船（Occidental and Oriental Steamship Company：以下，O&Oと略す）を設立したが，払い込まれたのはこの金額のごく一部であった。世界的な海運不況に乗じて，O&Oはイギリスのホワイト・スター・ライン（White Star Line）から船を用船し，メールラインの航路を脅かすようになった。この新航路は，当初から利益を上げていた。しかし，グールドもハンティントンも，長期の運賃競争は望んでいなかった。メールラインは十分に懲りてパナマ鉄道との関係を断ち切り，その経営陣は2つの鉄道会社と契約を結び，実質的に昔のカルテルを復活させたのである[6]。

　ハンティントンはこの協定に満足しているように見えたが，グールドはそうではなかった。グールドは，メールラインが独立したままでは，自分の計画に安心感を持てないし，セイジを信頼していなかった。そこでグールドは，お馴染みの戦術に打って出た。グールドは，メールラインの将来性を貶めるような噂を流し，社長や取締役が株を空売りしたと直接非難した。グールド自身，メールラインの株式をすべて売却し，ショートポジション（short position）を持つことで，同社の株を暴落に陥れた。セイジはこの疑惑を否定したが，セイジと仲間の取締役は辞任に追い込まれた。メールラインの株価は，グールドが買収するのに十分なほど安値で取引されるようになった。1874年末には，グールドは迷うことなく彼の意のままに動く新しい仲間たちとメールラインの支配権を握った。

3 　グールドによる支配

　1875年，メールラインの郵便契約へのロビー活動に関する調査の結果，3年越しの太平洋航路の郵便契約が議会によって取り消され，さらなる打撃となった。こうして，サンフランシスコから東洋への航路のために受け取っていた年間100万ドルは，半減してしまった。

　グールドはユニオン・パシフィック鉄道の株式については，その地位を固めていた。支持者であるシドニー・ディロン（Sidney Dillon）が社長に就任し，慎重に隠して購入したグールドとその仲間は，1875年3月までにメールラインの株式の過半数を所有するようになった。そして，両社に対して運賃競争はも

うやめよう，将来の事業は互いに補完しあおうと主張した。ディロンはメールラインの社長にも就任し，グールドはメールラインの財政的な将来性を自ら保証した。過去3年間続いた不透明で債務超過になりそうな日々は終わったように思えた。ユニオン・パシフィック鉄道とメールラインの株価は高騰し，グールドを含む仲間たちは巨額の利益を得た。しかし，その幸福な時期も束の間だった。パナマ鉄道の存在がその理由であり，社長でグールドの仲間でもあったトレナー・パーク（Trenor Park）が中心となって動いたことは，以前と同様であった。

　パークは，カリフォルニアに住んでいるバーモント州出身の小柄な男で，粘り強く，抜け目がなく，グールドと同じように計算高い人物だった。彼は，メールラインと大陸横断鉄道の間の取引で，パナマ鉄道の重要性と価値を早くから見抜いていた。パークはウォール街のグループをまとめ，長い時間をかけてパナマ鉄道の過半数の権益を獲得していった。パナマ鉄道の社長に就任した彼は，グールドの意図を汲み，ユニオン・パシフィック鉄道とメールラインとの組み合わせにより最大の利益を引き出す用意があった。

　ディロンが，今後メールラインはバルク貨物のみを運ぶと発表したとき，そのような取り決めをすると鉄道の収益が落ちるとパークは反対した。彼は，パナマ・トランジット汽船（Panama Transit Steamship Company）をつくり，メールラインと競争し反対した。その後，運賃競争が起こり，メールラインは再び破産寸前まで追い込まれた。グールドの資産は他の投資で圧迫されており，運賃の利権をめぐって長引く争いには耐えられなかった。彼はメールラインの株を手放し始め，1876年の夏にパーク勢がメールラインを支配するのを阻止する努力はしなかったのである[7]。

　一時的に断られたものの，グールドはこの船社に興味を失ったわけではなかった。長期的な計画を完成させるために，より有利な機会を待っていただけだった。その後2年間，パーク経営陣のもとで鉄道は徐々にかつての繁栄を取り戻し，長く続いた深刻な不況も解消されつつあった。しかし，パークがパナマ・トランジット汽船を法外な値段で不幸にもメールラインに売り渡したため，残念ながらその成長はかなり阻害された[8]。鉄道と海運から最大限の利益を得たパークは，故郷のバーモント州に引き揚げて行った。

　1878年から1884年まで，メールラインは比較的外部の影響を受けなかったが，その収益は配当をだすのには十分ではなかった。メールラインは，2,000トン

のサンノゼ（*San Jose*）から3,550トンのシティ・オブ・リオデジャネイロ（*City of Rio de Janeiro*）まで，5隻の汽船で沿岸船隊を強化したが，それらによる利益は負債の返済に消えて行った。こうした多額の資本支出にもかかわらず，経営は十分な利益を上げ，取締役会は1869年以来初めて，額面に対して3.3%の配当を公表した。1885年には5%の配当を発表したが，その頃には再びユニオン・パシフィック鉄道の支配下に入り，セントラル・パシフィック鉄道と協調して不利になるような行動をとっていた。そして，1887年，投資家のジェイ・グールドのプレイボーイの息子であるジョージ・グールド（George Gould）が社長に就任した[9]。

　経営陣はぜい弱だったが，メールラインは慎重な設備投資を行った。1889年，エレガントな蒸気船チャイナ（*China*）がメールラインの船隊に加わった。5,061トンの2段積みの鉄製船で，スコットランドのゴーバン（*Govan*）のフェアフィールド造船所（Fairfield Yard）で建造された。チャイナは，太平洋航路に従事するために唯一建造された船で，1875年から1902年の間に就航し，メールラインが外国の造船所に発注した唯一の船でもあった。当初はイギリスの国旗を掲げていたが，ハワイの国旗を掲げていた時期もあり，1898年のハワイ併合に伴い，アメリカの船籍になった。

4 鉄道王ハンティントンの支配

　ジョージ・グールドが6年間，弱気なリーダーシップを発揮した後，コリス・P・ハンティントン（Collis P. Huntington）がこの海運会社を引き継いだ。ハンティントンは実業家として欠点もあったが，活力がないわけではなかった。セントラル・パシフィック鉄道とサザン・パシフィック鉄道（Southern Pacific Railroad）が常に社業の優先を主張していたにもかかわらず，彼や彼の仲間は，自分達の財産管理にだけ時間を費やしただけと非難されるようなことはなかった。

　ハンティントンの最初の一手は，海運会社の有能な経営者を雇うことであった。彼は，レニー・ピエール・シュヴェリン（Rennie Pierre Schwerin）を副社長兼ゼネラル・マネージャーに据えた。1879年に海軍兵学校を卒業したシュヴェリンは，アラスカでハンティントンと出会った。当時33歳だったシュヴェリンは，髭を生やした若い将校で，鉄道界の巨人に感銘を受け，海軍でのキャ

リアを捨ててサザン・パシフィック鉄道でアシスタントになるように説得された[10]。

　1893年，メールラインが鉄道の管理下に置かれたとき，シュヴェリンはこの海運会社の理想的な経営者と思われた。海軍の経歴，産業界と士官の慣習，直接的で力強い態度は，すぐにその威力を発揮した。その後22年間，シュヴェリンは効率的で収益性の高い事業を運営した。シュヴェリンはハンティントン，そして彼の後継者たちに対して直接の責任を負っていたが，ほとんど完全な自由が許されていた。メールラインは，その波乱万丈の生涯において，投機家の犠牲にもなったが，今では，卓越した方針と，知識豊富な海運マンによるマネジメントによって，長い期間の繁栄を享受することができた。

　シュヴェリンの在任中，メールラインは徐々に沿岸部のビジネスを拡大し，中米からの果物やコーヒーの貿易で先駆的な役割を果たした。しかし，買収や廃業に踏み切れない他の航路との深刻な競争に直面したのは，創業以来２度目であった。O&O は，太平洋航路の一部では共同配船を行ったが，1906年に運航を休止した。メールラインは，コプト（*Coptic*）とドーリック（*Doric*）の２隻の汽船を譲り受け，ペルシャ（*Persia*）とアジア（*Asia*）に改名した。しかし，太平洋航路に参入してきた日本の東洋汽船（Toyo Kisen Kaisha：TKK）やカナディアン・パシフィック（Canadian Pacific：CP）に対抗してサービスを維持するためには，船隊を拡大し，近代化しなければならなかった。

　シュヴェリンは，1898年の時点で，競争の激化を予期し，ハンティントンに新造船のための多額の資金を約束させた[11]。ハンティントンは1900年に急逝し，サザン・パシフィック鉄道の取締役は彼の遺産からメールラインの株式の多くを買い取り，同社を鉄道の直接支配下に置くことになった。２年後，エドワード・H・ハリマン（Edward H. Harriman）がサザン・パシフィック鉄道の支配権を獲得し，それに伴ってメールラインの支配権も獲得した。1902年，ハリマンは社長に就任し，1909年に亡くなるまでその職にとどまった。

　この海運会社と親会社の鉄道会社は，アメリカ・スペイン戦争後の一般的な繁栄を享受し，大衆と政府の極東への新たな関心に応えた。1902年までにメールラインは，太平洋航路で最大かつ最速で旅客と貨物を組み合わせた船を持っていた。コリア（*Korea*）とシベリア（*Siberia*）はそれぞれ１万1,300トンで，速度，快適性，大きさにおいて，競合するどの船をも簡単に凌駕した。そして1904年，１万3,638トンの新造船，マンチュリア（*Manchuria*）とモンゴリア

コリア。1万1,300トンで鉄製のハル（船殻）を有した，シベリアの姉妹船。

（*Mongolia*）が太平洋航路に加わった。

5 サンフランシスコ湾内での海難事故

　その後10年間，海難事故が続いたが，太平洋航路は利益を上げ続けた。1898年から1911年の間に6隻の汽船が沈没したが，人命と貨物に最大の損害を与えたのは，シティ・オブ・リオデジャネイロの沈没だった。総トン数は3,548トンであった。リオデジャネイロは，極東の港からホノルルに寄港し，1901年2月21日にサンフランシスコ湾に到着，そこで水先案内人を乗せたあと，何の問題もなく航海を続けていた。船内には201人の乗客，士官，乗組員，そして20万ドル（現在の市場で少なくとも200万ドルの価値がある）の積荷があった。

　船長のウィリアム・ウォード（William Ward）と水先案内人のフレデリック・ジョーダン（Frederick Jordan）が入港の準備をしていると，激しい霧が立ち込めてきた。ウォードは船を停泊させた。2月22日の早朝，霧が晴れると，彼は錨を上げてゴールデン・ゲートに進路をとった。15分も経たないうちに，再び激しい霧に襲われ，船を突然包んだ。しかし，船長は錨を降ろす代わりに，自信をもって方角と速度をそのまま保った。午前5時20分，船は砦の真下の岩に正面からぶつかった。13分後，船は沈没し，122人の乗客と乗組員が失われた。助かった命は79人であった。

　サンフランシスコに近いところで沈没し，しかも船長の過失であることが明

らかであったため，世間はメールラインにきつい批判を浴びせることになった。レニー・シュヴェリンは，ウォード船長に対して弁明しようとはしなかった。

> 「私たちは，霧が発生している間は出入港を控えるよう，何度も船長に警告してきた。口頭での指示だけでなく，書面でも同様の趣旨で船長に伝えてきた。私が判る限りでは，ウォード船長は霧が晴れるまで外で待っていたほうが賢明だった。彼は入港に際して権限を持つ唯一の人物で，水先案内人が船に乗ると，船長はもう責任を負わないと考えるのは間違いだ。水先案内人は，船長のガイドに過ぎないのだ。」[12]

　メールラインの安全性と信頼性に対する評判は，この特別な損失によって一時的に低下したが，収益力はすぐに回復した。

　1904年以降，シュヴェリンの方針は，太平洋航路の大型船を沿岸ビジネスより優先させるようになった。失われた船はリプレイスされず，近代化のための資本も投入されなかった。1912年，パナマ運河法（Panama Canal Act）が制定され，州をまたぐ鉄道会社が支配する船会社が運河を使用することが禁止された。シュヴェリンは，大型定期船を建造し，パナマ運河，サンフランシスコ，日本，香港を経由してニューヨークとマニラを結ぶ航路を計画していたが，それも不可能になった。また，メールラインは，競合する3つの沿岸航路の，アメリカン・ハワイアン（American-Hawaiian），グレース（Grace），ルッケンバック（Luckenback）の，新しく速い船に押されて，赤字に陥っていた。その結果，サザン・パシフィック鉄道は中南米航路を休止し，収益性の高い太平洋サービスとともに，地元の旅客と貨物ビジネスに集中することを決めた。

6　船員法の制定と第一次世界大戦による海運景気

　しかし，1915年，ラ・フォレット船員法（La Follette Seamen's Act）が制定され，アメリカ船籍の船舶の乗組員の多くが，士官の命令を理解できることが義務づけられたため，この航路の将来は非常に危ういものと思われた。それは，もちろん英語での命令を意味した。メールラインは，太平洋航路の開設以来，中国人の乗組員を雇ってきた。ラ・フォレット船員法の遵守は，白人の船員に支払わなければならない賃金分の上昇を意味し，運航コストの大幅な上昇を意

味する。太平洋航路の5隻の大型汽船でも，特に日本船の補助金付き航路との競争激化で利益率が低下したため，サザン・パシフィック鉄道はすべての運航を休止して船を売却することを決定した。同時にメールラインの資本金も2,000万ドルから1,200万ドルに引き下げられた。

　この決定は不運なものであった。第一次世界大戦の海運市場の高騰で，チャイナ，コリア，マンチュリア，モンゴリア，シベリアの5隻の太平洋航路の汽船は高値で売却されたが，1915年が終わる前に，当時中立だったアメリカの旗で太平洋航路の貨物の需要が劇的に高まった。その結果，W. R. グレース（W. R. Grace）とアメリカン・インターナショナル・コーポレーション（American International Corporation）は，12月にサザン・パシフィック鉄道のメールライン株のすべてを購入した。1916年初頭，メールラインの株主総会は，残りの船舶の売却提案を取り消し，資本金を400万ドルに増資することを承認した。しかし，残された7隻の船は沿岸航路にしか適さないため，太平洋航路用の船を購入するために大きな努力が払われた。最終的にメールラインは，コロンビア（Colombia），エクアドル（Ecuador），ベネズエラ（Venezuela）のオランダ船3隻を新たに購入することができたが，それぞれ約5,600トンに過ぎず，売り手市場のため高値で取引されることになった[13]。

　1916年8月，メールラインの船は再び太平洋を横断する伝統的な航路に就航するようになった。横浜，上海，香港，マニラの賑やかな埠頭で働く船のメインマストには，おなじみの赤，白，青のアゲハ旗が再び掲げられていたが，船体は緑色に塗られ，煙突は65年以上にわたって彼らの色だった黒ではなく，淡黄色，白，黒で統一されていた。

　メールラインの業務に大きな変化をもたらしたのは，シュヴェリンの引退であった。後任には，W. R. グレースの西海岸マネージャー，ジョン・H・ロセター（John H. Rosseter）が就任した。その後5年間は，戦時中と戦後間もない時期の需要に後押しされ，新たな活動と大きな成長を遂げた。

　第一次世界大戦への参戦は，アメリカ経済を活性化させ，特に海運の需要を高めた。海運管理局（United States Shipping Board：以下，管理局と略す）はメールラインの全船舶を戦時徴用したが，2隻を除く全船舶を従来の航路で運航した。そして1917年，2隻の用船でサンフランシスコ，マニラ，カルカッタ，コロンボを結ぶサービスを開始した。

　これらの航路に就航する船のほかに，メールラインは管理局のために23隻の

船を運航していた。サザン・パシフィック鉄道がパナマ運河の権益を売却したことにより，パナマ運河を利用する航路の制限がなくなったため，メールラインは4隻の貨物船を購入し，パナマ運河を利用した東海岸へのサービスを始めた。1920年には，サンフランシスコから西航する管理局の貨物船のサービスを開始し，世界一周の先駆者となった。この年，メールラインの船隊は最大となり，46隻の汽船がアメリカ，ヨーロッパ，アジアの港を往復し，100万トン以上の貨物を運んだ。しかし，翌年からは，戦後の不況のあおりを受けて，輸送量は減少していった。

7 所有権はダラー家のものに

　かつてアメリカの海運は，このような不況を乗り越え，繁栄を取り戻し，新たな自信を得たものだった。メールラインの経営陣は，このようなパターンが繰り返されることを期待していた。管理局の船が余るようになったため，5隻の大型汽船の運航管理者として太平洋航路の事業を拡大した。これらの船は，1万4,000トン以上のツインスクリュー船で，全長は535フィート，船型としては535sと呼ばれる大きさである。これらの船は，当初は輸送船として建造されたが，旅客貨物船として完成し，極めて優れた居住性を備えていた。ゴールデンステート（*Golden State*），エンパイアステート（*Empire State*）など，最初は州の愛称が使われていたが，やがてアメリカの歴代大統領の名前に改名された。プレジデント・クリーブランド（*President Cleveland*），プレジデント・リンカーン（*President Lincoln*），プレジデント・ピアース（*President Pierce*），プレジデント・タフト（*President Taft*），プレジデント・ウィルソン（*President Wilson*）などであり，これらの名前はメールラインの後継者たちによって今日まで受け継がれてきた。1921年3月，これらの船の第1便がサンフランシスコを出港し，メールラインはサンフランシスコと東洋を隔週で結ぶ航路を，この航路にふさわしい船で提供するようになった。これらの船の追加により，メールラインはコロンビア，エクアドル，ベネズエラをサンフランシスコとボルチモア間の運河横断サービスに投入することが可能となった[14]。

　1922年から1925年にかけて，会社は人員整理を余儀なくされた。政府との協定がある航路は引き続き適正な利益をあげたが，経営陣や取締役会はウォール街の投機筋の犠牲になっても発揮してきた積極的な経営方針に特徴づけられた

リーダーシップを失っているように見えた。

とくにメールラインはワシントンとのつながりを軽視していたため，管理局に対する影響力が低下していた。メールラインが太平洋航路で運航していた5隻のプレジデント船が管理局から売りに出されたとき，ダラーライン（Dollar Steamship Line）とメールラインの双方が入札し，ダラーラインの入札額が現金562万5,000ドルであったのに対して，メールラインは675万ドル，一部は現金で，一部は船を譲渡する新会社の優先株で提示した。管理局は，メールラインの高値は公示に記載された条件を満たしていないと判断し，船をダラーラインに売却すると決定した。1925年4月，この船は売却され，引き続き太平洋航路で運航された。

太平洋航路の船隊がなくなり，同じような船が許容できる価格で市場に出回らなくなったとき，メールラインの支配的持分を有するW・R・グレースは東洋の航路からの撤退を決めた。その後，残った沿岸航路の船はグレースの所有となり，パナマ・メール（Panama Mail Steamship Company）の商号で運航が続けられた。

アングロ・カリフォルニア銀行（Anglo-California Bank）のハーバート・フライシュハッカー（Herbert Fleishhacker）は，ダラー家の側近としてサンフランシスコのシンジケートを率い，メールラインの名前と旗，そして「のれん」を買い取った。翌年，この会社はダラーラインに売却されたが，ダラーラインはその間，プレジデント船で太平洋航路の運航を続けていた。西部における長く華麗な海運の歴史であり，それは外輪船から木造の蒸気船，鉄製の船体，鋼鉄製の船隊，スクリューへと移り変わった時代でもあった[15]。

[注]————————————————

1　*San Francisco Alta California*, 2 January 1867.

2　Henry G. Langley, *Langley's San Francisco Business Directory and Metropolitan Guide* (San Francisco, 1869), (1871), xxxi; (1872), vi; (1874), iv; (1875), iv.

3　Kathryn C. Hulme, *Annie's Captain* (London: F. Muller, 1961), 153, 155, 174.

4　David Lavender, *The Great Persuader* (Garden City, N. Y.: Doubleday, 1970), 6.

5　Julius Grodinsky, *Jay Gould, His Business Career, 1867-1892* (Philadelphia: University of Pennsylvania Press, 1957), 124-26; Edwin P. Hoyt, *The Goulds, a Social History* (New York: Weybright and Talley, 1969), 59, 60.

6　Hoyt, *The Goulds*, 59, 60, Lavender, *Persuader*, 297-98; John H. Kemble, "The Big Four at Sea: The History of the Occidental and Oriental Steamship Companies," *Huntington Library Quarterly* 3 (April 1940)：341-46.

7　Grodinsky, *Gould*, 145-48.

8　上掲書；D. S. Babcock, *To the Stockholders of the Pacific Mail Steamship Company* (New York, 1878).

9　Lavender, *Persuader*, 337.

10　*San Francisco Chronicle*, 12 January 1936, p.3.

11　Pacific Mail Steamship Company, Annual Report 1899, p.10, Huntington Library.

12　*San Francisco Call*, 23 February 1901.

13　Pacific Mail Steamship Company, Annual Report 1916, p.4, Huntington Library.

14　上掲書, Annual Report 1922, pp.3-4, Huntington Library.

15　N. E. Harrison, "Dollar Steamship Company," *The Guide*, 29 August 1969; *Shipping Register*, 4 April 1925.

第**3**章

RISE OF THE DOLLAR STEAMSHIP COMPANY

‖‖

ダラーラインの躍進

1 木材王ダラーの海運業への進出

　1902年7月初旬のある晴れた日，5,000トンのメールラインの汽船チャイナがゴールデンゲートからホノルル，横浜，神戸，長崎，上海，香港へ向けて出港した。この船は，普通貨物を運んだが，寄港地だけでなく，韓国，フィリピン，ジャワ，シンガポール，ペナン，インドへの積替え貨物も積んでいた。金庫室には28万572ドルもの財貨も積まれていた。夏で旅行シーズンのピークであったにもかかわらず，船室は半分強の58人でしかない。このうち半分がホノルル行き，15人が日本行き，12人が中国行きである。東洋人が中心ではあったが，1,150人が乗れる三等客室には，実際にはその半分程度しか乗船していなかった[1]。

　船室で最も注目されたのは，ハワイ元王妃のリリウオカラニ（Liliuokalani）で，3人で乗船していた。他の乗客の中に，58歳の元気な男性がおり，彼はすぐに船の役員や乗客の多くにその名を知られるようになった。彼が前王妃と知り合ったかどうか，彼とその妻がフレイユ船長（Captain Freile）のテーブルに着いたかどうかは，記録に残っていない。彼は，船やエンジン，中国人クルー，寄港地，貨物など，船の運航について強い興味を抱いていたことは確かだ。また，同乗者たちも，特に東洋に住んだことのある者に対して，彼らの興味や生活について，彼が好奇心を抱いていることに気づいた。そして，彼が信仰心の厚い人物で，聖書の言葉が会話の中に出てくること，酒もタバコもやらないこと，生まれつきのスコットランド人であることなどにも注目した。

　彼は，カリフォルニア州サン・ラファエルに住むロバート・ダラー（Robert

Dollar）で，材木商であると同時に船主でもあると誇らしげに語った。実際，彼は西海岸で最大の汽船のスクーナー船隊を運航する，できたばかりのダラーラインの社長であった。これらの船は，北カリフォルニア，オレゴン，ワシントンの森林にあるダラーの工場やほかの工場から，中央カリフォルニアや南カリフォルニアの都市，鉄道基地に木材を運んでいた。そのうちの1隻，カリフォルニア州ハンターズポイントで建造されたアラブ（*Arab*）は，全長375フィート，315万ボードフィート（board feet）の木材を積め，ダラーが船主から東洋への試験航海のためにチャーターしたものであった[2]。

　用心深い性格のダラーは，フィリピン向けの政府貨物を確保し，往復の費用をまかなわなければ，このテスト航海を行うことはなかったであろう。木材以外の貨物を積んでの外洋航海に満足したダラーは，アラブを購入し，スペリー製粉（Sperry Flour Company）にチャーターした。東洋への小麦粉を満載して無事航海し，中国と日本からの壊れやすい商品の混載貨物を載せて帰ってきた。サンフランシスコの荷受人の報告によると，輸送中に破損した貨物は1つもなかったという。ダラーは，アラブが太平洋航路で利益がでることを確信し，中国と日本の木材需要を開拓したいと考え，自己責任で東洋へ貨物を送ることを決意した。復路での船賃を受け取ることができる積み荷は何でもピックアップするつもりだった[3]。

　ダラーはサンフランシスコの代理店を通じて，中国商人に木材を一隻分売り込むことに成功した。ロバート・ダラーは，船積みとアラブの出港の手配を息子のR・スタンレー（R. Stanley）とJ・ハロルド（J. Harold），そして事務員のヒューゴ・ローバー（Hugo Lober）に任せ，上海で船を出迎えるつもりでチャイナで先行して入港した。ロバート・ダラーは，その時にはアラブの帰りの航海に積む貨物をすべて手配するはずであった。彼は，もちろん，中国と日本にあるすべての代理店や輸出業者に手紙を出したが，1902年7月に出港する時までには具体的な返事はなかった。極東には，アメリカの領事や公使以外に個人的な知り合いはなく，何のコネもなかった。ダラーは抜け目のないスコットランド人で，すでに材木業では財を成してはいたが，1896年から1900年にかけてのクロンダイク地方のゴールドラッシュに伴う西海岸の急激な海運需要に乗じ，何の準備もなく極東貿易に投機したのである。実際，ダラーの海運への関わりはまったくの偶然で，1902年時点ではまだ彼の材木の利益に付随するものでしかなかった。

　そのわずか5年前，ロバート・ダーラーは最初の船，全長120フィート，185ト
ンの汽船のスクーナー船，ニュースボーイ（Newsboy）を購入した。1888年に
サンフランシスコで建造されたニュースボーイは，特に北カリフォルニアの木
材の貿易のために設計された船だったが，フンボルト湾を除いては，木材の一
等地に隣接する港は皆無に等しかった。荒波の中でも「材木スクーナー船」は
岸近くに停泊し，丸太や製材された木材をブームで動かすか，荷揚げ場の高台
からケーブルで吊り上げて積載することができた。このスクーナー船について，
ダーラー自身がこう語っている。

　　「この船は特殊な船で，この沿岸以外では見ることができない。船体は頑
　　丈で低く，荷物を積むと甲板が水際まで下がり，時にはその下に潜ること
　　もある。普通なら危険と思われるところだが，この海岸での過去20年の記
　　録では，このような積み方をしても命を落とした者は1人もいない。」[4]

　ダーラーは，北カリフォルニアの他の材木業者と同様に，何年も前から船主と
交渉して，木材の集荷と輸送，キャンプ用物資のフェリーを手配していた。し
かし，1895年の春，ニュースボーイはダーラーの大量の材木の積込みに間に合わ
なかった。納期に間に合わず，他の売り先を探さなければならないことに業を
煮やしたダーラーは，船舶ブローカーを訪ね，ニュースボーイの権利を購入する
ため必要な金額を提示した。これが成立し，ダーラーは海運業に参入すること
になった。ニュースボーイのチャーター費用が節約できたため，ほかの木材ス
クーナー船の買収も可能となった。1902年までに，ダーラーが新たに設立した海
運会社は，小さなニュースボーイからその20倍の大きさで太平洋の横断が可能
なアラブまで，10隻の汽船やスクーナーを所有することになった[5]。

2　極東での代理店の発掘と中国・日本貨物の集荷

　横浜に着いたダーラーは，アメリカの海運会社2社に極東市場の情報を求め入
手した。さらに，香港を何度か訪れ，大手商社にアプローチする準備を整えた。
土砂降りの雨の中，彼は九龍に向かい，富豪商社のジャーディン・マセソン
（Jardine, Matheson）のパートナーの1人と面談した。礼儀正しいが，よそよそ
しい代表は，ダーラーの代理店にはなってはくれるが，顧客にとって未知の船会

社であることは明白で，将来のビジネス展望には明らかに消極的だった。聡明で積極的なダラーにとって，このような態度は明らかに新規事業の利益にはならない。そこで，彼は他の会社を探すことにした。しかし，何度も断られた。彼は，評判の良い代理店に自分と会社を売り込むだけでなく，自分の船が貨物のマーケットでよく言われるよう，自分の熱意を伝えなければならないことを悟ったのである[6]。

　日本や中国，フィリピンで米国の木材を売ることができるのはわかっていた。しかし，そのために必要なのは，十分に利幅のある帰り荷であり，極東だけでなく，アメリカの輸入商社にも精力的で創造的な営業活動を展開する必要があった。特に，極東の商人，メーカー，政府関係者，そして潜在的にアメリカへの輸出先となりうる荷主との間に代理店網や人脈を構築することが必要であった。香港を離れる前に，ダラーはアーノルド・カルバーグ商会（Arnold Karberg and Company）という満足のいく代理店を確保することができた。しかし，その後もずっとダラーは，自分自身が最高のシッピング・エージェントでもあった。白いあごひげを生やし，頭を右に振って話す癖があり，率直な話し方で，取引をするのに最適な人物を探し出しおだてる勘の良さで，ダラーは海運界では有名な大成功を収めた人物となった[7]。

　一方，ダラーは自らの努力でアラブの大量の硫黄貨物を確保することに成功し，長江の烏城（Woosung）沖で手配通り出迎えた。その後，アラブで日本に向けて出港し，アメリカ向けの一般貨物400トンを積み込むことができた。しかし，彼はまだまだ材木屋であった。秋になり，冬が近づいてきた頃だったが，ダラーは北日本に渡り，オークの銘木があると聞いた。それを確信した彼は，猛烈な寒風が吹き荒れるアラブで帰国の途についた。

　アラブには貨物の他に，ダラーの次男で事務長の名前からスタンレー・ダラーと名付けた新造船の乗組員として採用した26人の中国人船員が乗っていた。アラブがサンフランシスコに到着した時，入国管理局は中国人排斥法（the Chinese Exclusion Act）を理由に中国人乗客の上陸を拒否した。その後，1カ月間，アラブとスタンレー・ダラーの両船は拘束され，会社に多大な損害を与えたが，ダラーは財務省の裁定を受け，スタンレー・ダラーに中国人を引き戻すことができた[8]。

　創業間もない船会社にとって，このようなコストのかかる遅れは許されないことだった。太平洋航路の競争は激しかった。老舗のメールラインはもちろん

のこと，日本やイギリスの船社もこの市場を狙っていた。ダラーは，東洋人だけの乗組員の問題を避けるために，太平洋航路の船舶を英国籍に移した。また，ダラーは外国人士官（通常は英国籍）も採用した[9]。

　ダラーは，自分の船がアメリカの国旗を掲げても構わないと考えていた。ただし，外航の航海にはすべて補助金を出し，士官や従業員の賃金を含む運航費を外国の商船と同じにすることが条件だった。また，彼はアメリカでの建造を要件としないことを主張した。アメリカの造船所でのコストは外国に比べて3割から5割程度高かったからである。アメリカ製船舶のコスト差の要因の1つは，関税のため国産鋼材の価格が高いことにあった。植民地時代からのアメリカの造船業者や商人の例に漏れず，ダラーも自由貿易が自分の利益と一致することを知った。下院商船委員会（House Merchant Marine Committee）で証言したダラーは，スコットランドのグラスゴー港で自社が建造中の7,000トン級の新造船ヘイゼル・ダラー（*Hazel Dollar*）が19万5,456ドルであるのに対し，アメリカの造船所からの最低入札額は45万ドルであると指摘した[10]。

　この頃，ダラーは太平洋航路に専念するようになっていた。西航の貨物はおもに木材であり，彼の最新船であるヘイゼル・ダラーは木材運搬船として設計された。しかし，今度は帰り荷の問題に彼の全精力を傾けることになった。

　ダラーは機会を逃すことなく，日露戦争に乗じて，当時，日本の包囲と封鎖下にあった満州の前哨基地，旅順港への補給を切望していたロシア政府にM. S. ダラーをチャーターした。しかし，この船は日本海軍に拿捕され，密輸船として処分されることになる。戦時リスク保険でカバーされるため，ダラーは拿捕の如何にかかわらず，かなりの利益を得ることになった。結局，ダラーはロイド保険から18万ドルの損害賠償を受けた後，日本の裁判所から6万ドルでM. S. ダラーを買い戻すことができた。

　太平洋航路のもう1隻，陸軍輸送船を改造したスタンレー・ダラーが日本沖を航海し，全損と判定されたときも，ダラーは事実上，古くて効率の悪い汽船を処分したことになり，支払った金額以上の保険金を受け取っている。これは，ダラーが太平洋航路に進出した初期の頃に行った，抜け目のない商法の典型であった。

　もちろん，リスクもあったが，運も味方してくれたのだ。というのも，彼はゆっくりと慎重に信用を拡大し，東洋を駆け巡りながら商売の渡りをつけ，ビジネスを掘り起こしていったからだ。この頃，最も成功した事業は，日本の

オーク材を購入して中国に運び，信じられないことだが，木材が豊富にあるアメリカ西海岸に運んだことである。メールラインはダラーを太平洋航路から追い出そうとしたが，ダラーは（メールラインの）親会社であるサザン・パシフィック鉄道に大量の日本製オーク材の鉄道用の枕木を売ることに成功した。1906年から第一次世界大戦が始まるまで，日本のオーク材の丸太はダラー船の重要な帰り荷となった。そして1911年，ダラー船はフィリピン産マホガニーの最初の貨物を西海岸に運んだ[11]。

　このような初期の海運会社のビジネスは，大部分が不定期であった。ダラーの工場で生産された木材の多くは，中国や日本に委託販売で出荷された。ダラー自身と極東の代理店は，次第に東航の混載貨物ビジネスを増やしていった。例えば，ヘーゼル・ダラーが運んだ1908年のある復路貨物は，中国の銑鉄500トン，茶178包，日本の港からは石炭1,500袋，炭850袋，小麦ブラン（ふすま）4,000袋，その他一般貨物の小物で構成されていた[12]。

　ダラーの定期的な復路に合うものは，ダラー自身が東洋とカリフォルニアで開拓した商品であった。中国の鉄鋼を輸入する事業も，不安定な中国政府，西海岸の国内鉄鋼市場の動向，アメリカの鉄鋼業との競争，輸入鉄鋼に対する米政府の規制と輸入鉄鋼に対する関税障壁などに左右され，安定しないものだった。

ベッシーダラー。グラスゴーで建造され，ダラーが購入後，船名を変えて太平洋航路に投入された。

　しかし，ダラーはこの貿易で何年も儲かるビジネスを開拓することに成功した。1912年の中国革命も含め，あらゆる障害を克服したのである。1909年，中国を訪れたダラーは，中国唯一の鉄鉱石生産会社であるハン・イェー・ピン（Han Yeh Ping）と取引をしたことがあった。米国に市場を探すことができればとの条件で，今後 3 年間，毎年10万トンまでの鉄鉱石を，転売交渉の際に決定する価格で購入することに合意したのである。そして特徴的なことは，ワシントン州の小さな独立系鉄鋼会社，ウェスタン・スチール・アイロンデール（Western Steel of Irondale）の株を会社の方針に影響を与えるには十分なほど購入し，拠点を確保したことであった。彼は，中国産の鉄鉱石と銑鉄を，アメリカ産よりも安く仕入れてアイロンデールに輸送できることを，ウェスタンの役員に説き伏せた。次に彼は，ウェスタンの工場長ヘルベルト・ロー（Herbert E. Low）を引き連れて中国に渡った。そこで，ハン・イェー・ピンと 3 年間にわたり毎年 7 万2,000トンの鉄鉱石を契約するよう交渉した。ダラーの強引な交渉に，ハン・イェー・ピンを管理していた中国政府は反発した。しかし，話し合いの結果，すべての関係者が納得する妥協案が決まった。

　ダラーは，中国と太平洋の北東航路の利点を説明した。大げさな表現もあるが，彼はこう言った。

　　「銑鉄は複数年の契約で，年間最低 3 万6,000トン，1 年後には最高 7 万2,000トンを販売し，ウェスタン・スチールはそれを購入する。海から600マイル以上離れた揚子江岸の杭州から出荷され，この取引の大きさでは，毎年最大クラスの貨物汽船が35隻必要である。中国が受け取る金額は米国政府に返還される 3 倍であり，汽船が貨物を積み込むために中国の内陸部まで行かなければならないことを述べればよく理解できるであろうが，現在では難しい中国内部との大きな貿易を切り開くことになる。」[13]

　西海岸経済における中国の鉄鉱石と銑鉄の重要性は，ダラーの壮大な予測や，シアトル，サンフランシスコ，ロサンゼルスの新聞に掲載された派手な宣伝文句には見合わないものであった[14]。しかし，ダラーラインには収益がもたらされ，それ以上に，中国に有益なコネクションを開くことができた。

　ダラーの極東貿易が盛んになるにつれ，彼はサンフランシスコ商工会議所の取り組みに参加するようになり，市や州の経済成長を促進するようになってき

た。さらに，集会所（Merchant Exchange）のメンバーとしても活躍した。ダラーは口が達者で，生まれつきの講演者であり，太平洋貿易の利点と可能性をたゆまず主張した。同時に，中国人移民を差別するような規制を緩和する運動も行った。

　彼の動機は，高尚な言葉で表現されているが，実際は見た目よりも高尚なものではなかった。西海岸の反中感情が移民政策の変更を許さず，州政府も連邦政府もこの問題に関する法律を変えそうにないことを彼は知っていた。しかし，彼の親中的な姿勢は，新聞でもよく報道され，カリフォルニアの中国人コミュニティーの友好と支持を得ることができた。この好意よりも重要なのは，彼が中国政府や香港，杭州，上海の裕福で影響力のある商人たちに与えた印象であった。さらに，ダラーにはもう1つの狙いがあった。西海岸の労働組合が連携して，海運会社が東洋人（主に中国人）の乗組員を雇うのを阻止しようとする動きに対抗したのである。ダラーにはすでに，アメリカの労働者を差別しているという評判が立っていた。コースト・シーマンズ・ジャーナル（*Coast Seaman's Journal*）の編集者は，『キャプテン』ダラーは，クーリー労働者の雇用を執拗に実践し，奨励したので，彼の船の名前そのものが，汚れた悪臭を放つ代名詞となった」と述べている[15]。

3　ラ・フォレット船員法案の可決とメールラインの休止

　ダラーは，こうした活動によってイメージアップを図り，結果として貿易を拡大することに成功したほか，さまざまな方法で西海岸の港湾労働組合に対抗することを目指した。東洋人の乗組員でいくら節約しても，また，貿易で有利な取引をしても，貨物はアメリカの港ではアメリカの労働者によって扱われなければならないという事実は変わらない。港湾労働者や船員の組合化の流れは，年々加速していた。組合員の増加に伴い，ストライキの発生やアメリカの港での人件費の高騰は，船会社の年間予算の中でより大きな割合を占めるようになった。

　これまでの個人主義と自由放任主義の時代に根ざしたダラーのビジネスの価値観は，組合活動には常に否定的であった。もし，短期間で築いてきた商業活動の経済的な健全性が脅かされ，人件費の高騰によって利益と損失の間にある

わずかなマージンが危うくなるなら，彼は思い切った行動をとることができたし，実際にそうした[16]。

　太平洋航路のダラーラインの貨物船は英国籍で外国人乗組員によって運航されていたが，その沿岸航路は米国船籍でなければならなかった。そして，1890年代以降，その事業の大部分は西海岸のローカルな輸送，おもに木材の輸送であり，最も収益性の高いものであった。1913年，ノルウェー生まれの国際船員組合（International Seamen's Union）の代表アンドリュー・フルセス（Andrew Furuseth）は，ウィスコンシン州の進歩的な上院議員ロバート・ラ・フォレット（Robert La Follette）に，アメリカの商船員の労働条件に大きな改革をもたらす法案を提出するように仕向けた。

　ダラーは，かつてのライバルであったメールラインのレニー・シュヴェリン（Rennie Schwerin）と手を組んで，この法案に対抗した。両者とも法案を倒すためのロビー活動は失敗に終わり，1915年に法律が成立した[17]。

　逆説的だが，彼があれほど反対した法律が，ダラーにとって大きな利益をもたらすことになる。メールラインの親会社であるサザン・パシフィック鉄道は，少なくともこの法律の反動で，メールラインの休止を決定した。これは，戦争中の世界における海運業の将来を十分に考えずに下した軽率な判断であった。ダラーラインは，暫定的に太平洋航路で地位を向上させることができた。太平洋貿易が戦時中の需要に応え，好景気に沸いていたこの年，日本や中国の港に寄港したメールラインの船はなかった。しかし，多くの貨物船は赤い煙突に不謹慎にも白いダラーのマークを掲げていた。

　沿岸航路の東洋人船員の事実上の排除による運航コストの上昇にもかかわらず，ダラーラインの売上げは1915年，そして1916年にも急激な増加を示した[18]。この頃，海運業は世界的に深刻な不足状態に陥っていた。連合国の需要，アメリカ政府の準備プログラム，ドイツの潜水艦による連合国船の撃沈など，あらゆる船齢，船型，仕様の汽船が売り手市場となった。

　ロバート・ダラーは，船舶不足の間，船を売買して莫大な利益を得た。彼の活動の代表的なものは，古いメキシコの汽船，ジェネラル・ペスケイラ（*General Y. Pesqueira*）である。石炭を積んでオーストラリアに向かう途中，ブローカーを通じてサンフランシスコ市長のジェームス・ロルフが20万ドルで購入した。その後，ロルフは22万5,000ドルでダラーラインに売却した。目的地に着くと，船は日本の所有物になっていた。ダラーはこの船を27万5,000ド

ルで売却し，この取引だけで5万ドルの利益を得ていた。1916年5月，彼はロバート・ダラーを130万ドルで日本政府に売却した。その5年前，彼はグラスゴーのA・ロジャー・アンド・カンパニー（A. Roger and Company）に45万ドルを支払っていたのである。ダラー自身は，ロバート・ダラーの売却が「このクラスの船の記録的な高値」であったと日記に記している[19]。1917年，彼はさらに2隻，鋼鉄製スクリューの小型汽船メルヴィル・ダラー（*Melville Dollar*）と大型船マッキノー（*Mackinaw*）を売却した。しかし，彼はこの余剰資金を船隊の増強や売却した船の代替には投資しなかった。

アメリカの参戦中，ダラーの船隊はこの10年間で最小の規模にまで縮小された。スタンレー・ダラーとアグネス・ダラー（*Agnes Dollar*）の2隻だけが沿岸航路を維持したが，この2隻は必要に応じて太平洋航路にも使用された。4隻の汽船と，かつてアラブとして太平洋航路に初就航した由緒あるM. S. ダラーは，サンフランシスコと極東の港を往復する運航を続けた。さらに，ヘイゼル，ベッシー（*Bessie*），ハロルド・ダラー（*Harold Dollar*）は，それぞれ4,300トン強の貨物船で，ダラーの太平洋航路におけるすべての責務を負うことになった。しかし，これらの船はすべてイギリス船籍で，空前の利益を上げた。

特に儲かったのはロシア貿易であった。トラックやフィールドキッチン（移動式調理機材），鉄道の平台などを積んだ貨物船がウラジオストクで荷揚げし，中国，日本，フィリピンの港を経由して戻ってくる。1回の航海で，費用の半分の利益が得られる計算となった。では，なぜ，ダラーラインは船隊を拡大しなかったのだろうか。いろいろな事情が重なって，このような保守的な方針が生まれたのだろう。ダラーの考えでは，船舶の購入や建造が難しくなっていた。また，復活したメールラインとの競争の激化や，これらの航路における日本船の増加も要因になった。

4 メールラインへの接触

1916年，新しい政府機関である管理局が設立されていた。その1年後には，連合国軍の戦力となる船舶を建造・運航するための緊急輸送船団（Emergency Fleet Corporation）が設立された。ダラーは，この管理局のメンバーとは個人的に親密な関係を保っていたが，アメリカの船籍とアメリカ人乗組員の雇用を

必要とする政府のチャーター船に自分の船会社が関わることは拒否していた。人員や施設を急速に拡大する準備がロバート・ダラーには整っていなかったからだ。ダラーラインは，小規模で厳しく管理されたファミリービジネスであった。政府用船で一時的に利益を得ようとすれば，従来のやり方が崩れ，多額の資金を投入する必要となるからであった。

　ロバート・ダラーは，より良いビジネスの機会である戦争を待つこともいとわなかった。平和では何百万トンもの積み荷がバーゲン価格で海運市場に投入されるのである。また，西海岸の労働事情も，船隊を増強するには不安定すぎると考えていた。1916年の夏，港湾労働者のストライキが起こり，アメリカのすべての港が1カ月間閉鎖された。組合は主要な要求であるクローズド・ショップ（closed shop）を実現できなかったが，サンフランシスコの頑固な荷主や商人たちから運賃の値上げを引き出した。ダラーは交渉に大きく関与し，一時はストライカーに対する自警団的行動を容認したこともあった[20]。

　ストライキは失敗に終わったが，戦時経済がインフレに陥ったため，運航コストは上昇の一途をたどった。燃料は2倍となった。政府は旅客を制限し，軍用に船を譲り受けた。管理局が大西洋航路の船員を募集したため，西海岸で船員を確保するのはますます難しくなった。このような海運業界の不透明な状況は，ダラーのような辣腕経営者にも注意を喚起した。つまり，海運業ほど予測不可能な事業ではなく，他の事業で儲けることである[21]。

　1917年から1918年にかけて，ダラーラインに関する彼の方針は保守的であったが，ロバート・ダラーは中国に，またシアトルで操業していた新しい海運会社パシフィック・スチームシップ・カンパニー（Pacific Steamship Company：以下，パシフィック汽船）に多額の投資を行っている。ダラーラインは，最近知り合ったアングロ・ロンドン・パリ国立銀行（Anglo, London and Paris National Bank）の頭取で，若くて積極的なサンフランシスコの金融業者であるハーバート・フライシュハッカー（Herbert Fleishhacker）から資金援助を受け，中国輸出入会社（China Import and Export Company）の支配権を55万ドルで購入した。こうしてダラーラインは，上海で最も立地の良い埠頭と倉庫の1つを所有することになったのである[22]。しかし，これも投機であった。1919年11月，ダラーはパシフィック汽船の51％の株式をオレゴン州ポートランドのチャールズ・E・ダント（Charles E. Dant）に100万ドルで売却し，1年足らずで投資額をほぼ2倍にした[23]。その数カ月後，彼は上海のウォーターフロントにターミ

ナル施設を建設するのに最適な土地を購入した。やがてこの土地は，中国貿易の拠点となった[24]。

　ダラーの不動産選びの目は，極東にとどまるものではなかった。サンフランシスコの金融街，カリフォルニア通りとバッテリー通りの角にある5階建ての立派なオフィスビルが売りに出されると，ダラーはそれを42万5,000ドルで購入した。カリフォルニア通り149番地にあったオフィスが手狭になったため，移転したのである。このカリフォルニア通り311番地に，ダラーラインの役員室があり，活発なビジネスが展開された。その後，24万5,000ドルをかけて6階部分が増築された。ドルとイルカのマークが，この建物の派手な入り口の周りにコンクリートでデザインされている[25]。戦時中がダラーラインとダラー家個人にとって最も儲かったことは，戦時中に一家が支払った連邦所得税の額によって示されている。1918年の収入だけで，ダラー一家は100万ドル以上の税金を支払った[26]。

　1918年末，第一次世界大戦が終結すると，ダラーは旅客船と貨物船を組み合わせた船隊の建造を一時検討し，その旨を公示したことがあった。しかし，ダラーはその考えを改め，市場の下落を待って船を購入する方が安上がりだと判断した。そして，老舗のメールラインにバーゲン価格で投資する機会が訪れた。彼は，息子のスタンレーとメルヴィルとともに，西海岸の海運王として勢いに乗っていたメールラインの社長H・F・アレキサンダー（H. F. Alexander）と面会した。アレキサンダーは，当時アメリカ船籍で最大の沿岸と太平洋航路の船社であったメールラインの財務を指揮していた。しかし，彼の会社は手を広げすぎ，戦後間もないアメリカの海運業界にもたらされた混乱に対処するのに苦労していた。アレキサンダーとの最初の会談では，ダラー側がアレキサンダーの会社の株を代理人を通じて静かに買い始めることを決議した以外は何もなかったが，その株は1919年を通じて急激に時価を下げた。1921年までに，ダラー家はアレキサンダーよりも多くの議決権付き株式を所有していた。この年，ロバート・ダラーとその息子のスタンレーとメルヴィルがメールラインの役員に選出された。しかし，彼らは支配的な権益を持つことはなかった。アレキサンダーは，アドミラルライン（Admiral Line）というブランドで広く知られていた同社の経営を引き続き主導した[27]。

　船を購入する機は熟したようだ。しかし，戦後予想される海運業の拡大に対応するためには，ある動きが必要だった。ダラーの三男ハロルドは上海に派遣

され，埠頭とオフィスビルの建設を監督した。ロバート・ダラー自身も，ニューヨークのブロンクス区ハントポイント（Hunt Point）に18エーカーの土地を購入し，以前から取得していた他の土地と隣接させた。このハントポイントをターミナルとして，上海とニューヨークを結ぶ直行船を就航させることを報道陣に発表した[28]。この言葉が戯言でないことは，翌年にかけて4隻の貨物船を購入したことで証明された。海外で建造されイギリス籍となった船は，グレース・ダラー（*Grace Dollar*），M. S. ダラー，エスター・ダラー（*Esther Dollar*）と1万883トンと世界最大の貨物船であるロバート・ダラーである。これらの購入が行われたとき，ダラー家はすでに「世界一周」サービスの開始を計画していた。1921年2月19日，ロバート・ダラーはこの計画を公表した。1921年の短期間の急激な不況の中で，ダラーラインはこのような措置をとった。当時，運賃全体が歴史的な低水準に急落し，特にアジア市場での熾烈な競争により，海運同盟を通じて運賃を安定させようとする努力は不可能だった[29]。驚いたサンフランシスコの商業界にとって，ダラーラインは白いスコールのように突然現れ，これまでのビジネスのやり方を覆す脅威となったようである。

[注]

1　*San Francisco Chronicle*, 9 July 1902; Robert Dollar, *Memories* (San Francisco: Privately printed, 1917), 30.

2　Robert Dollar, *One hundred thirty Years of Steam Navigation: A History of the Merchant Ship* (San Francisco: Privately printed, 1931), 134.

3　*San Francisco Call*, 21 January 1902.

4　U. S. Congress, House Merchant Marine Committee, Hearings, 58th Cong, 3d sess., 1905, 2：1288.

5　Dollar, *Steam Navigation*, 131.

6　Diary of Robert Dollar, 2, 20 August 1902, Dollar Collection, Bancroft Library, University of California, Berkeley, California.

7　上掲書。

8　*San Francisco Examiner*, 29 December 1902.

9　Gregory C. O'Brien, "The Life of Robert Dollar," Ph.D. diss., Claremont Graduate School, 1968.

10　U. S. Congress, House Merchant Marine Committee, Report, 58th Cong., 3d sess., 1905, 2：1287.

11　O'Brien, "Robert Doller," 136; *San Francisco Daily Commercial News*, 30 November

1909.

12 *Los Angeles Times*, 27 August 1908.

13 Diary of Robert Dollar, 21, 22 March 1910; Dollar, *Memoirs*, 1：297.

14 例えば，以下を参照されたい。*Seattle Post-Intelligencer*, 27, 29 March 1910; *San Francisco Examiner*, 15 May 1910; *Los Angeles Express*, 16 May 1910.

15 *Coast Seaman's Journal*, 22 September 1915.

16 O'Brien, "Robert Dollar," 79-82.

17 *New York Times*, 21 July 1915; O'Brien, "Robert Dollar," 178, 179.

18 O'Brien, "Robert Dollar," 176.

19 Diary of Robert Dollar, 16 May 1916.

20 Dollar, *Memoires*, 3-4：67.

21 Giles Brown, *Ships That Sail No More* (Lexington: University of Kentucky Press, 1966), 45-50.

22 O'Brien, "Robert Dollar" 19.

23 Diary of Robert Dollar, 13 November 1920.

24 上掲書20, 31 July 1917.

25 上掲書25 December 1913; 16 December 1918.

26 O'Brien, "Robert Dollar," 205.

27 ダラー一族は発行済み株式1万5,000株のうち3,767株を，アレキサンダーは2,974株所有した。以下，参照。Brown, *Ships That Sail No More*, 84.

28 Diary of Robert Dollar, 29 October, 1 November 1919.

29 O'Brien, "Robert Dollar," 231.

第**4**章

DOLLAR TRIUMPHANT

‖‖

ダラーの勝利

1 連邦船舶管理局との交渉

　2人の男は互いに好意を抱いていた。1人は背が高く，ひょろ長く，鋭い顔立ちに，見かけによらない茶色の目をした男であった。彼は10年来の広告界の巨人，アルバート・D・ラスカー（Albert D. Lasker）で，現在は連邦船舶管理局（United States Shipping Board）の会長である。彼はウォーレン・G・ハーディング（Warren G. Harding）を大統領に選出した功績で，このポストに採用された。もう1人は，顔が大きく，赤らんでいて，体格もよく，話し方も態度も自信に満ちている。彼はスタンレー・ダラー一族が経営する海運会社の副社長で，会社の実力者である父親の次男である。2つの海運会社の運命とアメリカ北西部の経済の将来に大きな影響を与えるはずのこの契約を，全役員を集めた1週間の会議の後で結んだばかりであった。

　ダラーは，この1年半ほどワシントンの管理局本部に出入りしていた海運関係者の1人であった。彼らは皆，政府が建造を進めている35億ドルもの巨大な船団に目を向けていた。戦争のために発注された船は，まだ，揃っていなかった。5万7,000総トンの元ドイツ船リヴァイアサン（*Leviathan*）から1万4,000総トンの客船と貨物の複合船535s型，醜い量産型貨物船のホグアイランド（Hog Island）からタグボートやバージ（艀）まで，1921年には全体で約1,740隻の船を保有していることがわかっている[1]。

　終戦後，さまざまな船会社が管理局の船舶を裸用船して，あるいはオペレーターとして運航していた。しかし，明確な方針はなかった。1920年，ついに議会は包括的な海商法（Merchant Marine Act）を可決し，ウィルソン大統領が

署名し、恒久的な管理局を設立することになった。この法律はまた、政府の巨大な船団を民間企業に売却することを予見させるものであった。この法律は、あまりにも範囲が広く、数十億ドル相当の公的財産をどうするかについて、事実上の裁量権（carte blanche）を管理局に与えるものであった。管理局を構成する5人は、海運業界にとって最も有利な条件でチャーター政策を継続することも、政府で船を運航することも、民間企業と契約して船を運航することも、一般市場で原価割れで販売することも可能であった。この法律は、最初の1年間は何も実施されなかった。共和党が支配する議会が、ウィルソン大統領が休会中に任命した管理局の委員を承認することを拒否したためである。ハーディングにはそのようなトラブルはなく、1921年6月、上院はラスカーを委員長とする新たな管理局を承認した[2]。

　海商法は、海運関係者、運輸関係者、投資銀行家、港湾都市や鉄道会社の代表者などの熱心なロビー活動の結果成立し、そのような利害関係者が集まってビジネス志向の管理局が発足した。そこに、ワシントン州とオレゴン州の海運業を代表するパシフィック汽船の社長H・F・アレキサンダーと、その有能な代理人アンシル・F・ヘインズ（Ancil F. Haines）がやってきた。そして、このチャンスを逃すまいと、老キャプテン、ロバート・ダラーが登場し、極東貿易の将来を謳いあげた。ダラーの主張を後押ししたのは、サンフランシスコの銀行家、ハーバート・フライシャッカーであった。彼は、政府が船を提供するならば、自分とダラーにはかなりの流動資金があることを明かした。ダラーの息子のスタンレーも、父に従った。彼は管理局に対して、海運の知識があり管理能力に富むことを印象付け、そしてラスカーへの最大のアピールは広告マンであり、セールスマンとしての才能であった。

　ダラーとフライシュハッカーが欲しかったのは、サンフランシスコからの太平洋航路を強化し、北西部全体に拡大するチャンスであった。これは、タコマとシアトルからの西回り航路を拡大していたパシフィック汽船のH・F・アレキサンダーと取引するか、排除するかのどちらかであった。

2 アレキサンダーとパシフィック汽船

　もちろん、アレキサンダーのパシフィック汽船の財政状態が良ければ、ダラーの目的は無駄になっていただろう。アレキサンダーは、ワシントンに強力

な友人がいなかったわけでも，経験がなかったわけでもない。ダラーと違って，彼は海運業に生涯を捧げていたのだ。重厚で四角い顔をした堂々とした男で，かなりの実力者であったが，実業家としてはかなり弱いと言わざるを得ない。アレキサンダーは生まれながらのギャンブラーで，西海岸の海運業界のトップにまで上り詰めた華々しいキャリアのほとんどは，すぐに利益を得ようとする宿命的な魅力のためだった。1921年，彼は大きな負債に直面していた。会社を急成長させた結果，社員はおろか，遠く離れた事業を支える財力もなかったことだ。おそらく，このような立派な経営者の欠点は，港湾労働者からパシフィック汽船の社長になるまで，貧しい青春時代を過ごした結果なのだろう。

ロバート・ダラー（左），H・アレキサンダー（中），ダラー夫人（右）。

　1879年に生まれたアレキサンダーは，1893年の大恐慌で貧しくなった家族を養うために，幼い頃から正規の教育を受けられず，時給20セントの港湾労働の仕事に就かなければならなかった。しかし5年後，彼は自分が働いていた港湾運送会社を経営するために，うまく関係を築いていった。タコマのコマーシャル・ドック・カンパニー（Commercial Dock Company of Tacoma）の社長として8年間働いた後，彼は貯蓄した現金と借りられる資金をすべて，タコマとシアトルのビジネスマンが集まって作ったアラスカ・パシフィック汽船（Alaska Pacific Steamship Company）という危険な事業に注ぎ込んだ。

　新航路はアラスカとは何の関係もなく，太平洋ともほとんど関係がなかったが，1隻の古い船舶がピュージェット湾からサンフランシスコまで毎週貨物輸

送をしていたことだけは確かであった[3]。アレキサンダーは，新航路の社長室に移って間もない頃，金もうけにかなりの才能を発揮した。アラスカ・パシフィック汽船の比較的価値のない株を担保に，彼はアラスカ・コースト・カンパニー（Alaska Coast Company）の経営権を得るために十分な資金を借りた。この会社は，3隻の小型船でシアトルとアラスカの港を往復しており，事実，少なくともアラスカに運航で関係していた。

アレキサンダーは3年間，この2つの航路をわずかな収益で運営していた。彼は個人的に積極的な営業活動を行い，何とか船を運航し続けたが，より重要なのは，沿岸輸送の主要な競合他社を互いに競わせる戦略であった。当時，この航路には6つの航路があり，いずれもアレキサンダーの航路より規模が大きく，資金も豊富であった。

最強で最古の航路はパシフィック・コースト汽船（Pacific Coast Steamship Company）で，西海岸で2番目の創業にさかのぼる。1860年にチャールズ・グッドオール（Charles Goodall）とクリス・ネルソン（Chris Nelson）によって設立されたパシフィック・コースト汽船は，シアトルの北からアラスカ，南のカリフォルニア港まで，長年にわたって最良の旅客と貨物の輸送をしていた。

サザン・パシフィック鉄道後の，グレート・ノーザン鉄道（Great Northern）も沿岸部の市場でかなりのシェアを占めていた。しかし1910年，メトロポリタン汽船（Metropolitan Steamship Company）という新たな競争相手が既存航路に挑戦してきた。メトロポリタン汽船は，東部財閥の支援を受け，ハーバード（*Harvard*）とエール（*Yale*）という2隻の新造船を西海岸に送り込んだ。この2隻の船は，どのライバル会社よりも速く，すぐに継続的に顧客に受け入れられた。

この三つ巴の争いに，アレキサンダーはチャンスを見出した。彼は以前，苦戦していた2つの航路を統合し，持ち株会社パシフィック・アラスカ・ナビゲーション（Pacific Alaska Navigation）を設立していた。その再編成された事業の商号がアドミラルラインであった。ハーバード，エールが西海岸に到着する前から，アレキサンダーはメトロポリタン汽船と協定を結び，2つの船社がスケジュール，旅客切符，船荷証券を通じて協調して行動することを決めていた。それ以来，アドミラルラインは徐々に船隊を増強し，スケジュールも改善していった。1916年には，最も危険なライバルであったパシフィック・コースト汽船と合併した。内航海運ビジネスにおいて実質的に無敵となったアレキサ

ンダーは，持ち株会社の名前をパシフィック汽船（Pacific Steamship Company）に変更した。

第一次世界大戦へのアメリカの参戦は，沿岸交通，特に西海岸に大きな打撃を与えた。政府は，各航路の優秀な船を徴用しただけでなく，燃料節約のために航路に制限を加えた。アレキサンダーは，自分の航路を維持するために，北西部から太平洋を横断する航路を試みた。この取り組みで彼は，ロバート・ダラー・カンパニー（Robert Daller Company），メールライン，グレート・ノーザン汽船（Great Northern Steamship Company）といった極東ですでに確立した船社や日本，イギリスの船社に挑戦し，パシフィック汽船の収益を向上させようとしたのであった。これらの会社の中には，北西部の港からの直行便を運航していない会社もあったが，いずれも対策を講じることができたし，実際にそうしたのであった。

パシフィック汽船は，極東への最初の航海で，2,500トンの石炭焚き内航船のセネター（*Senator*）をシンガポールまで航海させ，樽材（ボックス・ショックとも呼ばれた）とその他の混載貨物を積んだ。この航海のトライアルは非常に有益なものだった。セネターは満船で帰港し，アドミラルラインに15万ドルの純利益をもたらした。1918年3月から12月まで，セネターは3回の航海を行い，34万3,935ドルの純益を得た。最初の成功により，アレキサンダーは太平洋航路の事業を拡大することになった。1918年秋までに，彼はリビー（Libby），マクニール＆リビー（McNeil & Libby）から4隻の船をチャーターし，シアトルから極東への定期便を7隻で運航していた[4]。その1年後，パシフィック汽船はシアトルから横浜，神戸，香港へ8隻の船を出した。ポートランドからも4隻が極東の同じ港に定期的に出港した。これらの船はすべて，民間企業から裸用船して借り受けたものであった。

連邦船舶管理局が余剰船舶をより有利な用船条件で提供し始めると，アレキサンダーはすぐに民間からの用船を政府所有の船舶に切り替え航海させた。1920年の春までに，アドミラルラインは管理局の船17隻を運航し，フィリピンにサービスを拡大していった[5]。アレキサンダーは，彼の特徴である楽天的で楽観的な性格から，シアトル市が250万ドルかけて建設中の新ターミナルの優先使用権を申請した。アメリカ船籍の貨物輸送に対応するため，管理局は7つの外航フィーダーサービスを開設したとき，アレキサンダーはフィリピンの島嶼間航路を確保し，ダラーはジャワ島と香港間の航路を獲得した[6]。

　管理局が民間の船社と交渉したMO4と呼ばれる管理運営契約（management-operating agreements）は非常に緩やかで，政府所有の船隊は18カ月の間に推定2億ドルの損失を被った[7]。典型的なMO4契約では，政府所有船を運航する企業や個人には，航海の総収入の5％の手数料が支払われ，運航経費はすべて管理局が負担した。莫大な費用をかけ，管理局はその主な目的である主要貿易ルートにおけるアメリカ船籍の定期運航を行ったのである。

　他の船社と同様，パシフィック汽船は通常，高くなった運航コストを契約する乾ドック，燃料，港湾荷役の作業会社やその他の商品やサービスのサプライヤーたちと共有した。また，これらのサービスを自社で行う場合は，多くの会社が行ったように，過剰な費用をポケットに入れることにもなり，総収入を水増しするような会計処理も行われていた。シアトル・ポスト・インテリジェンサー（*Seattle Post-Intelligencer*）は，「MOは，人間が考えつく最も恥ずべき不正行為で非効率，公共財の略奪である」と断じている[8]。

　1921年12月までの2年間に，パシフィック汽船は，おもに増収となった貨物手数料を2倍にすることによって，費用を8割増加させ，9万3,301ドルの損失を計上し，これを政府に請求することに成功したのである[9]。1919年，パシフィック汽船は，MO4契約に基づく純益は33万7,826ドル23セントとなり，これを運航手数料20万695ドル77セントと支配人手数料12万7,131ドル16セントとに分配した。1920年にはこの2つの料金が大幅に引き下げられたが，新たに加わった10万8,527ドルの代理店手数料はその差額を補って余りあるものだった。1921年には代理店手数料が9万9,359ドル62セントに若干引き下げられたが，同時にオペレーターの手数料は2倍以上になった。

　アレキサンダーが太平洋航路と管理局からの儲けとなる運航体制を利用するためには，米国内外のターミナル施設に資金を供給するための，より多くの資本が必要となった。しかし，アレキサンダーが知ることになるように，ダラーの支援は彼の独立に重大なリスクを伴うものであった[10]。

　そのために，スタッフを大幅に増やす必要があった。その最初の一手が，アンシル・F・ヘインズ（Ancil F. Haines）のゼネラル・マネージャー就任であった。ヘインズは，イギリスのブルー・ファネル・ライン（Blue Funnel Line）のシアトル代理店であるドッドウェル（Dodwell and Company）の重役を長年務めた経験豊かな海運マンであった[11]。

　太平洋航路を熟知していたヘインズは，極東と米国で急いで組織を固めた。

パシフィック汽船は1920年，北西部から東洋へ向かう17隻の管理局の貨物船を運航手配していた。このうち10隻はシアトルから，7隻はポートランドから出港しており，ヘインズが横浜，神戸，香港，マニラ経由でシアトルとシンガポールを28日間で結ぶ定期航路を開設するには十分であった。

　ヘインズが任命したサンフランシスコの代理店のジョージ・J・マッカーシー（George J. McCarthy）が上海に本社を置く極東の旅客代理店のチーフとなった。1920年3月18日，シアトルのアール・F・タウンゼント（Earl F. Townsent）はパシフィック汽船のシティ・オブ・スポーケン（*City of Spoken*）でシンガポールの代理店に出港した。新しい営業組織は，貨物も担当する旅客総代理店E・G・マクミッケン（E. G. McMicken）が指揮を執ることになった[12]。

　1920年冬，連邦船舶管理局が太平洋岸北西部から東洋への航路に新しい535型数隻を充当するとパシフィック汽船に告げたとき，ヘインズには，これが意味する業務の大幅な増加に対応するためのスタッフの中核を持っていた[13]。管理局の強い要請により，この新しいサービスはパシフィック汽船のアドミラルラインから分離されることになり，もう1つの船社，アドミラル・オリエンタル・メール（Admiral Oriental Mail）は，同じ経営陣の下で，独自の社旗と組織を持つものとして設立された。アドミラル・オリエンタル・メールは，パシフィック汽船の太平洋航路を運航することになった。1921年を通じて，5隻の高速大型船がパシフィック汽船に引き渡された。最初の船はウェナチー（*Wenatchee*）で，取締役会はプレジデント・ジェファソン（*President Jefferson*）と改名した。その後，シルバー・ステート（*Silver State*），ベイ・ステート（*Bay State*），キーストーン・ステート（*Keystone State*），パインツリー・ステート（*Pine Tree State*）の順で引き渡された。これらの船はそれぞれ，プレジデント・ジャクソン（*President Jackson*），プレジデント・マディソン（*President Madison*），プレジデント・マッキンリー（*President McKinley*），プレジデント・グラント（*President Grant*）と改名された。

　プレジデント船はフラッシュデッキタイプで，全長535フィート。一等客室は257人，三等客室は300人収容可能であった。一等客室は豪華ではないが快適であった。客室はバスタブ付きの2人部屋で，寝台ではなくツインベッドが設置されていた。荷物の積載量は十分で，約1万1,000トンあった。ハッチは7つあり，そのうち5つは長さ30フィート，幅19フィートである。残りの2つは，

長さ19フィート，幅18フィートであった。燃料油タンクの容量は3,290トンで，シアトルまたはサンフランシスコから横浜まで16ノットの運航速度で往復するのに十分であった。タービン駆動の発電機は1万2,000軸馬力。当時，プレジデント船は世界で最も近代的で効率的な貨物旅客船であった。1隻の費用は約600万ドルである。

　パシフィック汽船は，1921年の不況下の海運市場においても，約2,500万ドルの価値がある船隊を手に入れたのである。さらに，取締役会がこれらの船を最終的に元の値段の何分の一かで処分することは十分に考えられることであった。1920年の法律では，1891年に設定されたものよりも低率ではあるが，それでもなお収入予定の郵便補助金についても規定されていた[14]。

3　ダラーのロビイングと政府助成の獲得

　連邦船舶管理局の新しい委員長であるアルバート・D・ラスカーがアレキサンダーの経営に不満を持っていることを知っても，ロバート・ダラーは太平洋航路の利益構造のパターンには逆らえなかったのであった[15]。パシフィック汽船の財務担当でアンシル・ヘインズの長年の仲間であるR・B・ブッシュ（R. B. Bush）は「H・F・アレキサンダーは管理局とは溝がある」と発言している。

プレジデント・クリーブランド。1925年にダラーが購入した535型。

MO4の過剰な料金やポートランドとシアトルからの運航の重複がおもな不満の要因だった[16]。しかし，ラスカーはアレキサンダーの財政状態も懸念していた。

　ダラーとその息子たちは，すぐに行動を起こした。スタンレーはヘインズと内密に話をし，もし管理局がアレキサンダーを太平洋航路のビジネスから撤退させることを決めたら，ダラーを支援するように頼んだ。そして，父親がワシントンを訪れて道を切り開いた後，スタンレーはラスカーと何度も会談を行った。その結果，パシフィック汽船は資本金50万ドルの新会社「アドミラル・オリエンタル・ライン」を設立することになり，それをダラーが完全に支配することになった。ヘインズは副社長兼ゼネラル・マネージャーとして留まることになった。他の役員は，社長にR・スタンレー・ダラー，副社長に弟のJ・ハロルド・ダラー，もう一人の副社長にはダラーの長年の仲間で株主でもあるヒューゴ・ローバーが就任する予定であった。アレキサンダーは，シアトル・香港・マニラの航路で，新型の535型貨物船と管理局の貨物船7隻を運航するアドミラル・オリエンタル・ラインの業務からは完全に排除されることになったのである。摩擦を和らげ，支配権争いを避けるため，アレキサンダーは重要で収益性の高いパシフィック汽船の社長を続け，彼のアドミラルラインは沿岸船舶を運航することになったのである[17]。

プレジデント・ジャクソンの一等客室用ラウンジ。

　スタンレー・ダラーがアレキサンダーに管理局の計画を知らせたとき，彼は深く心を痛めた。彼はビジネスマンとしては経験豊富であったが，管理局が彼の過去の方針のいくつかに強く批判的になっていることに気付かなかったのだ。しかし，ヘインズが行ったチャーター船の手配や航路スケジュールの減少などの改革が，ワシントンの満足を得るものと期待していた。彼も彼の仲間も，パシフィック汽船の事業の最も有望な部分をダラーに買収されることは覚悟していなかった。また，沿岸貿易の拡大への支援を約束されても，慰み物でしかなかった。スタンレー・ダラーは，「私が持ち帰ったメッセージは，アレキサンダーとその仲間にとって大変な衝撃であり，彼らが状況を理解するのに時間がかかった」と語っている。アレキサンダーは当初，太平洋航路のために新しい会社を設立することに難色を示し，特にアドミラル・ラインのブランドと営業権がこの事業に利用されることに反対した。しかし，ラスカーから管理局がダラーラインを支援することを決定したという公式の確認を受けると，彼は降参した。ラスカーは1922年９月15日に次のような電報を打った。

　　「大変遺憾ではあるが，管理局は，パシフィック汽船の内情では，政府が要求する５隻の535型の船と貨物を割り当てられた政府船へのサービスを提供することが不可能であると感じている。独立したビジネスである沿岸航路の拡大は，あなたの多くの時間を割き，幼稚産業で必要とされる政府船に注意を払えると考えることはできない。それゆえ，大変遺憾ながら，1921年２月付のマネージング・オペレーティング（MO）４契約の第16項(a)に基づき，ここに同契約の解除を通告する。ご承知の通り，我々はアドミラル・オリエンタル・ラインと呼ばれる設立予定の会社と船舶の運航に関するMO4契約を締結しようとしている。新会社が法律に従い正式に設立され保証金が与えられるまでは契約ができないため，会社が法的に成立するまで我々のために営業を続けるよう要請する。この後に，あなたとダラー氏との間で満足のいく譲渡の取り決めがなされたならば，我々は彼らが船を引き取る日について，あなた方双方の決定に従うことになるであろう。」[18]

　この戦略の成功は，ダラーとサンフランシスコの銀行関係者の欲望を刺激したに過ぎなかった。アドミラル・オリエンタル・ラインが法人化されるや否や，

ハーバート・フライシャッカーはワシントンに行き，ハーディング大統領とラスカーに面会した。ラスカーは，政府が保有する商船隊の損失が大きいことを懸念し，管理局が保有する商船を速やかに民間に売却すべきであると考えた。しかし，アメリカ船籍の船と外国船籍の船とでは運航コストが異なることを考慮し，郵便輸送のために補助金以上のものを支給することを望んだ。ラスカーは，このような政策は管理局の恥ずべき損失をなくし，国有の海運を合理化し，民間企業を援助する共和党の現在の考えに一致することを，ハーディング大統領に首尾よく納得させたのであった。

このように，フライシュハッカーは，市場に対して過剰な西海岸の海運会社を１つの会社に統合することを提案し，好意的な反応を得たのである。ワシントンがフライシュハッカーの提案を支持する際に見落としていたのは，この新しい組み合わせが，ダラーの利益を競合他社よりも高め，同様にサンフランシスコ市をロサンゼルスやポートランド，シアトル，タコマの各都市よりも高めるということであった。この計画が新聞に漏れ，ロバート・ダラーが委員長となって詳細を詰めていったが，すぐに激しい反対運動が起こり，結局この計画は棚上げとなった[19]。

一方，アドミラル・オリエンタル・ラインは，アドミラル・オリエンタル・メールの商号で太平洋航路に就いた。新会社は極東におけるパシフィック汽船の組織を引き継ぎ，アドミラル・オリエンタル・メールラインからターミナル施設を購入した。スタンレー・ダラーは，「私の仲間たちは，これが困難な仕事であることを私に教えてくれた」と書いている。「父はこの事業に強い関心を持っており，私と一緒にシアトルに行き，事業を適切に開始するのを手伝うことにした」[20]。

そして，それはうまく開始された。その535型は定期的に１万から１万2,000トンの貨物と350から400人の乗客を往路で運んだ。復路の貨物も好調であった。例えば，1922年９月中旬にシアトルに到着したプレジデント・ジェファーソンは，一等客室に79名，三等客室に135名，一般貨物として5,000トンに相当する4,000梱の絹を積載していた[21]。この船荷は，アドミラル・オリエンタル・メールラインが外国船から転換した重要な貨物であった。アメリカ向けの絹織物輸送の大部分は，まもなくアメリカ国旗を掲げてシアトルに運ばれ，そこから鉄道でアメリカ東部の絹織物生産地や消費地に積み替えられることになる。1922年秋から1925年秋にかけて，プレジデントの定期船は３億ドル以上の生糸を運

んだ[22]。また，この間に72万マイル以上を航行し，マニフェストには乗客3万6,000人，貨物43万5,000トンを運んだと記されている。アドミラル・オリエンタル・メールラインは，プレジデント船以外にも7隻の貨物船を太平洋航路で管理局のために運航し，メンテナンスは管理局がもったため，高い収益性を誇っていた。

　ラスカーは，管理局の委員長に就任すると，行政手続きや監査手続きを厳格化し，貿易ルートを統合して重複を大幅に削減した。また，政府所有の船舶を売却する方針も打ち出した。しかし，短期間の会長就任では，ラスカーほどの才能と行動力を持ったビジネスマンでも，管理運営契約の濫用を完全に排除することはできなかった。これらの船は政府の所有物であったが，海軍工廠でのオーバーホールは政府の責任であったため，運航する船会社は十分な整備を怠っていた。

　1924年の時点で，船舶管理局の西海岸担当のR・D・ゲートウッド（R. D. Gatewood）は，アドミラル・オリエンタル・メールラインが運航する535型船の1つ，プレジデント・ジャクソン（*President Jackson*）の状態について辛辣な文句を述べている。彼はアンシル・F・ヘインズにこう書いている。

　　「私は以前，あなたの港のスタッフを高く評価していましたが，この船が戻された時の状態は実に嘆かわしいもので，これを修繕するために多額の費用がかかり，私の考えを改めざるを得なくなりました。この船は，シアトルであまりにも短い時間で航海に戻り，あまりにも速いスピードで運航されていたのではないのか。航海のことばかり考えて，これらの船を走らせる技術的な面にはあまり注意が払われていなかったと言える。」[23]

　もう1つのコスト削減策は，アドミラル・オリエンタルがラ・フォレット船員法に反して，新造船535型の乗組員に白人に対する中国人の比率を高める方針をとったことである。政府やマスコミの圧力により，経営陣は中国人船員を甲板員から外したが，給仕係や機関室の火夫としては使い続けた。管理局は，機関室で最も単純な仕事だけを中国人に割り当て，白人が監督していたというヘインズ氏の説明をとりあえず受け入れた。給仕係部門については，「彼らは太平洋航路の旅客輸送の90%を占める東洋人の輸送を担当するのに慣れており，乗客も彼らを好むので」中国人従業員が必要であると主張した。しかし，1924

年までに、管理局は、東洋人は甲板員にも機関室員にもなれないと裁定し、その年の8月には、535型のこれらの部署で雇用されているフィリピン人全員をアメリカ人と交代させるよう命じたのである[24]。後に、この命令は取り消されることになる。1930年の時点で、ジョーンズ法（Jones Act）の制限にもかかわらず、ダラー・ラインは船上で5,427人の従業員のうち2,048人の中国人を雇用していた。

維持費と運航費に関するこれらの凄まじいやり方は、ダラー家のこの航社の支配権を得たことと打ち出した方針の結果であった。1921年の初めには、彼らはアドミラル・ラインの親会社であるパシフィック汽船の最大株主となっていた。R・スタンレー・ダラーは副社長に、兄のメルヴィルは会計担当に就任し、当初は経営に口を挟むことはなかったが、特にコスト削減によってこそ短期的な利益しか得られなかった分野でさえ、影響力を発揮した。

アレキサンダーのアドミラル・オリエンタル・ラインも同様に、沿岸貿易で前例のない収益をあげていた。激しい競争にもかかわらず、太平洋航路をダラー・ラインに奪われたパシフィック汽船は事業を拡大した。アドミラル・オリエンタル・ラインは、その大きな新しい旗艦、H・F・アレキサンダーによって華々しく、1924年までにその収入を2,000万ドルにまで増加させた[25]。アレキサンダーの収入を賞われうとしたダラーの資本は、20年代半ばのアドミラル・オリエンタル・ラインの成功をある程度裏付けた。しかし、アレキサンダーはその旺盛な貢献精神に課されたた制限に苦しみ続けていた。ダラーが自分たちを犠牲にしてサンフランシスコを優遇していると感じていたシアトルやポートランドの利害関係者に支えられ、アレキサンダーは1925年にアドミラル・オリエンタル・メールラインを売却するのを阻止しようとしたのである。

ダラーは管理局のサンフランシスコから極東へ向かう運航のために、老舗のメールラインが管理していた5隻の535型を購入する手続きをとったところであった。スタンレーは、政府との間で激しい駆け引きを繰り広げた。3,000万ドル以上した船を562万5,000ドルで手に入れた。このうちダラーラインが出したのは14万625ドル、つまり購入価格の2％半に過ぎなかった。

R・スタンレー・ダラーの大胆なスタイルを最もよく表しているのが、この取引である。彼は、2年以上にわたってメールラインの船の交渉を続けていた。メールラインが政治的・経済的圧力をかけてきたためには絶えず、管理局は4対

3の僅差でダラーラインの入札を受け入れ，メールラインが5隻の船に対して
ダラーラインより100万ドル以上高い価格を提示したにもかかわらず，その入
札は違法であると裁定した。入札の拒否は，表向きはメールラインが125万ド
ルの現金頭金で船を購入し，残りは新会社の優先株で支払われ，取締役会は管
理局が7名，メールラインが4名を指名することになっていたからであった。
優先株の配当は，4.5%，普通株の配当は6％であった。ダラーの提案は，か
なり低いものであったが，よりわかりやすく，管理局のガイドラインに沿った
もので，単純に一定の金額を頭金として，残りは2年間の猶予期間の後，10年
間で償却されるとしていた。それぞれの提案の是非はともかく，最終的にはダ
ラーに軍配が上がった。1925年4月2日，理事会の3人の共和党員である委員
長のT・V・オコーネル（T. V. O'Connor，ラスカーの後任）とマイヤー・リス
ナー（Meyer Lissner），エドワード・ヘイニー（Edward Haney）は，ダラーの
入札を受け入れることに票を投じた。副会長のエドワード・C・プルーマー
（Edward Haney）とW・S・ベンソン（W. S. Benson）は共に民主党で反対した。
委員のうち2名（1名は民主党，もう1名は共和党）は欠席であった[26]。メール
ライン側の交渉に深く関わったある人物によれば，管理局がダラー側に有利な
決定を下した代償は3万2,000ドルであり，スタンレー・ダラーはポーカーで
オコーネルに「負けた」のであった。

　ロバート・ダラー・カンパニーは，R・スタンレー・ダラーに，この船の購
入に関わった分として28万1,225ドルの手数料を支払い，アドミラル・オリエ
ンタル・メールの裸用船に貸与されている535番型の購入が決まった際には，
さらに手数料を支払う用意があった。両社は合計で，管理局の船舶購入の交渉
のためにダラーに69万8,750ドルの手数料を支払った。これらの金額は，ダ
ラーラインとアドミラルオリエンタルの帳簿上，船舶の費用として計上され
た[27]。

　ワシントンにおけるダラーの影響力は勝っていたのである[28]。彼らには自信
があったので，スタンレー・ダラーは，アドミラルオリエンタルが運航してい
た船齢わずか8年で元々3,000万ドル以上したプレジデントの定期船をさらに
5隻，それぞれ60万ドル，合計で300万ドルという低額を提示した。その数カ
月前，ダラーはメールラインの535型客船に562万5,000ドルを支払ったばかり
であったが，スタンレー・ダラーはもっと良い取引ができると考えていた。彼
は管理局の購買部門にこう書いた。「サンフランシスコの新聞に掲載された入

札募集の広告を読んで残念に思ったが，そこに書かれている条件ではこの船を
うまく運航し，政府と国民に必要とされる十分なサービスを提供できないと感
じざるを得ない……」と。それでもアドミラルオリエンタルは，管理局が最低
入札額として公表した金額の半分で入札するつもりであった。ダラーは7万
5,000ドルの小切手を同封したが，これは管理局の規定通り，入札総額の2.5％
に相当するものであった[29]。管理局はアドミラルオリエンタルの入札を拒否し
たが，同船社に60日間の猶予を与え，妥当な金額を提示するよう求めた[30]。

　一連の会議の後，管理局はライバルになりそうな者をすべて見え透いた技術
的理由で排除し，一方アドミラルオリエンタルは一隻の船の最低入札額を90万
ドルに引き上げたが，それでも政府が最低額として表明していた額よりかなり
低い額であった。管理局は，船舶の管理者である緊急船団の社長，E・E・ク
ロウリー（E. E. Crowley）やワシントン州とオレゴン州の上院議員，上院の商
業委員会，パシフィック汽船とピュージェット・サウンド・オリエンタル
（Puget Sound Oriental）から差し止め命令などの抗議を受けたが，ダラーの入
札を受理した。11万2,500ドルの頭金で，アドミラルオリエンタルはこの船を
購入した。残りの費用は10年で償却されたが，支払いが始まるのは1928年に
なってからであった。利息は年2.5％とされた[31]。

　その結果，ダラーは驚くべき成功を収めた。憤慨したシアトル・スター紙は，
上層部の腐敗を告発した。一面トップの社説で管理局に対し，「この取引は健
全なビジネスでは説明できない」と非難した。「よくないビジネスだ。政治的
な理由で言い逃れはできない。太平洋岸北西部に不満を抱かせるのは，政治的
にまずいことだ。では，なぜ管理局はR・スタンレー・ダラーとあのような馬
鹿げた契約を結んだのか。なぜ米国に最悪の事態をすべてもたらすような取引
を強行したのか。仲良しだから？　笑わせるなよ」[32]。こうした告発に根拠が
あるかどうかは別として，クーリッジ大統領を含む有力な友人たちが，ダラー
のために力を尽くしたことは事実である[33]。

　この取引がどのような形になったとしても，「キャプテン」ロバート・ダ
ラーは，シアトルで行われたアドミラルオリエンタルの旗の下，極東に向けて
出港した最初の535型を記念する祝賀会で，かつての競争相手であったH・
F・アレキサンダーと壇上を分かち合ったのである。ダラーはシアトルの聴衆
に，ダラーラインがアメリカ北西部と東洋の商業的な結びつきを促進し強化す
ることを約束した。ダラーラインの82歳の創業者は真摯であったかもしれない

が，シアトルのリーダー達に残念がられたことは，その3カ月後，アドミラルオリエンタルの本社はサンフランシスコに移された。それでも管理局は，この2つの会社の区別をつけることを主張し，その結果，アドミラルオリエンタルはアメリカンメールライン（American Mail Line：以下，AML）という商号を採用して，北西部の港と東洋の港を結ぶサービスを提供することになった[34]。

[注]

1 John Gunther, *Taken at the Flood: The Story of Albert D. Lasker* (New York: Harper, 1960), 8, 129, 130; Darrell Hevenor Smith and Paul V. Betters, *The United States Shipping Board: Its History, Activities and Organizations*, Institute for Government Research, Service Monographs of the United States Government no. 63 (Washington, D. C.: Brookings Institution, 1931), 63.

2 John D. Hicks, *Republican Ascendancy, 1921-1933* (New York: Harper & Row, 1063), 61; Harrison, "Dollar Steamship Company."

3 Brown, *Ships That Sail No More*, 16.

4 Pacific Steamship Company, "Account Book, 1918," Special Collections, Honnold Library, Claremont Colleges; *Pacific Marine Review*, November 1917; A. R. Lintner and Ralph B. Bush, "History of American Mail Line," Alan Yost Collection, Santa Barbara, Calif.

5 Lintner and Bush, "American Mail Line," Yost Collection.

6 *San Francisco Journal*, 13 June 1921.

7 *Seattle Post-Intelligencer*, 19 August 1921.

8 上掲書。

9 Pacific Steamship Company, "Account Book, 1920-1921," Special Collections, Honnold Library, Claremont, Colleges.

10 *Pacific Marine Review*, April 1920.

11 John Cormode to Allen Yost, 16 February 1966, Yost Collection; *Marine Digest*, 22 May 1937.

12 Lintner and Bush, "American Mail," Yost Collection; *Pacific Marine Review*, April 1920.

13 *Portland Oregonian*, 14 September 1921.

14 Harrison, "Dollar Steamship Company."

15 *Pacific Marine Review*, February 1920.

16 Bush to Yost, 28 December 1963, Yost Collection; *Pacific Marine Review*, July 1920; *Seattle Post-Intelligencer*, 19 August 1921; *Seattle Times*, 27 August 1921; *Portland Oregonian*, 14 September 1927.

17 以下を参照のこと。Pacific Steamship Company, Annual Report 1922.

18　R. Stanley Dollar to Lasker, 25 September 1922; Lasker to H. F. Alexander, 15 September 1922, Yost Collection.

19　*San Francisco Chronicle*, 28 December 1921; *Los Angeles Examiner*, 29 December 1921; *Seattle Times*, 31 December 1921.

20　Stanley Dollar to Lasker, 15 September 1922, Yost Collection.

21　*Marine Digest*, 12 September 1922.

22　Lintner and Bush, "American Mail," Yost Collection.

23　Gatewood to Haines, 8 December 1924, Yost Collection.

24　"Analysis, Personnel," 12 November 1930, Dollar Collection; *Marine Digest*, 23 August 1924; *Seattle Star*, 4 August 1924; *Seattle Times*, 27 December 1921; *Seattle Union Record*, 10 January 1922; *Newark* [N. J.] *Ledger*, 19 February 1922.

25　Brown, *Ships That Sail No More*, 92, 93.

26　Harrison, "Dollar Steamship Company"; *Shipping Register*, 4 April 1925.

27　Diary of J. H. Kemble, 29 April 1936; U. S. Maritime Commission, 10 April 1939, *Reorganization of American President Line Ltd.* (Washington, D.C.: U.S. Government Printing Office, 1939), 14.

28　以下を参照のこと。*Marine Digest*, 16 February 1924, which reported a meeting between President Coolidge and Robert Dollar regarding the purchase of the 535s.

29　Stanley Dollar to Department of Sales, U.S. Shipping Board, 29 January 1926, Dollar Collection.

30　*Railway & Marine News*, November 1925.

31　上掲書。"Minutes of U. S. Shipping Board Meeting," 13 April 1926, Yost Collection.

32　*Seattle Star*, 28 May 1926.

33　以下を参照のこと。Diary of Robert Dollar, 31 March, 8 April 1926.

34　John Cormode to Allan Yost, 26 October 1944, Yost Collection; Lintner and Bush, "American Mail," 15 June 1926, Yost Collection.

第5章

ROUND THE WORLD

|||||||||||||||||||||||||||||||||||||||||||||||||||||||||||||||||||||||||||||||||||||||||||||||||

世界一周航路

1 ダラーラインの拡張

　1920年代前半のアメリカの海運業界は危うい状態で，とくに太平洋航路はそうであった。第一次大戦後の世界貿易の復興とヨーロッパ諸国の平時の消費行動への移行により，輸送量は戦争直前と比べて推定500％増加したが，その多くは東アジアや東南アジアの港からスエズ運河を通って西のヨーロッパに向かうものであった。とくに英国と日本の船社間の競争とトランパー（不定期な船社）の競争が激しかった。アメリカの船会社も，老舗の船社と戦時中の需要に応えて設立された船社が，存続のために十分な利益を得るために必死で戦っていた。西海岸の船会社にとって厄介だったのは，東海岸の船がパナマ運河を通って極東に直行することであった。

　西航の貨物，すなわち石炭，石油，鉄屑のような原材料と重機は鉱山資源に恵まれ高度に工業化された米国の東半分から産出される貨物で，19世紀末以来，西海岸が享受してきた優遇税率を用いても，西岸港へ鉄道で輸送するよりパナマ運河経由の直行ルートのほうが安く輸送できたのである。ダラーラインやアドミラル・オリエンタル・ラインのような船会社は，したがって，単価の高い貨物に集中せざるを得ず，当然ながら旅客輸送も含まれていたのである。

　しかし，R・スタンレー・ダラーとその父ロバートは，西海岸の航路を自分たちの手に集中させ，東部の港からの西航の貨物と，さらに，アジアの港からの西航の貨物も分け合うことによって，彼らの営業基盤に内在するハンデをいくらか軽減することができると信じていた。このような市場に対する考えが20年代の彼らの方針を支配していたが，実はH・F・アレキサンダーのパシ

フィック汽船への出資以来，彼らはその計画を進めていたのである。アドミラルオリエンタルの設立は，この方針への動きであった。パシフィック汽船の535型を5隻購入し，その名前と旗，そして営業権を譲り受けることもその1つである。そして3つ目は，世界一周航路の開設である。1927年には，ついにアドミラルオリエンタルとダラーラインの太平洋航路を統合し，馬蹄形（ホースシュー）ルートと呼ばれるサービスを開始した[1]。

ロバート・ダラーは，世界一周航路に資源を投入する前に，テスト航海を行った。1920年の春，彼はM. S. ダラーをそのようなミッションを持たせて送り出し，1921年2月18日にサンフランシスコに戻ってきた。この航海によって，彼と息子のスタンレーは，本格的な取り組みに先立ち，何が必要なのか具体的な情報を得ることができた。そうでなければ，9,000トン級の貨物船では赤字となったはずである。日本，中国，フィリピン，インド，ヨーロッパからアメリカへの旅客輸送は，大型の貨客船を準備するほどではなかった。アジアとヨーロッパの代理店網を広げるには，予想以上に多額の資金が必要で，ダラーには前例のない規模のマーケティング・プログラムが必要とされた。

パシフィック汽船は1920年3月，連邦船舶管理局の貨物船を管理下に置き，世界一周航路のサービスを開始した。この事業もM. S. ダラーのテスト航海と同様に赤字となり，1922年初めにこの新サービスを打ち切っている。

その頃，ダラーはダイアナ・ダラー（*Diana Dollar*）と大型貨物船ロバート・ダラーを世界各地に送った。これらの航海はいずれも赤字となったが，ここでもまた，ある重要な要素が計画に盛り込まれていれば，世界一周の構想に市場が見いだせることをダラーに確認させる貴重な情報をもたらしたのである。

この計画は初期の段階で，東アジアや南アジアの港から単価の高い西航の貨物に重点を置く必要があった。絹，ゴム，茶，桐油，錫，漆などの商品に，ダラーの代理店が途中で拾える混載貨物を加えれば，ヨーロッパへの航海で利益を上げることができた。ヨーロッパの地中海沿岸の港から西へ，ニューヨークやボルチモアへの航海では，貨物の問題はより困難だった。通常，ヨーロッパの船荷の大部分はワインである。しかし，禁酒法が本格化し，老ロバート・ダラーがアルコールに対して厳しい偏見を持っていたため，その有利な貿易は除外されたのである。

2 太平洋航路，海峡／東岸航路，世界一周航路の3本柱

　しかし，そこにはある重要な調整できる要因があった。地図で見ると，アジアやインドの港からアメリカ東海岸までの西航の距離は，海路でサンフランシスコやシアトルまで行き，そこから鉄道でニューヨークまで行くよりも，実は数千マイルも短いのである。極東からの貨物は，その時々の市場によって，ヨーロッパへも北米へも行く。東海岸の港からパナマ運河を通って，ロサンゼルスやサンフランシスコに向かう輸送のシェアを獲得することもできる。そして，このようなサービスが業務に柔軟性を加え，最大限の貨物容量をもたらすであろうと考えた。

　もちろん，すべての業務がより複雑になり，とくに配船スケジュールや貨物の分別が難しくなる。さらに多くの国の市場によって，税関や港湾の規制や書類作成も増えるだろう。さまざまな国籍や労働組合を持つ港湾労働者と仕事をするには，本国事務所や船舶担当者の側に細心の注意が必要で，港の混雑は以前より大きな問題になるだろうが，これらは目に見えにくい要因なので，それ以外はうまく対処するシステムを設計することができる。

　しかし，旅客船の将来はどうなるのだろうか。この分野には拡大の可能性があるのだろうか。極東の日本郵船やP&Oのような老舗船社との競争によって，極東から欧米への旅客輸送は排除されるのだろうか。ダラーラインのテスト航海では，現段階では旅客事業が採算に合わないことがはっきりした。しかし，アジアに適切なインフラが整い，商品化政策（a merchandising program）が行われると，旅客輸送は徐々に増加することが予想されるのである。旅客の多くは，このような航海が創り出す柔軟性を享受する余暇と資金のあるアメリカ人が占めることになるであろう。世界一周の通し切符は，寄港した国に好きなだけ滞在して，好きな時に定期的に別のダラー船に乗れることを乗客に保証するものであった。世界一周船は，米軍をはじめとする公務員や，極東の基地を転々とする宣教師たちの利用を当てにすることができる。

　これは，ダラーにとって間違いなく大きな動きとなり，スタンレー・ダラーの働きかけによるところが大きかった。スタンレーは，ダラーラインの経営にますます重要な役割を果たすようになっていた。しかし，兄のメルヴィル

（Melville）は保守的な実業家であり，スタンレーが進める拡張的な計画には反対であった。父親がスタンレーに味方すると，メルヴィルは同社の常務取締役とメールラインの財務責任者の職を辞した。その後，メルヴィルは木材事業に専念し，末っ子のJ・ハロルド・ダラー（J. Harold Dollar)[2]が家族会議の席に着いた。ハロルド・ダラーは重要な決定において，スタンレーや父と異なることはなかった。

　しかし，世界一周航路の実現には，連邦船舶管理局の貨物船をリーズナブルなコストで確保する必要があった。R・スタンレー・ダラーが目を付けたのは，502s型と呼ばれる船で，1隻が1万500総トンで，旅客と貨物の容量のバランスがとれているように思われた。この船は，約100人の乗客を収容することができ，当初は貨物船として設計された。中国で建造され，ロバート・ダラーが1隻30万ドルで購入したばかりの管理局の貨物船4隻，マンダリン（*Mandarin*），オリエンタル（*Oriental*），セレスティアル（*Celestial*），キャセイ（*Cathay*）よりも約3割ほど大きな設計になっていた。スチュアート・ダラー（*Stuart Dollar*），メルヴィル・ダラー（*Melville Dollar*），マーガレット・ダラー（*Margaret Dollar*），ダイアナ・ダラー（*Diana Dollar*）と命名されたこれらの船は，世界一周航路において502s型と統一された運航手順のもとで，満足のいく運航ができるものであった。実際，ダイアナ・ダラーは，ダラーがテスト運航に使用した船の1つだった[3]。

3 | 政府払い下げ船の購入と航路の増強

　1923年の春から9月にかけて，スタンレーはワシントンとサンフランシスコを往復した。ダラーが首都で会うのは，ラスカーの後任の委員長T・V・オコナー（T. V. O'Connor）がほとんどで，彼は前任者以上に政府船隊の整理にこだわっていた。ダラーはオコナーと友好的な関係を築いたが，東海岸を中心とした海運会社の影響下にある他の委員会メンバーから反発を受けることになる。ダラーの戦略の重要な部分は，世界一周航路のうちニューヨークとロンドンの間で，可能な限りアメリカ籍の定期船に予定される貨物と旅客を確保することだった。当時，ダラーが求める航路の502s型5隻を運航していたのは，ユナイテッド・ステーツ・ラインズ（United State Lines）であった。他の2隻の502s型は，西海岸の船舶仲介会社スウェイン・アンド・ホイト（Swayne and

Hoyt）がパナマ運河を経由して南米東海岸の港へ向けて運航していたものであった。彼は7隻の船をそれぞれ約60万ドルという破格の値段で手に入れたが，北部の欧州航路は手に入れられなかった。そのため，世界一周航路は，ジブラルタルからロンドンへの航路を省略し，ナポリ，ジェノア，マルセイユといった地中海の港に寄港する変更の必要があった。このような寄港地変更は，この新しい貨客定期船をダラー船隊に加えるためのわずかな代償で済んだ。

　7隻の502s型は，ダラーの世界一周航路の中核となった。船首，船尾，煙突，マストが垂直で，決して美しい船ではなかったが，快適な船で乗客に人気があった。1920年から1921年にかけて，ニュージャージー州カムデンのニューヨーク造船で建造された。全長502.1フィート，幅62.2フィート。ダラーがこの船を入手するまでに管理局は，これまで付けていた州の愛称を大統領の名前に置き換えていた。こうして，アダムス（*Adams*），ガーフィールド（*Garfield*），ハリソン（*Harrison*），ヘイズ（*Hayse*），モンロー（*Monroe*），ポーク（*Polk*），ヴァン・ビューレン（*Van Buren*）という大統領名で世界一周航路に就航し，ダラーとアメリカン・プレジデント・ラインズ（APL）が受け継いでいく命名方式の伝統の幕開けとなったのである。この船は通常78人の一等乗客を快適なキャビンに収容することができたが，そのほとんどは階段ベッドではなく平ベッドが設置され，そのうち24のキャビンは専用のシャワーやバスルームを備えていた。緊急時には143名の乗客を乗せることができた。重油燃焼式3重膨張レシプロエンジンを搭載し，海上速度は14ノットであった[4]。

　502s型の格安の船価にもかかわらず，ロバート・ダラーは，この事業が採算に合うかどうか，まだ確信を持てないでいた。1923年9月初旬，彼は日記に，「502s型の購入と世界一周航路について2日間考え，計算した」と書いている[5]。いつものように慎重な彼は，リスクを分散させることにした。ダラーライン（カリフォルニア州で法人化されたばかり）は，最初の総会で頭金として必要な10万5,000ドルを調達した。しかし，この総会では，ロバート・ダラーが政府に対する債務を満たすためのファイナンスを承認し，最初の2年間から9年間，毎年5％の利率でファイナンスが行われることになった。残金の113万5,000ドルは，1936年3月15日までに支払わなければならない。ダラーは，同僚のハーバート・フライシャッカーを通じて，アングロ・ロンドン・パリ国立銀行から総費用の22.5％に当たる86万6,250ドルの信用状を何とか手に入れた[6]。

　R・スタンレー・ダラーが海運委員会と交渉した契約は，当初は秘密にされ

ていた。世間の反応を見るために，この契約のニュースはサンフランシスコ・
エグザミナー紙に漏れ，同紙は1923年 9 月13日に，船が購入され，ダラーライ
ンは11隻の船で 2 週間ごとにサンフランシスコを出発する世界一周の定期航路
を運航することを発表した。サービスは1923年12月末か1924年 1 月初旬に開始
される予定であった[7]。スタンレー・ダラーは，高騰するスクラップ市場で鋼
鉄バラストを売却することにより，ダラーラインが支払う船の価格を直ちに引
き下げることができた。この船はもともと最小限の貨物を運ぶための兵員輸送
船として設計されたため，スクラップや鉄のレールで大量のバラストが積まれ
ていたのである[8]。

　ロバート・ダラーは，フライシュハッカーとの取り決めに満足し，この事業
に対する一切の疑念を払拭した。ワシントンから戻った息子のスタンレーをと
ても温かく迎えた。そして，彼が持参した契約書を検討したロバート・ダラー
は，「これまでで最大の取引だった」と考えた[9]。スタンレー・ダラーには，船
の売却価格の 5 ％，つまり21万ドルの手数料が支払われ，これは502s 型の売
却価格に上乗せする形で会社の帳簿に記載された[10]。

　1924年 1 月 5 日，502s 型の中で最初に引き渡され，航海の準備が整ったプ
レジデント・ハリソンは，世界一周航海の最初の航海としてサンフランシスコ
から横浜へ出港した。この日は，サンフランシスコのロルフ（Rolph）市長も，
もちろんダラー家の人々も出席していた。しかし，ロバート・ダラーの姿はな
かった。80歳を目前にしながらも，仕事への意欲とエネルギーは衰えず，数週
間前にアジアとヨーロッパのダラーの施設の視察に出発していたのである。し
かし，この日はスタンレー・ダラーのショーであり，彼が主要なスピーチを
行った。ジョン・フィリップ・スーザ（John Philip Sousa）の勇壮な行進曲に
乗せて，プレジデント・ハリソンは綱をはずし，ゆっくりと霧の中に後退して
いった。クーリッジ大統領が自ら鍵盤に触れ，プレジデント・ハリソンが無線
で受けたホワイトハウスからの合図で投錨を命じられた。世界一周のスケ
ジュールは，サンフランシスコからホノルル，神戸，上海と続いたが，アメリ
カの港に比べて作業料が格段に安いため，船のメンテナンスで 3 〜 4 日も滞在
することがあった。その後，香港，マニラ，シンガポール，ペナン，コロンボ，
スエズ運河を通ってスエズとポートサイドに寄港し，アレクサンドリア，ナポ
リ，ジェノア，マルセイユ，そして大西洋を渡ってボストン，ニューヨークへ
向かった。その後，ハバナ，パナマ運河のクリストバルとバルボア，ロサンゼ

ルスに寄港して航海は終了した。全航海日数にして106日である。

　プレジデント・ハリソンの出港は，ダラーラインと西海岸の海運の運命に劇的な変化をもたらすものであった。次の 2 年間で，沿岸の不定期航路から，全米最大の定期航路へと急速に拡大したことが証明された。1925年には，世界一周航路の 7 隻のダラー船に，かつてメールラインの旗の下で航行していた535s型 5 隻が加わった。そして，そのわずか数カ月後，アドミラルオリエンタルが管理局傘下で運航していた535s 型 5 隻を購入したのである。

　1927年 1 月から，ダラーラインとアメリカンメールライン（AML）の535s型が共同運航する「馬蹄形ルート」の開設が発表された。535型は 2 週間ごとにサンフランシスコを出港し，（最初の週は）ホノルル，横浜，神戸，上海，香港と西航してマニラへ行き，反転して横浜からはシアトルへ直行した。シアトルからは通常の港を経由してマニラへ行き，サンフランシスコに戻るルートである。次の航海ではサンフランシスコからマニラへ直行してシアトルに戻るといった具合である[11]。一方，世界一周航路の502s 型は，もちろん 2 週間おきにサンフランシスコから西へ向けて出港していた。したがってダラーは，毎週土曜日の午後 4 時にサンフランシスコから東洋に向けて出港していると宣伝することができた。また，サンフランシスコとシアトルを交互に目的地とする出港が毎週あった[12]。

　この新サービスと，ニューヨークのハンツポイント^{（訳注 1 ）}と上海に近代的な大型ターミナルを建設し，世界中に代理店網を持つダラーラインは，今やアメリカ海運界でも海外でも一目置かれる存在になっていた。そして，極東とヨーロッパを結び勢いのある船社として，やがてダラーラインの存在は知られるようになる。年齢を重ねても，なお精力的だったロバート・ダラーは，自分の船会社のサービスを売ることに集中し，その主要な販売戦略は，時間とスケジュール厳守ですでに確立していたダラーラインの評判を高めることだった。彼はこう書いている。

　　「私はこの航路の最初の船，プレジデント・ハリソンに先乗りして，新航　　路の支援を得ようとしたが，どこに行っても，お前たちアメリカ人は，今　　日はここにいても明日のことはわからず，“信用がおけない”（fly-by-

---

（訳注 1 ）ブロンクスのイーストリバー沿いにあったターミナル。

72

nights）と言われ，私の世界一周の旅の終わりの時点では，どうやら成功しなかったようでありました。インチケープ卿（ペニンシュラ・アンド・オリエンタル汽船の会長兼社長）は，私は邪魔者であり，彼の偉大な P&O に干渉する権利はないと告げました。しかし，公正に行動し，クリーンな方法で競争に臨むことで，私たちは最高の友人となったのです。このサービスを成功させるために苦労しましたが，絶えず立ちはだかる問題を克服し，ついに定期航路として確立させることができました。」[13]

4 業務のルール作りと人材育成のプログラム

ダラーラインは，スケジュールと航海日数を守ることによって，荷主が大幅な節約を実現できることを知っていた。ダラーラインの経営陣は船長にできるだけ早く荷物の積み降ろしをするよう常に求め，岸壁での滞在日数が少なくなると，輸出業者にとっては保険，倉庫費用，信用状などの固定費の節約につながった。また，世界一周の船の港の混雑，労働慣行，北米の港について十分な経験を積み，スケジュールを最も忠実に守った船長にボーナスやその他のインセンティブを与えるシステムを採用した。さらに，船ごとに保管場所を色分けした専用の貨物票を作成し，船と港の間は無線で結ぶことで，船員が積み荷の計画を変更できるようにし，港での混乱や遅れを減らすことに早くから力を注いできた。

このようなやり方は，決してダラーラインだけのものではない。しかし，その実践が斬新であったのは，ロバート・ダラーの個人的な哲学が全社に浸透していたためであろう。彼は海運業の基準や仕事の細部に対する注意の基準も設定した。19世紀型の自営業者でありながら，その考え方は激しい競争の中で鍛えられてきた。仕事は，彼が崇拝する長老派（プレスビテリアン）の神の次に大切なものであった。そして，その神でさえも，バランスシートに目を向けていたのだろう。

ダラーは，大学教育には全く興味がなかった。リベラルアーツは，彼にとっては怠けるための言い訳でしかなかった。したがって，億万長者でありながら，子供たちが大学の学齢期になると，高校を卒業したらすぐに職に就くように薦めたのである。ダラーの高等教育に対する唯一の譲歩は，完全に実用的なものであった。長男のメルヴィルをサンフランシスコにあるヒールドのビジネスカ

レッジ（Heald's Business Colleague）に進め，タイピング，簿記，速記を10カ月間学ばせた。スタンレーも6カ月間通ったが，修了することはなかった。ロバート・ダラーは，次男がビジネススクールで職業技術を身に付けるよりも，会社で働くほうが価値があると考えた[14]。息子たちは誰も大学の学位を取得しなかったが，全員がダラーの企業で責任あるビジネスマンとなった。そして，スタンレーは，経営，販売，財務の面で，父親の能力に近いものをもっていた。

　1920年代半ばにダラーラインの組織が大規模で収益性の高い海運会社となったとき，ロバート・ダラーとその息子スタンレーの両氏は，船舶の機関と甲板部の士官を育成し，さらに，国内，海上と海外の貨物を追跡するために必要な複雑な事務処理をこなす経験豊かな人材を育成する研修プログラムの必要性を感じていた。1925年初頭，ダラーラインはサンフランシスコの港湾施設に，おもにパーサー（事務長）を養成するための士官候補生プログラムを設置した。士官候補生は月給60ドルで，1年間港で働き，ポート・キャプテンのもとで，荷役の補助を行った。そして，能力があると認められると，アシスタント・パーサーとして航海に出され，乗客の荷物の積み込み，船荷証券の準備，乗組員の給与計算など，多くの仕事をこなすようになった。

　士官候補生の部門では，ダラーラインは大学教育のない者を優遇したが，良い生活習慣（飲酒や喫煙をしないこと）を強調した。週6日，1日10時間勤務が普通であったが，残業代はなかった。ジョーンズ・ホワイト法（Jones-White Act）が制定され，アメリカ船籍の全船舶に甲板員や機関係の教育が義務付けられるまで，ダラーラインには正式な教育制度がなかったのである。しかし，船長たちは，甲板員や機関員となる可能性のある若いメンバーについて報告するよう促されていた。このような人物には本国で特別な配慮がなされ，免許取得のための勉強に必要であれば金銭的な援助がなされた[15]。

　これらのプログラムは，1920年代後半の豊かな繁栄に対応したダラーラインの強化の反映であった。世界一周航路の初年度は64万ドルの赤字であったが，その後順調に利益を上げるようになった。その後4年間，ダラーラインの累積純利益は280万2,000ドルであった。1929年には，アメリカ商船の一般的な衰退にもかかわらず，同社の財務状態は強かった[16]。世界一周航路は，ダラーの予想通り，太平洋航路の旅客収入に大きく貢献した。

　馬蹄形航路の多数の船と世界一周航路の船を組み合わせれば，乗客はサンフランシスコから土曜日の午後，シアトルから2週間ごとに航路を予約すること

ができた。アジアやヨーロッパの十数カ所の港でダラーの定期船を拾って，短・長期的な旅行をすることもできた。2週間ごとに寄港するダラーのプレジデント船は，もちろん西への旅であれば，乗船を予約することができた。神戸とマニラの間には，月に6，7便，西航のサービスがあった。貨物輸送も，より柔軟にスケジュールを立てやすくなったため，外国船社に対して競争力のある運賃設定ができ，最終的には米国着の貨物については，ダラーの船は荷主に確実な到着日を提供できるようになった。試行錯誤の末，ダラーラインは112日間のスケジュールを組み，主要な集積地や物流拠点に23回寄港することにした。また，この配船で最も収益性の高い貨物に特化した配船もすぐに開始した。高単価の貨物，つまり「より良いクラスの貨物」で競争するという当初の方針は，健全なものであり，航海の全期間を通じてマーケティングとオペレーションの方針として継続された。

5 航路別の特徴ある主要品目

　アメリカ東海岸の寄港地は，ボルチモアやフィラデルフィアなど南部の都市ではなく，ボストンとニューヨークとすることが，就航前からロバート・ダラーによって決定されていた。その理由は，貨物量の密度にあったが，地中海からの大圏コースに近く，時間や燃料の節約になるからである。製造品，石油製品，食料品，特に缶詰や袋積めされた商品は，これらの東部の港で積み込まれ，東洋に直接出荷された。乗客はカリフォルニアの港に向かうか，さらに西へ向かう他の目的地の切符を買うことができた。ダラーラインは，東海岸からアメリカ西海岸への旅客輸送が利益を生むことを認識し，1929年までに旅客収入全体の25％にまで上昇させている。事実，クルーズ船の可能性を早くから示していたこの航路の人気は，ダラーの経営陣によって認識され，専門のプロモーションや広告キャンペーンが行われた。カリフォルニアの港からの貨物は，おもに冷蔵貨物，ハイド（訳注2），魚の缶詰，新鮮な野菜，果物などであった。

　西航の配船は，ダラーは，メールラインの先例に倣い，アメリカの太平洋岸とビルマ，セイロン（スリランカ），インドを結ぶ直行であった。また，シンガポールやマレーからの競争の激しい輸送にも参入したが，それは錫，ラテック

（訳注2）動物の皮。

ス，精油，香辛料など単価の高い貨物に限られた。定期航路で採算が良い貨物の例として，バルクハンドリングで鮮度を維持しなければならないカシューナッツがあった。ボンベイ・ニューヨーク間のこの特殊な商品の輸送は，まもなくダラーの船によって独占されるようになった[17]。もし，ヨーロッパとアメリカ東海岸に比較的早い時期に定期航路を確立していなかったら，南アジアからは外国船籍の船会社が大規模な不定期運航を行っていたため，南アジアの有利なビジネスを失っていたかもしれない。もちろん，ライバル船社，特にイギリスのP&Oと日本郵船，イストミアン（Isthmian Shipping Line），アメリカン・エクスポート・ライン（American Export Line）が，ゴムや錫の貿易のために定期船を配船するまでに，それほど時間はかからなかった[18]。

　ダラーラインの経営陣は，日本，中国，フィリピン諸島，および西方の港からの商品の地域間輸送によって，かなりの付帯収益が得られることに気付いた[19]。取扱いコストが低いことも，この貿易の収益性を高めた。1926年までに世界一周航路は確立され，その後5年間，売上高は数量でも収益でも7％以上の変動はなかった。

　このように均等な貨物輸送は珍しいことだが，経営者が1年先に必要な船の数をかなり正確に割り当てることができ，その結果，保険料や維持費などの固定費が節約できることを意味する。ゴムや錫のような年間を通じて一定の需要がある単価の高いバルク貨物を狙うことで，世界一周船は定期航路のなかで貨物の積載を最大化することができた。

　ダラーラインがこのサービスを開始した当時，ゴムや錫の貨物をニューヨークまで届けるには最低65日から70日かかっていた。それが，1929年には，37日から40日に短縮された[20]。砂糖のように，毎年の市況や消費パターンに大きく左右される商品は，特別な機会がない限りは極力避けてきた。また，いくら儲かるからといっても，経営陣が最初からそのような市場に目を向けることはなかった。予定されていた寄港地から外れること，つまり海運界では「蛇行」と呼ばれる延航（deviations）は，慣れた航路から外れた港へのアプローチや設備に不慣れな士官や乗組員の効率を低下させることが，経験的に明らかになっていた[21]。

　1924年から25年にかけては初期費用が計上されたが，1926年には25万ドルの減価償却前純利益を計上した[22]。この年の乗客数は4万5,231人で，総収入は605万1,602ドル，1929年には700万ドルを超えた[23]。恐慌にもかかわらず，収

入の減少は，経済が最低に落ち込んだ1933年を除いて，急激なものではなかった。1929年から1939年の10年間で，旅客券だけで2,991万7,454ドルを占め，毎年平均5,825人の乗客を運んでいる[24]。そして，ダラーラインの経営陣にとって驚きだったのは，アジアと中東が旅客収入のほぼ20%を占めていたことである[25]。1924年から1939年にかけて，ダラーラインとその後継会社は，世界一周の旅客輸送で年平均約38万7,000ドルの純利益をあげている。1925年から1939年にかけての管理手数料，広告，減価償却費を差し引く前の貨物の純利益は1,743万4,297ドルであった。平均純利益は年間43万7,000ドルに達した。また，ダラーライン，タコマオリエンタル，AMLの経営代理を務めるロバート・ダラー社は，各種手数料で毎年平均63万8,000ドルを得ていた[26]。実際には，このような管理手数料として，1925年から1929年の間に400万ドル近くが支払われている。しかし，同期間において，太平洋航路よりも多くの乗客と貨物を運んだ世界一周航路からは，減価償却前の純利益が200万ドル以上得られている。1920年代に獲得した約1,300万ドルの旅客収入は，同期間の太平洋航路の旅客予約による収入72万511ドルを凌駕していた[27]。もちろん，ここで問題となるのは，東洋から東に運ばれる貨物が，西に向かう航海に比べてはるかに少量であったことである。例えば，1930年代のプレジデント・クーリッジは，帰路の航海で，平均2,000〜3,000トンの空いたスペースがあった[28]。

6 郵便輸送の助成金

　このような利益を背景に，当時，会社の実権を握っていたR・スタンレー・ダラーは，拡大路線をとることを決意した。1920年代後半の好景気も，その一因であった。しかし，それと同じくらい重要だったのは，アメリカ商船の衰退を食い止めるための新しい連邦法であった。

　1928年，連邦議会はジョーンズ・ホワイト法を可決し，クーリッジ大統領が署名して成立した。それには2つの特徴があり，アメリカ船籍の船に対する多額の郵便補助金と，連邦船舶管理局が自由にできる2億5,000万ドルの資金から新造船に融資する規定であり，R・スタンレー・ダラーの関心を特にひきつけた。また，郵便契約の最初の4年間は，アメリカ船籍の船舶の乗組員の半分を外国人にすることができるという規定も魅力的であった。1920年代後半から1930年代前半にかけて，さまざまなダラー所有船の乗組員の半分以上は中国籍

であった[29]。

　郵便料金の補助は，速度と船のトン数に基づいて計算されることになっていた。航海が完了した場合，郵政局長（postmaster general）は1マイル当たり4ドルから12ドルを支払うことができる。しかし，局長は，最低価格の入札を受け入れることを前提に，契約を行うよう命じられていた。実際には，契約は各カテゴリーで安定的に行われ，法律の規定通り，郵政局長は速度だけを基準に落札することができた。ダラーの船は1マイル8ドルのクラスであったが，政府は1マイル7ドルしか支払わず，この金額を船社側が受け入れた[30]。これによって，ダラーラインとAMLは補助金契約を獲得し，両社の収入は年間300万ドル以上増加した[31]。

　郵便料金の補助率が決まると，ダラーは法律に従って，新造船の建造を引き受けるために連邦船舶管理局と交渉を始めた。カリフォルニア通り311番地のダラー・ビルディングの役員室では，すでに建造計画についての話し合いが行われていた。最も重要な会議は，ロバート・ダラーのオフィスで，壁のパネルに合わせた日本製の重厚なオーク材のテーブルを囲んで行われ，司会は，年をとっても衰えない，84歳の老紳士が務めた。問題は，海軍のバックアップのもと，太平洋航路のために535s型船よりも大型で高速の船を4隻建造するようにという連邦船舶管理局の要請である。

　ダラーは，プレスリリースのなかで4，5隻の新造船について話していた時期もあった。スタンレー・ダラーは，会社が3,500万ドルのコストで新しい船隊を建造すると大々的に発表していた[32]。このような前宣伝にもかかわらず，ダラーは建造計画の第一段階で2隻の船の建造を約束しただけであった。これらの船は，世界一周のサービスを補完するもと考えた。状況が許せば，彼らはさらに数隻の建造のための政府との契約を求めるつもりであった[33]。スタンレー・ダラーの予備調査では，535s型よりはるかに大きく，豪華な客室を持つ2隻の定期船のほうが，4隻の小型船より収益性が高いことが示されている。

　世界一周航路の経験から，適切なマーケティングを行えば，太平洋航路でも高速の新造船なら旅客輸送を行うことができることがわかっていた。また，スタンレー・ダラーは，当時アメリカで建造された最大の客船を所有し，運航することによる名声に気づいていなかったわけでもない。この名声は，もちろんダラーの全船舶の利用者増にもつながる。カリフォルニア通り311番地で検討されていた計画には，1920年代後半の楽観的なビジネス観も入り込んでおり，

慎重なロバート・ダラーもこの楽観主義を共有していた。スタンレーの指示で，ニューポートニュース（Newport News）の海軍設計士ファーガソン（Ferguson）とピーターソン（Peterson）は，３万3,000トンのターボ電気船の設計図を作成した。

R・スタンレー・ダラーは，ワシントンでの数カ月にわたる個人に対するロビー活動を通じて，管理局やその他の政府機関に，この段階では小型の船４隻よりも大型の船２隻のほうが商船や防衛上はるかに有利であると説得した。彼は彼らの愛国心とナショナリズムに訴え，アメリカのデザインと技術の魅力的な例として，東洋で得られる名声を指摘した。

7 | 世界の大洋航路と新造船

当時，ワシントンでは，R・スタンレー・ダラーが巧みに利用した危機感があった。商船隊の基本的な構成要素である502型と535s型は時代遅れになりつつあった。ドイツと日本は，高速の新造船を携えて，大洋航路の旅客船事業で世界のリーダーとなっていたのである。スタンレー・ダラーが管理局で弁論している間に，北ドイツロイド（North German Lloyd）の定期船ブレーメン（*Bremen*）が大西洋航路の速度記録を塗り替えたのである。日本の日本郵船（NYK）と大阪商船（OSK）は，新造船を建造中で，１年前にアメリカへ初航海したイルドフランス（*Ile de France*：全長792フィート，４万2,450トン）や，フランスラインが８万トン級のノルマンディー（*Normandie*）を建造すると発表したばかりであった。また，イギリスのキュナード・ホワイトスター・ライン（Cunard White Star Line）も，これに匹敵する船の建造に着手しようとしていると伝えられていた。

当時は，大洋を横断する定期船の絶頂期で，乗客の収入マイル（revenue miles）と同じくらい，さらなる名声がかかっているように思われた。スタンレー・ダラーは，このブームに乗ろうとした。そして，彼は疑う提督たちを感心させるような速度と大きさを提示することを怠らなかった。彼は提案の中で安全性と効率性を強調し，国家の緊急事態にはこれらの船を簡単に兵員輸送船に変えることができることを強調した。そして，この建造計画に続いて，大きさも設計も未確定な２隻を追加建造することを約束した。

1929年半ばまでにダラーは，委員会が２隻の船の建設費の75％に当たる1,400

万ドルを貸し付けるという契約を取り付けた。ダラーラインはその25%，つまり352万5,000ドルを負担する。家具，カーペット，室内装飾，プールなど，船の艤装にかかる費用も同じ割合で，さらに300万ドルと見積もられた。契約は，一連の利子付き約束手形で行われた。この「仮」手形には，取締役会を抵当権者とする抵当権または信託証書を添付することになっていた。船が完成すると，この仮券は取り消され，代わりに20枚の「永久券」（"permanent" notes）が発行される。政府が保有する船舶の第一抵当権が担保とされた。これらの手形は利子を付けて，今後20年間，毎年1枚の割合で返済されることになっていた[34]。

　これらの手配が完了するとすぐに，ダラーラインは2隻の客船の建造のためにニューポートニュース造船所（Newport News Ship Building）とドライドッグ社（Drydock Company）からの入札を受け入れた。1930年12月6日，ハーバート・フーヴァー夫人（Mrs. Herbert Hoover）は，ニューポートニュースの船台を滑り降りるプレジデント・フーヴァーの船首に，ダラーの広報部が7つの海から集めたという水の入った瓶をぶつけた。その1年後，カルビン・クーリッジ夫人（Mrs. Calvin Coolidge）は，クーリッジの進水式で，前大統領のバーモント州の農場を流れるブラック・リバーの1本の水で，プレジデント・クーリッジ（*President Coolidge*）と命名した。禁酒法時代のこのような公の場では，シャンパンに代わって水が流れたのである[35]。

8　会社の法人化と外部人材の登用

　同時期にR.スタンレー・ダラーは，管理局から125万ドルの政府融資を受け，ダラーラインの502型船4隻の再整備に充てた。この船は，プレジデント・アダムス（*President Adams*），ハリソン（*Harrison*），ガーフィールド（*Garfield*），ポーク（*Polk*）の4隻で，いずれも世界一周航路に就航していた。支出の4分の3に相当する融資は，15年かけて返済することになっていた。さらに，同額を借り入れ，インターナショナル・マーカンタイル・マリン・カンパニー（International Mercantile Marine Company）から1万5,000トンの貨物船，マンチュリア（*Manchuria*）とモンゴル（*Mongolia*）を購入し，プレジデント・ジョンソン（*President Johnson*），プレジデント・フィルモア（*President Fillmore*）と改名した[36]。

　将来の事業拡大的な見通しとビジネスの劇的な増大により，ダラーラインは，

はるかに大きな資本と柔軟な企業組織を必要としていたのである。父親の反対を押し切って，Ｒ・スタンレー・ダラーは初めて外部の人間を組織に取り込んだ。ハーバート・フライシャッカーは，彼の銀行が政府が建造資金の融資に際して要求した100万ドルの債券を発行し，新会社の取締役にも就任した。そして，この新会社は，デラウェア州法に基づき，ダラー汽船（Dollar Steamship Lines., Ltd.）として法人化された。ダラーの海運資産はすべてダラーラインに統合され，26万株のＡ種無議決権株式，210万株のＢ種議決権株式，４万株の非累積優先株式を発行する権限を与えられた[37]。ダラー家は新会社の支配権を保持したが，ハーバート・フライシュハッカーとその弟モーティマーが大株主となった。新会社は1929年５月に発足し，アメリカ商船としての好調な将来とダラーラインの膨大な利益を予想し，派手な宣伝もされた。

9 大恐慌の影響

　そのわずか４カ月後に，世界恐慌を予感させるウォール街の大パニックが起こった。しかし，大恐慌そのものも，翌年の経済の急激な落ち込みも，ダラーラインの勢いには影響しなかったようだ。確かに大恐慌で旅客船ブームは去ったが，1931年にクーリッジが完成するまで，政府からの融資は続いた。さらに，Ｒ・スタンレー・ダラーは，連邦船舶管理局から２隻の客船を建造するために，最も有利な条件で再び融資を受けることができた。しかし，２，３隻の客船を追加する贅沢な計画は，連邦船舶管理局が融資制度を終了したため，棚上げされた[38]。

　世界の航路で運賃戦争に歯止めをかけるため，ダラーラインは北ドイツロイド（North German Lloyd），ハンブルクアメリカ（Hamburg America），ルッケンバックライン（Luckenbach Line）と最低運賃を維持するための同盟（conference）に参加した。その３カ月後には，太平洋航路の日本の競合他社との同盟に参加し，運賃の下限を設定した。連邦船舶管理局はこの２つの協定を承認した。しかし，どちらの同盟も世界貿易の下降圧力に耐えることはできなかった。1932年まで，ダラーラインの世界一周航路は，際限のない運賃競争のなかで，旅客と貨物の全面的な運賃引き下げを余儀なくされた。しかし，利益は続いた。収益を大きく左右したのは郵便補助金で，フーバーとクーリッジ両プレジデント船が就航し，ジョーンズ・ホワイト法に基づく郵便料金の上限を

獲得した後，年間800万ドルに増加した。

　嵐の雲が水平線上にまで登ったのに，楽観主義者のR・スタンレー・ダラーは，「これは一時的なものだ」と言い，その理由を説明した。豪華客船の旅客数は激減していたが，それでも収益は上がっていた。特別なクルーズのテスト航海によると，2隻の大型新造船が経費を賄い，さらに，ささやかな利益を上げることができたようだった。世界一周航路も黒字運航を続けていた。太平洋航路と沿岸事業は，ダラーの財務状況における弱点であった。しかし，R・スタンレー・ダラーは，太平洋岸北西部でAMLと競合するタコマ・オリエンタル・スチームシップ・カンパニー（Tacoma Oriental Steamship Company）の経営権を1932年に取得するよう，取締役会を説得した。

　タコマオリエンタルは，7隻の船と10年間の郵便補助金契約により，太平洋航路で2年間利益を上げた後，不安定な財政状態に陥っていた[39]。ダラーの子会社であるAMLは，1920年代半ばに管理局の運航管理者としてこれらの船を運航していた。1928年，連邦船舶管理局が船と航路を売りに出すことを決定すると，AMLも応札した。しかし，今度はワシントンにおけるダラーの影響力は，シアトルとタコマの経済界からの圧力によって成功しなかった。船と航路は，新たに設立されたタコマオリエンタル汽船が獲得し，ダラーラインやAMLと直接競合することになった[40]。

　戦略的な理由から，太平洋岸北西部の海運事業の大部分をダラーの支配下に置くことは正しいことだと思われた。しかし，迫りくる労働問題を抱え，馬蹄形航路の旅客と貨物が減少するなか，破産寸前の会社の責任と負債を引き受けることは，間違いなく軽率な決断である。もし，老「キャプテン」ダラーがいつものような良識があれば，気の早い息子を制止したことだろう。しかし，この2年間，年老いたダラー社長は体調を崩し，会社の経営から遠ざかっていた。

　スタンレー・ダラーは，残念ながら時代の流れを正しく読み取ることができなかった。大恐慌で時代遅れの概念が一掃され始めた時でさえ，彼は父親が打ち立てた父権的な方針に固執し，ダラーライン，AML，タコマオリエンタルをはじめとする十数社の運航会社が相互に関連し，複雑化している活動を家父長的で専制君主のように統治していたのである。

[注]────────────────

1 Walter A. Radius, United States Shipping in Trans-Pacific Trade, 1922-1938 (Palo Alto, Calif.: Stanford University Press, 1944), 16.

2 O'Brien, "Robert Dollar," 239.

3 上掲書 235頁。

4 Arnold Kludas, Great Passenger Ships of the World (Cambridge: Patrick Stephens, 1976), II, 128-35.

5 Diary of Robert Dollar, 8-10 September 1923.

6 O'Brien, "Robert Dollar," 272.

7 *San Francisco Examiner*, 25 December 1923.

8 O'Brien, "Robert Dollar," 274.

9 Diary of Robert Dollar, 1 October 1923.

10 U. S. Maritime Commission, *Reorganization of American President Lines Ltd.* (Washington, D.C., 1939), 14.

11 Lintner and Bush, "*American Mail*," 4 January 1927, Yost Collection.

12 Dollar Steamship Line and American Mail Line, Trans-Pacific and Round the World Sailing Schedule No. 8, Issued 30 November 1926, Effective 25 January 1927; *Railway and Marine News*, October 1926.

13 Dollar, Steam Navigation, 136-37.

14 United transcript of an interview with R. Stanley Dollar, Dollar Collection.

15 A medical fee of $1.50 was deducted each month from their pay. Eugene Lukes, "Oral History Transcript," p.2, APL Archives, Oakland, Calif.

16 U. S. Maritime Commission, *Reorganization*, 14, 15.

17 "Reply of American President Lines Ltd. to Memorandum Entitled 'Suggested Program for Realigning the APL Service,'" 24 April 1940, p.33, APL Archives.

18 上掲書37頁。

19 上掲書。

20 上掲書36頁。

21 上掲書34頁。

22 上掲書10頁。

23 Memorandum, "Total Passenger Revenue all Classes 1929," Dollar Collection.

24 「返信」47頁。

25 上掲書46頁。

26 Figures are calculated for 1925-38. The average earnings would have been much higher had the losses of 1937 and 1938 not been included; "Reply," 13.

27 「返信」29頁。

28 上掲書42頁。

29 例えば，以下を参照されたい。"Analysis, Personnel," Dollar Collection.

30 "Summary of Historical Events in the Development of Dollar Steamship Lines," Dollar Collection.

31　Zeis, American *Shipping Policy*, 145-49; John H. Kemble and Lane C. Kendall, "The Years Between the Wars: 1919-1939," in *America's Maritime Legacy*, ed. Robert A. Kilmarx (Boulder, Colo.: Westview Press, 1979), 160.

32　*New York Times*, 31 May 1928.

33　O'Brien, "Robert Dollar," 321.

34　Construction Loan Agreement with U. S. Shipping Board, U. S. Shipping Board, *Sixteen Annual Report* (Washington D. C., 1930), 47, 339-40. Copy in Dollar Collection.

35　*New York Times*, 7 December 1930; 20 February 1931.

36　上掲書29・30頁。May 1929; *Manchuria and Mongolia*, passenger-cargo ships, 13, 635 gross tons, 600 feet by 65 feet, operated between San Francisco and the Oriental for the Pacific Mail 1904-15. They were sold to the Atlantic Transport Line in 1915 and operated trans-Atlantic and intercoastal until purchased by Dollar in 1929. They were extensively refitted to carry 146 first-class and 48 special-class passengers.

37　American President Lines, Ltd., Annual Report 1938, APL Archives.

38　*New York Times*, 7 August, 6 September, 13, 16 October 1931.

39　The ships were originally named the *City of Spokane, Cuprum, Edmore, Eldridge, West Himrod, West Ison*, and *Wheatland Montana*. These vessels were renamed the *Olympia, Shelton, Grays Harbor, Tacoma, Bellingham, Everett*, and *Seattle*. The Tacoma line paid $696,000 for these ships and the goodwill of the service. Only 2.5 percent of this sum, or $17,422.65, was paid in on the successful bid. At the delivery of the ships the company paid the government 22.5 percent of the cost, the balance to be liquidated over a period of seven and one-half years at $4\frac{1}{2}$ percent interest, to be paid semiannually. See Frank A. Clapp, "Tacoma Oriental Steamship Company," *Steamboat Bill*, March 1962.

40　Clapp, "Tacoma Oriental Steamship Company,"; Lintner and Bush, "American Mail," February 1928, Yost Collection. Memorandum, "Tacoma Steamship Co.," 21 February, April 1928, Dollar Collection; C. K. Hale to Allan Yost, 21 October 1963, Yost Collection.

第 **6** 章

A CHANGE IN MANAGEMENT

||||||||||||||||||||||||||||||||||||||||||||||||||||||||||||||||||||||||||||||||||||||||||||

経営者の交代

1 豪華客船プレジデント・フーバー

　1931年8月26日，米国旗を掲げた新造船，プレジデント・フーバー（*President Hoover*）が母港のサンフランシスコに到着すると，街は大歓迎に包まれた。この船は，アメリカの造船所で建造された最大の旅客船であり，アメリカの船舶工学（naval architecture and marine engineering）における技術の粋と，太平洋航路の旅客と貨物の重要性を象徴する素晴らしい船であった。サンフランシスコ商工会議所にとって，プレジデント・フーバーとその姉妹船で10月に就航するプレジデント・クーリッジ（*President Coolidge*）は，サンフランシスコ港と港の発展に依存するすべての産業の繁栄を約束するものだった。全長654フィート3インチ，全幅81フィート，水深34フィート，総トン数2万1,936トン。エンジンは3万2,000軸馬力で，21ノットの巡航速度で双発のスクリューで駆動した。乗客は988人（一等307人，特等133人，三等上170人，三等378人）で，乗組員は324人であった。プレジデント・フーバーの広いデッキや広々としたパブリックルームを散策したサンフランシスコ市民は，2つの屋外プールや設備の整ったジム，一等客室や特別室の家具や織物のセンスに感心していた。

　アールデコ調の調度品は，当時の一流ホテル並みにお金をかけて作られ，各部屋には電話が付いている。一等客室と特等客室の多くには，専用または連結式のバスルームがあった。一等客室のダイニング・サロンは2階建てで，272人が座れた。その隣には18人掛けのプライベート・ダイニング・ルームがあった。特等食堂は小さなテーブルで120席であった。客室はもちろんのこと，公共スペースにも強制換気が施されていた。また，乗客の安全にも配慮されてい

た。ブリッジにあるスイッチを押すと，すべての水密戸（watertight doors）は30秒で閉まる。20隻の救命艇には，1,000マイル以上にも伝わる特殊な短波磁気発電ラジオが備え付けられていた[1]。この時，体調のすぐれない老キャプテン・ダラーでさえ，プレジデント・フーバーにはかなり圧倒された。船内のメインラウンジに詰めかけた1,000人以上の訪問客に一言あいさつをした後，「この船は奇跡だ」と日記に書いている[2]。

2　ハワイ航路の挫折と通信技術の開発

　サンフランシスコが，海運業界におけるダラーのリーダーシップを高く評価している頃，スタンレーは，ダラーラインの規模と事業を3倍に拡大する2つの交渉に携わっていた。ダラーの長年の友人であるT・V・オコナーが率いる海事管理局は，財政難に陥っていたユナイテッド・ステーツ・ラインズ（United State Lines）を買収することを提案していた。父親やフライシュハッカー家（the Fleishhackers）は懐疑的だったが，スタンレーは，この船社の株式のために319万ドルを提供することを決めた。管理局はこの取引を承認したが，スタンレー・ダラーが取引をまとめるためにワシントンへ行くと，ダラーの影響力では乗り越えられない事態に遭遇してしまった。J. P. モルガンが巨大な海運コンツェルンとなるよう，財界ではIMMと呼ばれたインターナショナル・マーカンタイル・マリン・カンパニーとユナイテッド・ステーツ・ラインズとの合併を模索していた。そして，多くのダラーの関連企業がユナイテッド・ステーツ・ラインズの支配権ではなく，相当量の株式を購入する中で交渉が続けられた。やがて，国内経済の衰退とIMMの反対により，スタンレー・ダラーは多額の利益を得て株式を処分し，買収計画から手を引くことになった。

　ダラーは，ユナイテッド・ステーツ・ラインズの買収を試みる一方で，アメリカンハワイアン汽船（American-Hawaiian Steamship Company）の買収も目指していた。サンフランシスコのマトソン・ナビゲーション・カンパニー（Matson Navigation Company：以下，マトソン）がハワイ航路から得ている利益を，ダラーは以前から羨望の眼差しで見ていた。アメリカンハワイアン汽船は，ハワイでのビジネスを拡大するために必要な参入の機会を与えてくれると考えたのである。しかし，2つの大きな壁が立ちはだかっていた。ハワイの富豪を中心とするマトソンが合併に反対したのだ。また，アメリカンハワイアン汽船

のロジャー・ラパム（Roger Lapham）社長も，ダラーに真っ向から反対していた。交渉は決裂した。その後，マトソンは太平洋航路と世界一周航路で，ダラーに対抗する準備を整えた。

　R・スタンレー・ダラーは，その積極的で旺盛なキャリアにおいて，二度目の敗北を悟っただけでなく，それ以上に，自分よりはるかに大きな資産を持つ組織との競争に破滅する可能性に危機感を抱いたのだ。その結果，完全に降伏した。ダラーラインは，カリフォルニア港とホノルル間の旅客と貨物の年間総収入の50％，つまり年間12万ドルをマトソンに支払うことで合意した。また，遠洋航路（long-haul）で旅客ビジネスがない中で，ダラーは本土とハワイを結ぶ近海航路（short-haul）で旅客ビジネスの営業も中止した。その見返りに，マトソンは太平洋航路への参入を控えた。1930年4月23日に発効したこの協定は，10年間続いた[3]。こうしてダラーは，収入が減少し，新造船の資金調達のための費用がかさむ中，儲かる市場領域で事業を制限することを余儀なくされたのである[4]。

　もう1つの事業戦略である短波ラジオ通信の分野では，ダラーラインは成功していた。長距離通信に欠かせない道具として海運業界で急速に普及しつつあり，一時はリーダー的存在となった。R・スタンレー・ダラーは，太平洋航路や世界一周航路の拡張を計画していた時，シアトルの研究所で比較的雑音の少ない信号を長距離で放送できる最初の実用的短波送信機を開発した優秀な発明家フレデリック・G・シンプソン（Frederick G. Simpson）のラジオ特許を取得していた。シンプソンの協力を得て，ダラーはパシフィック・ラジオ（Pacific Radio Company），後のグローブ・ワイヤレス（Globe Wireless）を設立した。そして，極東とアメリカ西海岸の実験局間で特定の波長の独占使用をアメリカ商務省（U.S. Department of Commerce）から取り付けたのである[5]。

　そこでダラーは，海上と陸上間通信の研究をしているコンサルティング会社のラルフ・ハインツ（Ralph Heintz）を雇い，信頼性の高いシステムを開発することにした。ダラーの無線に対する関心は，ダラーラインの運営予算の中で，ますます大きな割合を占める通信費用（cable costs）を削減することにあった。彼は，ラジオ通信が船舶，旅客，貨物の輸送の制御や調整に柔軟に対応できることを痛感していた。そこで，アンテナ，送信機，受信機の実験を1年かけて行い，MC方式と呼ばれるものを完成させた。この方式は，24時間の間に周波数を3回シフトさせれば，数千マイルに及ぶ信号の送受信に有効だった。1929

年までに，南サンフランシスコにハインツ仕様の新しい局が完成し，その後マニラ，ポートアプラ（Port Apra），グアム，ホノルル，ガーデンシティ，ロングアイランド，ポートランド，シアトル，ロサンゼルスにも局が完成した。このネットワークは「ダラーラジオ（DOLLARADIO）」と呼ばれ，シンプソン社の短波ラジオシステムを搭載したプレジデント・フーバーがサンフランシスコ港に処女航海に出港したときから本格的に運用を開始した。

カリフォルニアと米国北西部の太平洋航路を確実に握り，世界一周航路を持ち，年間300万ドル以上もの郵便助成金をもらっているダラーラインは，傍目にはこれ以上ないほど繁栄しているように見えた。しかし，実際には，連邦政府とアングロ・カリフォルニア銀行サンフランシスコ（Anglo-California Bank of San Francisco）に対する負債が2,000万ドル以上に膨れ上がり，過大な負担を強いられていた。

2隻の新造船の旅客予約は，予想をはるかに下回るものだった。988人乗りのプレジデント・フーバーは，入念なPRとマーケティングのキャンペーンにもかかわらず，初航海はわずか400人の乗船しかなかった。同様に，プレジデント・クーリッジの東洋への初航海でも，乗客は定員の3分の1にも満たなかった[6]。そして，これらは例外的なことでなかった。1930年に始まった旅客需要の落ち込みは，1931年にはさらに激しさを増したのである。

3　ロバート・ダラーの死と会社の承継

1932年5月16日，ロバート・ダラーは88歳の生涯を閉じた。4月28日の時点でも，彼はサン・アンセルモの自宅からサンフランシスコの事務所に通い，船が入港すると訪問し，士官に麻薬と酒の害について諭した[7]。彼の死は，一族による個人経営がそれなりに効率よく機能していた時代の終焉を象徴している。しかし，そのような経営は，キャプテン・ダラーの死のずっと前に時代遅れとなり，1920年代の繁栄と政府の大盤振る舞いによってのみ可能であった。

スタンレー・ダラーは，いつもと同じように仕事をしていたが，大恐慌の影響を受け始めたアメリカの海運業界が，急速に危機的な状況に陥っていることを強く意識していたことは確かだ。特に旅客部門での競争は，ダラーラインとその子会社であるパシフィック汽船，タコマオリエンタル，アメリカンメールライン（AML）は，可能な限り運賃を下げ，過剰なコストも減らすことを迫っ

た。オーバーホールの間隔も長くなり，従来から短すぎて適切な修理ができなかった着岸から出港までの時間もさらに短縮された。

　ダラーの船隊の大部分を占める535型と502型は，当時12〜14年を経過している。旧式で船体の状態も悪くなっていた。海上での故障や，エンジンの効率低下による1マイル当たりの燃料消費量の増大は，必要な修理に要する時間や費用とのバランスを考慮しなければならなかった。連邦船舶管理局は時々苦情を言うが，実質的には抵当権者であるにもかかわらず，高水準のメンテナンスを強制する力はなかった[8]。海洋検査局（Bureau of Marine Inspection）やアメリカ船級協会（American Bureau of Shipping）も，政策変更には無力だった。

4　世界恐慌と競争の激化

　ダラーは縮小傾向にあったが，日本の2つの船会社，日本郵船（NYK）と大阪商船（OSK），それにカナダ太平洋鉄道（Canadian Pacific Railroad：CP）は，ダラーよりはるかに優れた高速の旅客と貨物とのコンビネーション船を建造していた。1930年に就航したエンプレスオブジャパン（*Empress of Japan*）は，AML の総旅客代理店であるディーン・ハンスコム（Dean Hanscom）の目を釘付けにした。彼は，535型の完全な近代化プログラムを推奨する長文の手紙を総支配人のアンシル・F・ヘインズ（Ancil F. Haines）に書いた。彼は，AML の貨客船と競合他社の船を比較し，乗客の快適性を高めることを長い間怠ってきたことを露わにしたのである。客室の電話，ジム，タイル張りのプール，エレベーター，映写機など，エンプレスオブジャパン，エンプレスオブカナダ（*Empress of Canada*）には標準装備されているものが，プレジデント・クーリッジ，プレジデント・フーバー以外のプレジデント船にはないのである。

　エンプレスの客室やパブリックルームは木製のパネルで飾られていたが，プレジデント船では塗装された漆喰（しっくい）やビーバーボード（beaverboard）がコンパートメントを仕切っていた。ハンスコムは，ダラーと AML の全船舶が白を基調とした単調な配色であることにも不満を抱いていた。競合船社は，客室の色もさまざまで，家具も近代的，ベッドも幅40インチのニッケル磨き仕上げであるのに対し，502型や535型の客室には幅26インチの白塗りスチールベッドであった。競合船社に対抗するには近代化がどうしても必要だったにもかかわらず，資金繰りのためにハンスコムの提案は無視された[9]。

　1931年，ダラーはスケジュールに大きな変更を加えた。馬蹄形ルートは休止され，535型のうち4隻は AML の運航で，シアトル・マニラ航路に配置された。残りの6隻の535型とフーバー，クーリッジのプレジデント船は，ニューヨークからパナマ運河を経てサンフランシスコへ，そして東洋へと航海した。世界一周船は，すでにパナマ運河経由の西回りで運航していたが，ダラーは週1回の西回りに加え，東回りを2週間に1回運航するようになった。この変更により，すでにこの航路に就航していたパナマ・パシフィック・ライン（Panama Pacific Line）やグレースライン（Grace Line）と競合できる立場になった。

　プレジデント・フーバーとクーリッジの両船は，当初から一等客室，特別クラス（一般にツーリストクラスと呼ばれるものの別称），三等客室上，東洋人用の三等客室の4つのクラスが整備されていた。1932年，535型は一等に加え，観光客も乗れるように改造された。この改造は，あまり良くない客室とデッキスペースを確保し，ダイニング・サロンの一部を仕切り，ツーリストクラスの乗客のために小さなラウンジと喫煙室を設置することで実現された。502型は引き続き一等のみで，アダムス，ガーフィールド，ハリソン，ポークのプレジデント船は，20室の客室を追加するために上部構造の改造を行った。この頃までには，すべてのダラー客船は一等と特別クラス（special class）の乗客のために屋外水槽（outdoor swimming tank）を備えていた。

　旅客の活性化のために運賃が引き下げられた。1927年の世界一周運賃は，個室バスなし1,000ドル，個室バス付き1,260ドル，スイートルーム3,500ドルであった。その数年後，バスなしの部屋は749ドル，バス付きの部屋は907ドル，2部屋から3部屋のスイートルームは1,867ドルになった。1936年，ダラーは世界一周運賃を567ドルに設定した。この運賃は110日間の航海で22の港に寄港し，2万6,000マイルを移動するものであった。しかし，太平洋航路の旅客運賃は大きくは変わらなかった。1925年，カリフォルニアから横浜までの一等運賃は300ドル，香港までは375ドルであった。1937年になっても，この運賃は変わらなかった。

5　これまでの放漫経営と危機的な財務状況

　1930年まで，ダラーラインと AML は，アングロ・カリフォルニア銀行とア

メリカ政府への利子と元金の支払いを何とか続けていた。しかし，1931年，両社は政府への支払いを 2 年間停止するよう要請した。管理局はこの延長に同意したが，ダラーラインは1932年に100万ドルの純損失を出し，1933年もほぼ同額の損失を出した。1933年の赤字を報告する前から，同社のキャッシュフローは急激に悪化し，財務状態は危機的な状況に陥っていた。運転資金がこれほどまでに悪化した状態では，政府に対する債務を履行できないのは明らかだ。1931年，1932年に発行された手形が不渡りとなったほか，1933年に満期を迎える債務を履行することができなくなった。

　ここで，アメリカの会計監査官（comptroller general of the United State）が介入してきた。郵便料金の補助金で滞納分を補うか，経営陣の財務管理を厳しくして補うかと主張した。会計監査官は，ダラーの経営陣が，同社が管理する17の子会社を通じて，それらの運転資金から多額の資金を流用していることを，さまざまな情報源から聞きつけていた。例えば，1932年，ダラーの子会社の 1 つであるロバート・ダラー・カンパニーは，全航路の管理代行を務め，6 万ドルの利益と13万5,000ドルの役員給与の支出を報告している。しかし，同年，ダラーラインは100万ドルの損失を計上している。政府債務の支払いを 2 年延長した1931年には，R・スタンレー・ダラーはダラーライン，AML，タコマオリエンタルから給与だけで21万6,447ドル受け取っている。弟の J・ハロルド・ダラー，H・M・ローバー（H. M. Lorber），アングロ・カリフォルニア銀行のH・フライシュハッカーは，さらに20万2,759ドルを分与していた。1923年にダラー家が政府から船を取得し始めたときから，この 4 人は合計で500万ドル近くを受け取り，そのうちの大部分である215万ドル以上はR・スタンレー・ダラーに支払われた[10]。

　ダラー管理下の船舶の劣化と近代化の失敗を考えると，ロバート・ダラーの会社を通じて郵便助成金の10%を自分の懐に入れるというのは，非倫理的行為とまでは言わないまでも，管理能力の低さと個人の無責任の極みであるように思えた。もちろん，この経営資金に対する負担は，ワシントンDC で明らかになるまで10年間も続いていた会社資産の組織的流出の一端に過ぎない。

　政府の会計監査官がいかに無駄な行為を発見しても，単なる改革だけでは資金繰りの問題は解決しないことは，連邦船舶管理局にとっても明らかであった。また，郵便助成金を負債に充当すれば，ダラーラインとその子会社は破綻の危機に直面する。そこで政府は，負債を抱えた船会社の予算をより直接的に管理

するという選択肢を選んだ。1933年4月11日，連邦船舶管理局はその旨の決議を採択し，共同管理の方法を定めた覚書で実施した。ダラーの会社はこれを受け入れ，財務運営を監督される契約を事実上，連邦船舶管理局と結ぶことになった。海事委員会（Maritime Commission：以下，委員会）の委員であったマックス・オレル・トゥルイット（Max O'Rell Truitt）は，1938年9月27日の報告書で，この契約について次のように説明している。

> 「共同口座（すなわち郵便収入口座）から会社の口座へのすべての送金は，管理局の代表者の副署名がなければ行えないこと。また，この事業とすべての子会社および関連会社の帳簿を精査することも規定されていた。この共同口座の理論は，通常の収入はまず運航経費に充てられ，その運航経費は政府の管理下に置かれるべきで，郵便収入はまず政府借入金の利息の支払いに充てられ，次に緊急の運航上の必要性に応じ，残りは政府借入金の元本を削減するために使われるというものであった。」

　管理局の財務担当者2名がサンフランシスコに派遣され，コンプライアンスを徹底させた。

　しかし，ダラーの経営陣は，支払いの変更をしようとする彼らの努力に抵抗した。また，この権限を持つ唯一の幹部であるスタンレー・ダラーとヒューゴ・ローバーは，管理局が子会社の帳簿を調査することを許可しなかった。政府の監査官がワシントンに報告したように，「7回以上，これらの項目に関する情報の提供や，子会社や関連会社の帳簿による監査を拒否された」のである。しかし，ロバート・ダラー・カンパニーの会計監査は，会計検査院長から直接指導を受けた後でも，一切拒否された[11]。

　2人の命を奪い，AML の535型1隻に約50万ドルの損害を与えた事故は，奇しくも一時的に財政的な危機を和らげることになった。1933年3月24日，シアトルの桟橋で修理中だったプレジデント・マディソンが水深6フィートで転覆したのである。R・スタンレー・ダラーは保険金100万ドルが支払われることを知ると，H・I・コーン提督に電話をかけた。AML は保険金の支払いは受けるが，プレジデント・マディソンを修理して就航させることはしない，と伝えた。コーンに説明した通り，AML はこの資金で同船舶の36万ドルの抵当権を完全に返済し，AML の全535型の延滞債権31万5,000ドルも清算する予定

であった。残りは運転資金に充当する予定で，AML はプレジデント・マディソンを使用せずに郵便契約を結ぶことができるようになる[12]。

　プレジデント・マディソンの清算は，一時的な救済に過ぎなかった。政府の圧力と収入の急激な減少にもかかわらず，スタンレー・ダラーは，前2年のいずれよりも高い割合で，彼の個人口座に資金を引き入れ続けた。1934年の最初の6カ月間，ダラーとローバーには9万2,000ドルが支払われた[13]。ロバート・ダラー社からのこの収入と一族の管理下にある他の会社からの収入に加えて，AML は彼に5万ドル近くを支払った。ダラーラインからも同額を徴収していた。H・フライシュハッカーでさえ，AML での経営的な職務をしなかったが，年間1万2,000ドルの給与を受け取り，同社の副社長として名を連ねていた[14]。

　これらの事実の多くは，1933年の春から夏にかけて行われたアラバマ州の上院議員ヒューゴ・ブラック（Hugo Black）の郵便補助金に関する調査の中で引き出されたものである。この公聴会では，ダラーラインと AML の幹部が頻繁に証言している。この調査は党派的な色彩が濃かったかもしれないし，1928年に共和党が提案したジョーンズ・ホワイト法に対して行われたことは確かだが，郵便用の資金が船会社幹部の個人口座に大量に流用されていることが明らかになったのである。また，ジョーンズ・ホワイト法では，郵便助成の条件として新規建造を義務づけていたが，1929年の大暴落の後，そのほとんどが実行されていなかった。例えば，ダラーは4隻の新造船を建造することで合意していたが，建造したのはプレジデント・フーバーとプレジデント・クーリッジの2隻だけであった。他の船会社は，どちらかといえば，ダラーラインより滞納が多かっただけである。

6 米国政府の建造補助，航路補助への政策転換

　ルーズベルト大統領は，ブラック公聴会と公開されたその結果から，ジェームズ・A・ファーレイ（James A. Farley）郵政長官（Postmaster General）に郵便契約に関する再調査を行うよう指示した。1935年初めに発表されたファーレイの報告書は，ブラック公聴会と同様，党派的な色彩を帯び，郵便助成に関する海運業界の方針を厳しく非難するものであった。ルーズベルトはまた，商船に関する政策方針のために省庁間委員会を命じた。それは郵政局の報告書と同時期に作成されたが，海運会社にいくらか好意的な内容であった。その中で，

恐慌による世界貿易の衰退，操業に支障をきたしコスト増となるストライキ，とくに労働賃金の違いや建造費，船舶修理費の格差が海外の事業者に競争力を与えているなど，さまざまな経済的要因が挙がった。報告書は，郵便の補助金制度を廃止し，国防と経済のための国益に適う貿易ルートに対して，政府が差額補助を支払うことを勧告した。

ルーズベルト大統領は，これらの提言のほとんどを受け入れた。一般論として，彼は商船に対する直接的な補助政策を提案した。ルーズベルト大統領は，1935年3月4日の議会メッセージで，次の3点を強調した。まず，外国が自国籍船に対して補助金やリベートを与えることに何の疑問も抱いていないこと。こうした慣行はアメリカの商船にとって公正な競争を排除していることを指摘した。また，戦時下において，貨物や兵員を輸送し，重要な貿易路を維持する強力な商船が重要であることを強調した。この政策を実現するために，彼は郵便助成から直接的な助成に変えるよう議会に対して次のように申し述べた，つまり，「第一に船舶の建造コストの差，第二に船舶の運航コストの差をカバーすべきであり，最後に，多くの外国政府が自国の海運に提供している自由な補助金を考慮に入れるべきである」[15]。

2回にわたる議会で，商船の再建のためのさまざまな法案が提出され，議会や新聞で議論された。米国が強力な商船を持つべきであるという考え方は誰もが支持していたが，その実現方法をめぐって激しい意見の相違が生じた。海運業界は，政府による直接的で明確な，そしてあまり縛られることのない支援を望んだ。一方，議会内外のリベラルなニューディーラーたちは，TVA（Tennessee Valley Authority）のような公益事業と同じように，政府が所有し運航する商船を希望した。最終的には，建造と指定航路の両方に直接補助金を出すという妥協案が浮上した[16]。しかし，1936年に議会を通過し，ルーズベルト大統領が署名した商船法（Merchant Marine Act）は，公有か私有かという難問は回避されていた。同法は，海運管理局（Shipping Board）を廃止し，代わりに連邦海事委員会（Federal Maritime Commission：FMC）を設置し，同委員会に裁量権を与えた。

新委員会は，民間企業がこの法律の意図する近代化プログラムを実施できない場合，商船を直接または用船契約に基づいて建造，所有，運航することができた。しかし，その明確な意図は，既存の海運会社は補助金によって奨励されることはあっても，政府に所有される脅威や，政府が所有・運航する船舶との

徹底的な競争によって罰せられることはないということであった[17]。1936年の商船法案の審議を通じて、国防上からの必要性は、国際貿易の経済の側面と同様に、政策を決定する上で重要であるとの認識があった。

　ヨーロッパにおけるファシズムと共産主義の台頭、極東における日本の好戦的な態度は、ルーズベルト政権に大きな懸念を抱かせた。そして、特に太平洋における商船の強化のために、委員会に対して理事会の権限を与えたのだった。最終的に、議会は65隻の船の建造を想定したプログラムの資金を計上した。その後、日中戦争が勃発し、ヨーロッパの情勢が危うくなると、建造計画は加速された。

　委員会は超党派で行われることになっていた。ルーズベルトはジョセフ・P・ケネディ（Joseph P. Kennedy）を初代委員長に任命し、その人柄とビジネスセンスによって、私益よりも公益を優先させる方針を打ち出した。彼は、太平洋航路の効率的で経済的な整備を最優先に考えていた。西海岸にある民間の船社が、ケネディが必要不可欠と考える一般的な商習慣の基準に達しない場合、ケネディは援助を差し控え、政府に借金がある場合は差し押さえることも辞さない考えであった。1938年の彼の後継者であるエモリー・S・ランド（Emory S. Land）提督はこの方針を継続した[18]。

7 ｜ 1934年の港湾ストとダラーの弱体化

　一方、ダラーラインとその子会社 AML とタコマオリエンタルは、次第に見通しが悪くなってきた。1934年春、サンフランシスコの港湾労働者は、雇用手続きの管理、クローズド・ショップ（職種別の組合）、賃金の引き上げ、労働条件の改善などを求めた。それまでは、企業別組合が港湾労働者と海上の乗組員を代表していた。資金力があり攻撃的な船主協会（owners' association）が、1920年のウォーター・フロントでのストライキ以来、いかなる変化にも反対してきたのである。

　1920年代半ばから、ダラーラインの労務担当責任者だったW・P・バニスター（W. P. Bannister）は、無愛想で不機嫌な性格の持ち主で、反組合的な態度を隠そうともしなかった。この点では、今世紀に入ってからの経営方針を反映しているに過ぎなかった。ダラーの労働条件や賃金は、他の海運国の船員より優れていたが、マトソンや US ラインのような競争相手とは比較にならない

ほどであるが，そのどちらも従業員政策は特別なものではなかった。いずれも組合結成に反対し，船の乗組員であれ港湾労働の作業員（longshoremen gangs）であれ，雇用に関する絶対的な支配に固執していた[19]。

NRAコードの労働規定に触発され，オーストラリア出身の組合指導者ハリー・ブリッジズ（Harry Bridges）がうまく組織化し，サンフランシスコの港湾労働者はユニオン・ショップを要求したのである。ウォーター・フロント雇用者協会（Waterfront Employers Association）が拒否したため，港湾労働者はストライキを決行した。ルーズベルト政権は仲裁のための行動を遅らせることに成功した。交渉が行われている間，国際船員組合（International Seamen's Union）は組合の承認と労働条件の改善を求めた。汽船船主協会（Steamship Owners' Association）はすべての要求を拒否した。1934年5月6日に港湾労働者の不満の仲裁が失敗すると，港湾労働者はストライキに突入した。6日後，船員たちはサンフランシスコだけでなく，西海岸全域でストライキを行った。さらに，港湾労働者と船員への共感を示すために，サンフランシスコでは2日間の市中ゼネストが招集された。

7月の1カ月間，すべての商業活動は停止した。サンフランシスコや他の港では散発的な暴力事件が起こった。7月中旬，ルーズベルト大統領は，フランシス・パーキンス（Frances Perkins）労働長官を長とする調査委員会を任命し，調査および対応策の勧告を行わせた。協会と組合は，拘束力のある仲裁を求めた委員会の報告書を受け入れた。1934年7月31日，ストライキは終わったが，すでに弱体化していたダラーラインに大きな打撃を与えることになった。

8 悪化を辿るダラーの財務状況

仲裁と全国労働関係委員会（National Labor Relations Board）の圧力の結果，1935年4月，組合の要求をほぼすべて認める和解が成立した[20]。経営難に陥ったダラーラインは，政府に対する債務の元本削減はおろか利息の支払いもままならず，サンフランシスコやシアトルの銀行に対する債務もかろうじて不履行を免れている状況で，急激な事業費の増加に直面することになった。実際，アングロ・カリフォルニア銀行は，ダラーラインへ融資する十分な担保を取らず，この1年間に融資の元本を減額させなかったとして，通貨監督庁から激しい非難を浴びることになったのである[21]。

　海事委員会は，再び銀行とダラーに圧力をかけ，債務状況を健全化させた。R・スタンレー・ダラーは，長い話し合いの末，銀行からの借入金300万ドルと，返済期限を過ぎた政府への借金100万ドルの担保として，会社の非営業用資産の一部を差し入れることにようやく同意し，海事委員会のガイドラインに基づき，合理化のプログラムと債務の支払いスケジュールを立てた。これらの手段により，ダラーは何とか債務を現状維持とすることができたが，プレジデント・フーバーとプレジデント・クーリッジの建造のために新たに発生した債務を犠牲にしたに過ぎなかった。これらの抵当権の第1回目の返済期日が迫っていた。

　金利は急速に膨らみ，1935年10月には，1,500万ドルの負債に対して300万ドルの延滞金が発生した。300万ドルほどはアングロ・カリフォルニア銀行に対して，250万ドルはその他の債権者（主に納入業者）に対する負債だった。

　アングロ・カリフォルニア銀行は，その多くの資産がダラーラインに紐づけされており，もしダラーラインが倒産したら，銀行も倒産してしまうかもしれない。しかし，海事委員会の返済計画では，ダラーラインの運転資金は次第に損なわれていった[22]。マックス・オレル・トゥルイット（Max O'Rell Truitt）は，「1934年に採択された政策の下で，政府は多額の支払いを行ったが，それは運転資金には回ったが，債権者への支払いを犠牲にするものであった」と述べている[23]。

　このように，ただでさえ弱体化していたダラーの財務体質が，その後相次いで大打撃を受けたのである。1934年のストライキに続いて結ばれた船主と労働組合の協定は，1936年9月30日に失効し，船員組合は，新たな要求を突きつけてきた。第一に，組合主導の雇用ホールシステム（hiring-hall system）の継続，第二に，任意残業の廃止とすべての残業に対する現金支給，第三に，時間当たり残業代の55％増と全体で20％の賃上げ，第四にユニオン・ショップ制の導入，第五に，他のすべての要求は海事委員会の決定を最終決定として調整することを要求してきた。コックと給仕係の組合も，港湾労働者の組合と同様の要求をしていた。このように，西海岸の組合は共同して行動したのである[24]。

　西海岸の船主は，これらの要求を一切受け入れようとはしなかった。R・スタンレー・ダラーは，役員会に報告し，組合の要求を受け入れると，賃金コストの上昇は「年間約180万ドル」の運航経費を増加させると試算した。また，「組合側の要求が認められた場合，操業を継続することは全く現実的でなくな

る」、「唯一の選択肢は，船だけでなく港湾労働者も巻き込んだ海運総ストライキと思われる」とも述べている[25]。

　新しく任命された委員会では，両者の行動を1カ月間延期することに成功した。パーキンス（Perkins）労働大臣は，エドワード・F・マグレディ（Edward F. McGrady）次官を調停役として西海岸に派遣した。しかし，彼は合意を取り付けることができず，1936年10月中旬に西海岸のすべての海員組合がストライキを行った。ダラーは，沿岸の港で232隻の船が停泊していると推定している。ダラーライン，AML，タコマオリエンタルは，速やかに，乗客のチケットの払い戻しや停泊中の船から取り残された乗客の帰還をしなければならなかった。例えばダラーラインは，ホノルルからサンフランシスコに向かうプレジデント・ピアス（President Pierce）の旅客輸送のためにマトソンに3,500ドルを支払った。また，さまざまなダラーラインが日本郵船とカナディアンパシフィックに12万5,980ドル相当のチケットを裏書している[26]。

　1934年のストライキのような暴力沙汰はなかったが，ダラーラインが受けた影響ははるかに深刻であった。彼らの船は3カ月以上身動きが取れず，ダラーの予想通り，太平洋航路の貨物と旅客輸送量がまだ恐慌前の水準をはるかに下回っていた時期のように，ほぼすべての点で組合の要求を満たす和解が成立し，運航コストが大幅に増加した[27]。最初の犠牲者はタコマオリエンタルで，その株式の大半はダラーが支配するアドミラルラインが所有していた。

　タコマオリエンタルの7隻の船隊は，AMLと共同であったが，別会社であることには変わりはない。1936年11月18日，タコマオリエンタルはワシントン州西部地区の連邦地方裁判所に破産を申請した。

　1937年1月30日，裁判所は，債権者を満足させるために資産を売却し，最終的に会社を解散させることを命じた[28]。タコマオリエンタルの損失は，ダラーの財務状況を悪化させたというよりも，銀行における信用状態を悪化させ，ワシントンにおけるダラーの経営に対する疑念をさらに深めることになった。

　1937年3月のパシフィック汽船のアドミラルラインの破綻は，もっと深刻だった。沿岸で大規模な事業を展開していたアドミラルラインは，西海岸でいち早く恐慌の影響を受けた船会社の1つであった。1929年から1931年の3年間で，200万ドル以上の損失を出し，船舶の設備の抵当権の不履行を余儀なくされた。1931年，H・F・アレクサンダー（H. F. Alexander）は辞任したが，R・スタンレー・ダラーは，この船社の事業を継続することを決定した。J・

ハロルド・ダラーが新しい社長に就任し，太平洋航路のフィーダー（支線航路）として船を活用することで，一族のこの船社に対する多額の投資を保護することを目的とした。

しかし，アドミラルラインは赤字が続いた。1932年には135万9,804ドルの損失を出した。そして1933年，債権者のための管財人は100万ドル以上の価値のある船を50万ドル強でダラーに売却した。スタンレー・ダラーは，パシフィック汽船の再建のために多くの手段を試みたが，財務状況を改善することができないと一族の持分の整理に着手した。しかし，1936年4月7日に弟のJ・ハロルドが癌で死亡し，経営トップ不在のまま会社は終焉した。そして，10月には海運ストが起こり，大きな打撃を受けた。1938年6月にはすべての運航が停止し，パシフィック汽船とそのアドミラルラインは事実上消滅してしまった。ジョセフ・P・ケネディは，「私は政府所有に反対であるが，現実問題として，今日のような難しい状況下では，政府所有は避けられないことである」と述べている。「我々は古い船は持っているが，それらはほとんど資金のない人たちの手にあるからだ」[29]。

9 プレジデント・フーバーの台湾での座礁

その頃，カリフォルニア通り311番地の本社に無線で連絡が入り，ダラーに大きな打撃があった。プレジデント・フーバーが台湾の東岸で座礁し，このままでは難破してしまうというのだ。この数カ月間，日中戦争が激化し，ダラーの中国への運航は休止していた。日本軍は北京，天津，上海，南京を占領して，中国の港からの貨物や旅客が減少し，保険料が高騰しただけでなく，上海の主要港が閉鎖されたため，ダラー船は迂回を余儀なくされていた。

神戸にいたプレジデント・フーバーは，船長のヤードリー（George W. Yardley）から「上海で日本軍と中国軍の戦闘があり，上海の港での活動は完全に停止している」という本国からの無線電文を受け取った。そして，上海を通らずにマニラへ直行するよう指示された。ヤードリーは，従来の台湾海峡を南下するコースではなく，台湾の東側を航行することによって，時間と距離を短縮することにした。このコースには，沖合に浅瀬と数十の小島があるため，多少の危険を伴うものだった。しかし，ヤードリーは優れた海図を持っており，それから日本政府が台湾東岸に十分な航路標識を持っていると判断した。

嵐の朝に神戸を出発したプレジデント・フーバーは，南下するにつれてスコールに見舞われ，視界が悪くなった。台湾北東部沿岸に到着したとき，ヤードリーは日本軍が台湾本土と沖合の島々の灯火の大半を消し，その他の航行支援のための多くの施設を撤去していることを発見した。こうした安全航行への障害や，天候のためにプレジデント・フーバーは潮流の速い浅瀬を十分に考慮して進んでいたにもかかわらず，ヤードリー船長は巡航速度20ノットを維持した。1937年12月11日深夜，当時同船のアシスタントパーサーであったユージン・ルークス（Eugene Rukes）は，激しい揺れと衝撃で目が覚めたと回想している。「この感覚は一度でも味わえば，すぐにわかるだろう。船は座礁し，停泊したのだ。ライトで照らされても何も見えない。どうやら海の真ん中にいるようだが，波の音は聞こえる」[30]。

ヤードリー船長は直ちにブリッジ下の前方3番ハッチでの測量を命じた。測量の結果，船倉の水深は20フィート，船首から船の中央まで，同じ深さの浸水が判明した。プレジデント・フーバーは座礁しただけでなく，船底板をほぼ火室（firerooms：ボイラールーム）まで，つまり船の約半分を失っていた。しかも，座礁後すぐにホイショト島（Hoishoto Island：火焼島）に接岸していた。乗組員や乗客に直ちに被害が及ぶことはないため，ヤードリー船長は不必要な危険を冒すことなく下船できる明るさになるまで待機した。船長は，船の風上に油を撒くように命じ，波が穏やかになるのを待った。そして，救命ボートが波打ち際を通り抜けられるように，何本かのロープを陸に張らせた。約2時間後，乗客全員と乗組員のほとんどが無事に上陸した。ヤードリー自身と，おもな船員は船に残った。ヤードリーは，プレジデント・フーバーを何とか引き揚げようと，神戸に無線でダイバーと引揚げ船の手配を依頼し，本国には次のようなメッセージを届けた[31]。

「フーバーにおいて：ホイショト島北西の地点で腐ったサンゴに乗り上げ座礁。方位は104度，左舷に7.5度傾く。現在の天候は強い北東からのモンスーン。少し揺れる。水深は 表 が平均3.5尋，右舷側の船体中央が3尋，左舷側が4尋，船尾部の右舷側が3～5尋，同左舷側が4～5.5尋となっている。ダイバーはまだ潜っていない。すべての船倉，ディープタンクで海水が潮の流れで上下している。船はNo. 3にセットアップされている。表のボイラールームの隔壁から漏水。左舷モーターに負担がかかっている。

エンジンルームとボイラールームは船内のポンプでドライな状態を保っている。貨物の60％は油と海水で損傷していると推定される。サルベージは天候に大きく左右される。」

サルベージは不可能と判断され，プレジデント・フーバーは全損となった。日本のサルベージ会社は，船体から推定１万4,000トンのスクラップを手に入れ，最終的に保険会社から５万ドルが支払われた。

10 政府とダラーの最後の駆け引き

ダラーの収入は一気に４分の１程度まで落ち込んだ。プレジデント・フーバーとプレジデント・クーリッジは，船舶の中で最も収益性の高い船であった。保険金のほとんどは債務の軽減に充てられたが，ダラーラインと AML は倒産の危機に瀕していたため，プレジデント・フーバーの損失は両社を破綻させる可能性が高いと思われた。委員会は，ダラーのもつれた問題の中で最も重大な危機に直面していた。

政府が郵便助成事業を段階的に縮小し，直接助成を行う準備を始めたため，早急に資金供給を行わなければ，タコマオリエンタルとパシフィック汽船のアドミラルラインに続いてダラーラインと AML も管財人の手となることが明白となったのだ。委員会は，ダラーの経営は健全で，また，1936年の海事法の下で要求される新規建造はもちろん，長期にわたって延期されてきた修理に対応できるだけの資金があると確信できるまでは，長期の補助金を交付することを望まなかった。

さらに，委員会は，押収した郵便助成金をダラーラインの債務の元利金に充当することを決定した。ダラーラインの役員会からの必死の抗議電報に対し，マックス・トリュイットはスタンレー・ダラーに，委員会の行為に対するいかなる責任も負わないという手紙を出した。彼はこう言った。

「私たちは数週間前から，さまざまな問題の解決と，法律にある外国の競合船社との競争を可能にする運航費差額助成（operating differential subsidy）の付与について交渉するための十分な財務情報を得ようとしましたが，うまくいきませんでした。もし情報が迅速に提供されていたなら，

この問題はとっくに解決していたでしょう。金銭的救済が遅れているのは，貴社がこれらの問題に関して委員会に意図的に協力しなかったからにほかならない。」[32]

委員会は，ダラーラインと AML から郵便助成を差し押さえれば，両社を管財人の手に委ねることになると考えた。ワシントンに来ていたダラーは，破産が唯一の選択肢だと考えていた。しかし，アングロ・カリフォルニア銀行は，そうは考えなかった。同社の副社長ポール・フーバー（Paul Hoover）は，急いでワシントンに行き，委員会に対して，77B 再建（破産）は，「長期にわたるカネのかかる複雑な手続きであり，当社の代表者は自主再建の機会を持つことを望んでいる」と説得した[33]。

そこでダラーは，優先株と社債を発行して債務の一部を資本化し，私的債務をすべて賄うという計画を考案した。しかし，これを役員会に提出したところ，猛反対に遭った。H・フライシュハッカーは，その1人である。彼は，委員会の将来計画に対し，ダラーに対する自分の個人的な持分がほとんど価値を失うことを懸念した。「この委員会は，今日ここにあるが，明日には消えてしまうものだ」，「ケネディはすでに辞職を口にしている」[34]，と言った。委員会は，必要不可欠な修繕と最終的には新造のために復興金融公社（Reconstruction Finance Corporation）からの融資を受ける可能性を考慮し，一時的な差額助成を延長することを決定した。しかし，その前に法律と金融の専門家チームをサンフランシスコに派遣し，ダラーとローバーと一緒に4つのプログラムを練ることになった。まず，会社間の銀行と運航債務を場合によっては株式の新規発行によって調整しようとするものであった。第2に，委員会はダラーとローバーとの間で，運転資金の負担を軽減するために，彼らの個人資産から十分な現金（50万ドルが挙げられている）を供給することで，和解に持ち込もうとした。第3に，この計画では，一時的な助成金が支払われる間は，ロバート・ダラー社から現在のマネジメントの機能を奪うことを想定していた。第4に，経営陣の交代を検討し，報告することである。

サンフランシスコでのチームの活動の結果，フライシュハッカーは，スタンレー・ダラーがアングロ・カリフォルニア銀行および貿易債権者との一部和解として優先株と社債を発行する計画の態度を改めた。ダラーラインは，3万3,595株の優先株と37万7,300ドルの3％債券を発行するとして，手持ちの現金

がほとんどない状態から，26万1,086ドルをかき集めた。債権者は現金，債券，優先株で146万8,586ドル，会社間の債権は優先株で133万8,900ドル，最後にアングロ・カリフォルニア銀行が優先株で114万494ドルを受け取り，保有元本の約2分の1が弁済されることになった[35]。

　このチームがサンフランシスコに滞在している間，ジョセフ・ケネディはコーデル・ハル（Cordell Hall）国務長官に，アジアの情勢とダラーラインの運航休止による影響について電話をかけている。ハルは，ダラーの運航休止は避けるべきと考えていた。「日本と中国の間に存在する敵対関係は，現在アジアの他の都市にいる何千人ものアメリカ市民の安全を脅かしている……。現在の不安定な状況に鑑みてサービスを休止することは，アジアにいるアメリカ人の生命を著しく危険にさらすかもしれない」と彼は言った[36]。この会話と，サンフランシスコの委員会チームがダラーラインと明らかに合意した報告書によると，ケネディたちは一時的な補助金を約束した。また，修理のために100万ドルを前払いすることにも同意し，その資金はダラー船隊の包括的な抵当権によって担保されることになった。

　方針がまとまりかけたこの時，プレジデント・フーバーが台湾で失われた。ダラーと役員たちは，政府との妥協は，私財を含む全財産をこの怪しげな事業に投じることになると感じ始めていた。ダラーもローバーもフライシュハッカーも，政府の補助金という約束に自分や家族の将来を賭ける気にはなれなかった。彼らが求めていたのは，自分たちにのしかかる巨額の負債を，個人的な責任を負うことなく免除してくれるような手段であった。したがって，委員会の申し出には応じなかった。

　1937年12月22日，ケネディのエクゼクティブ・アシスタントであったジョセフ・R・シーハン（Joseph R. Sheehan）はダラーに電話をかけ，同社の船隊を他の会社に売却することも考えてはどうかと提案した。ダラーはすぐにマトソンの社長であるウィリアム・ロス（William Roth）に連絡を取った。ロスは「間違いなく興味がある」と言った。ダラーは後にシーハンとの会話で「まだ，何とも言えない」，「クーリッジと535型の3，4隻，いや5隻は負債の圧力から解放してくれるはずで，皆が満足するような計画が立てられると確信している」と言っている。しかし，売却の条件である補助金をめぐるマトソンと委員会の交渉はうまくいかなかった[37]。

　12日後，ケネディ本人とアシスタントのジョセフ・シーハン，そして当時委

員会の顧問弁護士であったマックス・トゥルイトがサンフランシスコに到着した。ダラーは，サンフランシスコにいる委員会のスタッフ，レジナルド・ラフリン（Reginald Laughlin）の呼びかけに応じて，ケネディとトゥルーイットに会うことを承諾した。ダラーは，会社の重役を呼び寄せ，全員でケネディの待つラフリンの事務所に向かった。ケネディはダラーに，「この人たちは誰だ？お前と2人だけで話がしたいんだ」と言った。ケネディのそっけない言葉にも動じず，「H・M・ローバーはここに，私の甥のロバート・ダラー2世もここにいてほしい」と答えた。ケネディが「わかった」と応じた。他の幹部はレセプションルームに残して会議が開かれた。

11 ケネディからの最後通牒

ケネディが中心になって話を進め，ダラーに「仲間たちと一緒に翌朝までに50万ドルの現金を用意し，銀行に預けなければ話にならない，破産させる」と告げた。ダラーは，アングロ・カリフォルニア銀行のフライシュハッカーたちに電話して，会議に参加するようにと言った。彼らが到着すると，ケネディは自分が言ったことを繰り返した。ダラーは，この問題は個人的に話し合う必要があると言い，みんな賛成した。ダラーたちは，オフィスの反対側に移動した。ダラーは，フライシュハッカーたちに，残りの25万ドルを出してくれるなら，25万ドルを出してもいいと，控えめな口調で言った。逡巡の後，フライシュハッカー家は2人とも同意した。ケネディは彼らの決断を知るや否や，トゥルーイットとラフリンに，現金要求の受諾とダラーラインの財務担当副社長に委員会が命じた具体化した書簡を作成するよう依頼した。手紙の作成中，ダラーはケネディにさらなる要求があるかどうかを尋ねた。

「いいえ」と答えた。

「今回の件で，補助金の対象になるのか？」とダラーは質問した。

「6カ月間の一時的な補助金をすぐに，さらに，長期的な補助金を出そうと思っている」とケネディが言った。

「20年間の補助金ですか？」とダラーは聞いた。

「それはできない」とケネディは言った。「その代わり，10年間は行おう」

「この件では，もう意見が一致したのだろうか」とダラーは尋ねた。「これは最終的なものですか？」

ケネディは「これが最後だ」と言った。

その頃，書簡の下書きができていた。ダラーは，役員会や弁護士に相談するべきだと考えたが，ケネディが頑として譲らなかった。ダラーはサインをした。他に選択肢はなかったが，彼はある種の遠慮を胸に秘めていた[38]。その夜，ケネディはサンフランシスコのボヘミアン・クラブで開かれた夕食会に出席し，政府の海事政策について演説を行うことになっていた。ゲストの中には，このクラブの会員であるR・スタンレー・ダラーもいた。

ケネディの態度は，数時間前とはまったく違っていた。ダラーを温かく迎え，スピーチの途中でラフリンの事務所での会談について，慎重に楽観的な言葉で言及した。そして，次のようなスピーチをした。

> 「本日，委員会がダラーの関係者と，外航海運（foreign commerce）の継続的な運航に関して合意に達したことをご報告いたします。この合意では，すべての利害関係者がこの問題の最終的な解決に取り組めるよう，一時的な運航補助金が与えられることになっています。
>
> 　しかし，この協定は，ダラーの置かれた状況を解決するための恒久的なものでも，満足のいくものでもないことは指摘しておきたい。この解決策は，ダラーの船隊の大部分を占める老朽化した船舶のリプレイスに必要な新たな資本を提供するものではない。」[39]

ケネディは，その夜の演説の前に，ダラーとの間で財務担当の新しい副社長を任命することで合意したことを実行に移し始めた。ケネディは，すでに長年の友人である会計士のアーサー・プール（Arthur Poole）という人物を決めていた。

プールは，1927年からケネディと仕事をしていた。ケネディが投資の可能性があると考えた不振企業の経営状態や将来性を正確に評価する能力をもち，辣腕で絶大であると評価されていた。実際，プールはケネディに頼まれ，ダラーラインが委員会に提出した報告書などを調べていた。プールは，「補助金を出す前に，最低でも50万ドルの資本金を出すべきだ」という意見を持っていた。

ダラー，ローバー，フライシュハッカーがプールの起用に同意すると，ジョセフ・シーハンはニューヨークのプールに電話をかけ，ポストを提供するが早急に決断するように求めた。プールはこれを受けるとすぐに，1月12日（月）に

開かれるダラーラインの臨時役員会に出席してくれないかと，シーハンから頼まれた。プールは，「私はニューヨークへ行った」，「そこには私の事務所があり問題を解決する……。日曜日の午後，飛行機に乗ってここに来たんだ。ダグラス DC-3 だった。途中で燃料を補給するために6，7回降りてきたと思うが，4月12日月曜日の朝9時34分きっかりにここに着いた」。プールは，その日の午後2時半に開かれたダラーラインの臨時総会に出席する前に，ケネディと同僚たちからわずかな説明を受けるのに十分な時間があった。役員会は，彼をダラーラインの副社長と財務担当者，そして取締役に選出した[40]。

1カ月の激務の後，プールは，自分も委員会も考えていたよりもはるかに会社が困難な状況にあることを知ったのである。140万ドルの一時的な運航補助金では，海事法の「海上安全」(safety-at-sea) の要件で義務付けられた修理費用の推定53.63%しか満たせない[41]。その残りは，プレジデント・フーバーの保険金で賄えるだろうと彼は考えていた。ダラーとフライシュハッカーが約束した50万ドルの新資本は，窮地にある債権者をキープするには十分ではなく，ましてや政府が負っている巨額の債務の滞納分を支払うには不十分であった[42]。この時点で，同社は債権者に200万ドル近い債務を負っており，経営陣は，訴えられる運航船がほとんどなくなることを恐れていた[43]。1938年の春から夏にかけてのキャッシュポジションは，危険なほど低いままであった。さらに，委員会の陸上経営に関する調査によって，管理と方針決定における深刻な欠陥が明らかになった。しかし，組織の下層部は健全であると判断され，実際，厳しい状況下での能力と機知に富んでいると賞賛された[44]。

プールの調査，報告書，その他の資料を活用し，エモリー・ランド提督が率いる委員会は，ダラー権益者が株式を担保に提供しない限り，会社の借換えや5年間の補助金交付はできないと判断した。しかし，約1,700万ドルの負債，せいぜい1,100万ドル程度の旧式船隊，毎月8万ドルの金利負担にも直面し，彼らは降参してしまった。スタンレー・ダラーが言ったのは「私とその家族が持っているものを全部差し出し，さらに，会社のコントロールも失い，そのあとそれを運営する人々がうまく運営できるかどうかわからない，いや，彼らはいとも簡単にそれを壊してしまうかもしれない。私にそれをやれというのは誰にとってもフェアではないと思う。それが私の考えだ」[45]。ヒューゴ・ローバーは，この補助金制度は，最終的には政府による買収に等しいと考えた。過去7年間の衰退を振り返りながら，彼はこう言った。

「このビジネスは，常に多かれ少なかれ家族的に行われてきました。資金があれば船を購入し，ビジネスを進めてきました。しかし，補助金事業や建造義務があったりして，私たちの力だけでは大きな事業を行うことができなくなったのです。もし事業を拡大するならば，一般の人々が参加できるように株式を取引所で売買できるように拡大しなければならない。

そんな思いから，デラウェア会社（Delaware Corporation）を設立し，株式を公開したのです。補助金の履行が必要なプレジデント・フーバーとプレジデント・クーリッジと契約し，銀行は頭金の25％を引き受けました。

しかし，契約書にまだサインしていないときに1929年の株式市場の暴落がやってきて，株を浮かせるチャンスがなくなってしまった。今，委員会は会社に350万ドルの追加融資を提案しているが，我々はどうやって返せるかわからない。助成金があっても世界一周航路は儲かる気がしない。」[46]

1938年8月15日，すべての責任を免除する見返りとして，ダラーの関係者は委員会に議決権付き株式を譲渡した。ダラーは「雇用を守る」ことを主張した。また，ダラーラインの後継組織がどのようなものであれ，ダラーの名前を使用しないことを条件とした。ダラーは後に，「これは我々の家名であり，どのような経営が行われるかはわからない」と語っている。委員会は，この要求を喜んで受け入れた。ダラーの組織は，トップ以下は何としても維持しなければならないと決めていたのだ。そして，ダラーの名前，信用，ハウス・フラッグに関しては，ランドたち委員は，この数年の放置と不始末でむしろマイナスのイメージになっていると感じていた。

この契約の財務条件に基づき，ダラーの関係者は普通株式の約90％を放棄した。その後，委員会は，運転資金として復興金融公庫（Reconstruction Finance Corporation）から250万ドルの融資を受ける手配をした。さらに，委員会の予算から修繕費として200万ドル，12年間にわたり年間約300万ドルの運航補助金を交付した。委員会は，これらの資金と予想される海運収益とで，アングロ・カリフォルニア銀行，債権者，米国政府に対する債務を返済するのに十分であると考えたのである[47]。後日，ダラーが主張することとは逆であるが，ダラーは，自分たちのグループが政府に譲渡した普通株式を単に質入れしたのではなく，所有権を譲渡したのである。ロンドンの海運代理店W・T・ミッチェルに宛てた手紙の中で，ダラーはこの事実を以下のように確認している。「委員会

との契約により，我々は株式を引き渡し，その代わりに抵当権に基づく義務を免除されました」と彼は書いた。「その結果，海事委員会は新会社の株式の約90％を所有し，役員会を支配する立場になった」[48]。

　一方，アメリカンメールも同様の困難に見舞われていた。アンシル・ヘインズ（Ancil Haines）が危篤状態に陥ると（1937年5月15日に死去），同社は利益を上げることはおろか，債務を履行することも難しくなってきていた[49]。ヘインズのアシスタントであったジョン・コーモード（John Cormode）が総支配人に就任していた。コーモードは有能な海運マンであったが，1926年から1933年にかけてR・スタンレー・ダラー，その弟ハロルド，H・M・ローバー，フライシュハッカーに約200万ドルの給与を支払っており，会社の資本状態を改善することはできなかった[50]。さらに，AMLは政府の支援に依存するようになり，1935年の冬に郵便助成金の支払いスケジュールが調整されると，毎月の運航費を賄うために5万ドルの銀行融資を受ける必要があった[51]。

　1936年に制定された海商法のもと，AMLは一時的な営業補助金を得ていた。しかし，この補助金では損益分岐点に達するには不十分であることがすぐに明らかになった。1938年1月以降，AMLは航海ごとに9,000ドルの補助金増額を要求したが，うまくいかなかった。

　1938年5月10日の臨時役員会で，取締役は委員会に対し，6月22日の臨時補助金契約が終われば，すべての運航業務を停止すると通告することにした。しかし，その前にフライシュハッカーとダラーの間で激しい論争が起こった。フライシュハッカーは，現在の補助金では不十分であり，1938年には減価償却後の損失が約30万ドルとなる，その事実を委員会に知らせるべきだと考えた。彼が望んだのは，シアトルの関係者に船を売却する際のAMLの交渉力を高めるための新しい補助金契約であった。ダラーは，この考えに「6月24日までは，彼らとの契約を続けなければならない。新しい契約を求めると，投下資本の問題が出てきて，もっと金を出せとか，いろいろ言われるだろうし，埒があかない。過去の経験に照らしても，新しい契約は求めるべきではないと思う」と言って反対した。コーモードは，委員会がAMLの老朽化した535型のリプレイスのための新しい建造計画が保証されない限り，長期契約を結ぶことはないだろうと会社の役員会に念押しした。役員会は，しぶしぶフライシュハッカーの提案に同意して，コーモードは新しい契約を要求する電報を送るよう指示され，「現在の条件と現在有効な補助金の下では，1938年6月22日の契約終了後

に会社が操業を続けることは不可能である」ことを明記した[52]。3 週間後，役員は委員会から回答を受け取った。1938年 6 月 3 日以降，AML とダラーラインの運航は停止されることになった。

　当時，ダラーラインの世界一周船 7 隻はすべて海上にあった。残り 3 隻の535型とプレジデント・クーリッジは，太平洋横断を終えていた。プレジデント・ウィルソンとプレジデント・リンカーンはサンフランシスコにあり，AML の全船舶はシアトルにあった。ダラーラインは債務の義務を果たすために，最後のプレジデント・アダムスを世界一周航路へ1938年の夏から秋にかけて，そして，プレジデント・ピアス，クーリッジ，クリーブランドの 3 隻を太平洋航路の最後の航海に向かわせた。このとき，ダラーラインはもう存在しなかった。1938年10月26日，ダラー，ローバー，チャールズ・キング（Charles King: 業務部長），E・H・ホール（E. H. Hall：財務部長）は全員辞任していた。AML は 4 隻の535型をシアトルに係船し（5 隻目のプレジデント・マディソンは未修理のまま），シアトルの連邦地裁で破産手続きの結果を待っていた。

　委員会はダラーラインの再編成を発表する際，民間企業として運営されることを強調した。ダラーに代わってウィリアム・ギブス・マカドゥー（William Gibbs McAdoo）が会長となり，現在海事委員会の事務局長であるジョセフ・シーハン（Joseph Sheehan）が社長に就任した。1938年11月 1 日，サンフランシスコで開かれた最初の会議で，新経営陣は社名をアメリカン・プレジデント・ラインズに変更することを決議した。過去34年間，経済不況と一昔前の経営方針の欠陥の犠牲となった商船隊の煙突と社旗を飾っていた白いドルマークに代わり，白い鷲が掲げられることになった[53]。

[注]───────────────

1　*Pacific Marine Review,* August 1931, 310-39; *New York Times,* 7 December 1930; *San Francisco Chronicle,* 16 December 1930.
2　Diary of Robert Dollar, 27 August 1931.
3　上掲書13, 14頁．January, 8 May 1930; U.S. Maritime Commission, *Reorganization,* 49; "Transcript, R. Stanley Dollar v. Emory S. Land et al.," 744（San Francisco, California Historical Society）.
4　"Minutes, Regular Meeting of the Board of Directors, April 15, 1936," APL Corporate Files, Oakland, Calif.

5   Roger W. Bunce, transcript, "The Dollar Steamship Radio System," Robert Dollar Collection; "Pacific Radio Company," Robert Dollar Collection.

6   *New York Times*, 7 August, 6 September, 13, 16 October 1931.

7   O'Brien, "Robert Dollar," 387; Diary of Robert Dollar, 28 April 1932.

8   Dollar v. Land, transcript, 734-38, U.S. Maritime Commission, *Reorganization*, 45.

9   General Passenger Agent to A. F. Haines, 25 September 1930, Yost Collection.

10   U.S. Maritime Commission, *Reorganization*, 15-17.

11   上掲書18, 19頁。

12   Transcript of a telephone conversation between R Stanley Dollar and Rear Admiral H. I. Cone, 4 Aug. 1933; Telegram, *S. S. President Madison*, Shipping Board Settlement, 24 March 1933; Telegram 4 August 1933; Cone to Dollar, 4 August 1933, Dollar Collection.

13   ハロルド・ダラー（J. Harold Dollar）は約$43,000受け取っている。以下を見よ。U.S. Maritime Commission, *Reorganization*, 15-16.

14   "Pacific Steamship Statistics," Honnold Library.

15   House Committee on Merchant Marine and Fisheries, *Hearings to Develop an American Marchant Marine*, 74th Cong; 1st sess., 1935, 1122, 1123, 1093-95.

16   Radius, *United States Shipping in Trans-Pacific Trade, 1922-1938*, 173, 174.

17   上掲書174, 175頁。

18   Admiral E. T. Cochrane, affidavit in Dollar v. Land, transcript.

19   Don S. Burrows, Chief Planning Section to Executive Director, U.S. Maritime Administration, "Memo," 13 September 1938, APL Corporate Files.

20   Kemble and Kendall, "The Years Between the Wars," 164, 165.

21   U.S. Maritime Commission, *Reorganization*, 19.

22   上掲書19, 20頁。

23   上掲書21頁。

24   W. P. Bannister to R. Stanley Dollar, 28 October 1936, APL Archives.

25   "Statement of R. Stanley Dollar, in Minutes," Board of Directors Regular Meeting, 26 October 1936, APL Corporate Files.

26   "Minutes, Board of Directors Regular Meeting, Dec. 16, 1936," APL Archives.

27   Kemble and Kendall, "Years Between the Wars," 165, 166.

28   Frank A. Clapp, "Tacoma Oriental Steamship Co.," *Steamboat Bill*, March 1962; "Tacoma Oriental Steamship Company," Dollar Collection; Seattle *Post-Intelligencer*, 12 January 1936.

29   Quoted in Brown, *Ships That Sail No More*, 217.

30   Lukes, "Oral History Transcript," 16-19, APL Archives.

31   C. Bradford Mitchell, *Touching the Adventures & Perils: A Semicentennial History* (New York: American Hull Insurance Syndicate, 1970), 81.

32   Truitt to Dollar, June 1937, in "Minutes of the Board of Directors of Dollar Steamship Lines, Inc., 16 June, 1937," APL Corporate Files.

33   U.S. Maritime Commission, *Reorganization*, 29.

34 "Minutes, Board of Directors Meeting, 3 Sept. 1937," APL Corporate Files.

35 U.S. Maritime Commission, *Reorganization*, 31; Dollar Steamship Lines Inc., Ltd.; "Statement showing creditors who signed agreements as of October 28, 1937, and the amount of cash, bonds and stock to be issued in settlement," Dollar Collection; U.S. Maritime Commission, *Financial Readjustment in Dollar Steamship Lines Inc., Ltd.* (Washington, D.C., 1938); 68-73.

36 Dollar v. Land, transcript, 246.

37 上掲書352, 353, 526, 527頁。

38 上掲書533, 537, 551頁。

39 上掲書921頁。

40 Arthur Poole, "Oral History Transcript," 1-7, APL Archives.

41 "Minutes of Special Meeting of Board of Directors, Dollar Steamship Inc., Ltd.," 10 January 1938, APL Corporate Files.

42 *Time Magazine*, 11 February, 29 August 1938.

43 U.S. Maritime Commission, *Reorganization*, 103.

44 Don. S. Burrows, Chief Planning Section, "Organization Report-Dollar Steamship Company, 13 September 1938, APL Corporate Files.

45 Dollar v. Land, transcript, 635.

46 上掲書141頁。

47 U.S. Maritime Commission, *Reorganization*, 78, 79.

48 Dollar to W. T. Mitchell, 23 January 1939, Dollar Collection.

49 Extracts from letters to R. B. Bush, Seattle, 19 February 1936, Dollar Collection; *Marine Digest*, 22 May 1937.

50 Memorandum, "American Mail Line, Ltd.," 30 June 1934, Dollar Collection.

51 J. Harold Dollar to R. B. Butterfield, 13 March 1935; J. G. Peacock to J. Harold Dollar, 16 March 1935; R. Stanley Dollar to M. A. Arnold, 22 March 1935, Dollar Collection.

52 "Minutes, Board of Directors Meeting," American Mail Line, 10 May 1938, Dollar Collection.

53 "Minutes of the Special Meeting of the Board of Directors, Dollar Steamship Lines Inc., Nov. 1, 1938," APL Corporate Files; Harrison, "Dollar Steamship Company"; U.S. Maritime Commission, "News Release, Washington, September 27, 1938," in Dollar v. Land, transcript.

第7章

THE REORGANIZED COMPANIES AND THE WAR EFFORT

戦間期の経営

1 アメリカ・プレジデント・ラインズ（APL）の発足

1938年11月1日午後4時，サンフランシスコの金融街にあるカリフォルニア通り311番地で，ダラーラインの新会長ウィリアム・ギブス・マカドゥーは，集まった取締役に対し，定足数を満たしていること，「会議は正規に招集され，業務を処理する資格がある」ことを宣言した。75歳のマカドゥーは，ニューヨークの若い弁護士として，ハドソン川に鉄道のトンネルを開通させることに成功し，半世紀近いキャリアを持っていた。マカドゥーは，ウッドロウ・ウィルソン（Woodrow Wilson）大統領の財務長官，銀行と経済問題担当の最高顧問も務めた。素晴らしい調整能力をもつ一方で，国家の金融や財政の政策だけではなく，第一次世界大戦に参戦したアメリカの鉄道の管理も担当した。1924年の大統領選で民主党の指名を受けられなかった後も，党の政策に積極的に関与し，1932年の大会でカリフォルニアの代表団をフランクリン・D・ルーズベルトに賛同させるのに大きな役割を果たした。

海事委員会がR・スタンレー・ダラーの後任に彼を選んだ時，彼はカリフォルニア州選出の上院議員を終えたばかりだった。背が高く，細い糸鋸歯が特徴的なマカドゥーは，アメリカの政治家というイメージにぴったりであった。西海岸最大の海運会社の信用を回復させるには，理想的な人物であった。また，ルーズベルト政権とのパイプも，この重要な局面で最も有効であった。

マカドゥーとは対照的に，新社長のジョセフ・R・シーハンは，背が低く太めの弁護士で，ボストンのアイルランド系出身であることは，その訛りと率直

な物腰から明らかであった。彼もまた，法律家としての素養があり，過去2年間，委員会（海事委員会）のスタッフとしての経験から，海運に関するかなりの知識を持っていた。このほか，ケネディがダラーラインの財務再建のために連れてきたアーサー・プール，サンフランシスコの実業家J・ヒュー・ジャクソン（J. Hugh Jackson），アングロ・カリフォルニア銀行の代表ポール・フーバー（Paul Hoover），地元債権者のスポークスマン，グラント・H・レン（Grant H. Wren）などが再結成した役員会（取締役会）のメンバーであった。

　最初の議題は，ダラーラインからアメリカン・プレジデント・ラインズ（APL）に社名を変更する会社の定款の改正であった。皮肉なことに，役員会がこの議案を審議している間，同じビルの同じ階では，前会長のR・スタンレー・ダラーが退社する準備をしていた。株主である彼は，この役員会が，父が創業し，自分が10年間経営してきた会社から，自分の家名を消そうとしていることを知ったはずである。何百万ドルもの借金を背負っていた自分が，委員会と新経営陣の手に渡ったという安堵感と，一族の財産であるこの会社が他人の手に渡ったという喪失感と，彼の気持ちは複雑であったろう。

　しかし，父と築き上げたダラーの組織が今後も存続することに，多少の安心感はあったはずだ。ダラーは，経営者としては欠点も多かったが，従業員に対しては父親譲りの徹底した父性主義者であった。実際，買収の条件として委員会と交わした条件の1つに，「優秀な人材は会社に残れる」という保証があった。「私自身は何も得られなかったが，委員会が従業員の面倒を見るという明確な責任がほしかったのだ」，と彼は言った[1]。

　カリフォルニア通り311番地の最上階で，どのような思いを抱こうと，新会社の事業は急ピッチで進められた（訳注1）。役員会は，11月18日に臨時株主総会を開き，アメリカン・プレジデント・ラインズへの社名変更を決議し，委員会と復興金融公庫の要求に沿って準備中の新しい細則の議決を決めた。シーハン社長は，アメリカン・プレジデント・ラインズのためにデザインされた新しい社章を示した。それは，赤地に白のワシ，両隅に白い星をあしらったものである。

　アーサー・プールは，450万ドルの政府融資を全額受け取り，預金していることを報告した。さらに，乗客の払い戻し，貨物の引き取り，優先株式に転換

（**訳注1**）　Robert Dollar Building として現存する。

されなかった民間債権者の債務は，そのうち最も重要なプレジデント・クーリッジの抵当権の現在の利息とともに完済されたことを発表した。長年の懸案であったダラー船隊の修理・再生計画も進行中であった。

　11月の臨時株主総会で株主と取締役が社名変更と新細則を承認し，アメリカン・プレジデント・ラインズは正式に発足した。長らくアメリカの海運界を支えてきたダラーラインは，海運の歴史の一部となった[2]。

　一刻も早い運航再開が急務だった。ダラーの船隊は寝かせたままか，修理中であった。船員も陸上スタッフも士気が下がっていた。シーハンは，この会議の後すぐに，ニューヨーク，ロサンゼルス，シカゴ，ボストン，ワシントンDC，クリーブランド，シアトルなど，かつてのダラーの代理店をすべて訪ね歩いた。ダラーの長年の幹部であるM・J・バックリー（M. J. Buckley：貨物輸送担当副社長）とヒュー・マッケンジー（Hugh Mackenzie：旅客輸送担当副社長）も同行した。シーハンは，この時の自分の役割を，将来像を明らかにすること，何よりも地区代理店を刺激して，古い顧客の維持と新しいビジネスの開拓に力を入れさせることだと考えていた。シーハン一行はサンフランシスコに戻ると，極東のダラーで経験を積み，最近 APL の東洋担当副社長に就任したオスカー・A・スティーン（Oscar A. Steen）との面会を予定した。

　プレジデント船の出港準備は，H・E・フリック（H. E. Frick）のような多くの新しい従業員に委ねられた。彼は船長として，またアメリカの西岸と東岸のいくつかの船会社で経営者として，長年海上で活躍してきた人物である。また，スタンレー・ダラーのオペレーション担当のアシスタントだったW・J・ブッシュ（W. J. Bush）は，オペレーション・マネージャーのアシスタントとなり，フリックと副社長の地位を共にすることになった。フリックとブッシュは，修繕船のための政府のローンが破綻して起こった財政難を打開するため，船の状態によってオーバーホールの優先順位を決めることにした。プレジデント・クーリッジのような最も状態の良い船は海に出され，残りは西海岸の造船所に送られた。プレジデント・リンカーン（*President Lincoln*）とプレジデント・ウィルソン（*President Willison*）は修理の状態が悪く，当分の間，補助金の要件を満たせないと判断され，レイアップ（係船）することになった。プレジデント・ヘイズ（*President Hayes*）は，貨物船として必要な程度にかぎって修理することになった。他の8隻は，これまで通り太平洋航路や世界一周の航路で運航されることになった。この決定には補助金契約の変更が必要であり，

委員会は後日これを承認したが，これらの船はできるだけ早く新造船にリプレイスするよう主張された[3]。1939年の春までに，アメリカン・プレジデント・ラインズは11隻の船を就航させた[4]。

　また，不稼働物件の処分と償却の方針も決定した。プレジデント・フィルモア（*President Fillmore*）とプレジデント・ジョンソン（*President Johnson*）は，サービスには適さないと判断され，売りに出されていたのである。しかし，買い手がつかなかったため，スクラップとして帳簿に残すことにした。この措置により，アングロ・カリフォルニア銀行，委員会，ダラー・ライン・カリフォルニアへの抵当権債務を履行した後，181万4,415ドルの評価損が発生した。また，100％子会社のプレジデント・ターミナル・スチームシップ・カンパニー（President Terminal Steamship Company）と古い旧沿岸サービスの汽船であるルース・アレキサンダー（Ruth Alexander），ニューヨーク州ブロンクスにあるハント・ポイント（Hunt's Point）の不動産は，不活発な不動産と判断された。実際，プレジデント・ターミナルは1937年の設立以来，赤字が続き，帳簿上の負債は69万8,942ドルにもなっていた。プレジデント・ターミナルの正確な市場価値は，まだ経営陣が決定できていなかった。この2つの不動産は172万1,589ドルで帳簿に計上されていたが，アーサー・プールは，不動産の処分に努めている間，損失を補填するために会社の資本金を評価減することを勧め[5]，役員会は彼の判断を受け入れた。

　新経営陣は，資産をより正確に帳簿に反映させ，不稼働物件の売却に努めたほか，社員，とくに船員の労働条件の改善にも着手した。ダラーラインは，独自の医療サービスを持っていたが，西海岸の他の海運会社とは異なり，団体保険も年金制度も持っていなかった。完全に父権的な方針で，会社にとって何の役にも立たないのに，ずっと何らかの仕事を続ける社員もいれば，会社内での付き合いを維持できない社員は，たいてい65歳を迎える前に離職していた。

　また，縁故採用も多い代わりに，船員の離職率は高かった。1回の航海で乗組員の半数以上が辞めてしまうということが，あまりにも多かった。シーハンは，保険，年金，永続勤務手当（longevity pay）などのフリンジ・ベネフィット（fringe-benefit）があれば，経験豊かな船員の無駄な流出と，それに伴う後任者の採用や訓練にかかるコストを削減できると考えた[6]。1939年末には，全職員を対象としたフリンジ・ベネフィットがようやく実施されることになった[7]。

2 | 忍び寄る第二次世界大戦と海運特需

　このように航路の若返りが図られる一方で，1939年夏，ヨーロッパで勃発した戦争の影響に経営陣は危機感を募らせた。極東では，1938年に日中戦争が勃発し，航路変更が行われ，慣れない航路で南下してきたプレジデント・フーバーが台湾の東岸で犠牲になるという問題がすでに起きていた。さらに，1939年春，日本政府がAPLの信用にかかわる円借款の支払いを拒否したことが問題となった。1939年秋，国務省の強力な介入により，約25万ドルの資金が拠出された。その頃，ヨーロッパは戦争に突入し，世界一周の船はスエズでイギリスの禁制品検査に引っかかっていた。

　不安は1カ月ほどで，遅れも緩和されたが，1940年夏，イタリアが参戦し，フランスが降伏すると，世界一周の船は喜望峰周りとしなければならなくなった。船会社に対する戦争手当（war bonuses）や戦争危険保険（war risk insurance）などのため，運航費が急激に膨らみ始めた。この2つの支出は差額補助金で賄われたが，支払いは常に3〜4カ月遅れで行われ，会社のキャッシュ・ポジションを圧迫した。その他の諸経費の増加も，補助金では釣り合わなくなった。例えば，重油は1939年9月の枢軸国による宣戦布告から年末までの間にコストが2倍になった[8]。しかし，新たな戦争状況の不確実性は，旅客と貨物の急増によって補われる以上のものになった。

　新経営陣のもとでの最初の数カ月は，収益の増加は運航費の不釣り合いな上昇によって相殺された。しかし，1939年9月からこの年の最後の四半期にかけて，世界一周船のうちプレジデント・ポーク（*President Polk*），プレジデント・アダムス（*President Adams*），プレジデント・ヴァン・ビューレン（*President Van Buren*）の3隻は，それぞれ最後の航海で約50万ドルの売上を記録した。太平洋航路でも，往路はもちろん復路も貨物や旅客のビジネスが盛んだった。国務省の警告に応えて，アメリカの実業家，宣教師，陸海軍の扶養家族の人たちが，アメリカ行きのプレジデント船につめかけたのである。1939年9月，プレジデント・クーリッジはマニラから最多の旅客を乗せて出港した。プレジデント・クーリッジのパーサー部門は，このような未曾有の乗客のためにも，十分なリネン，陶器，食器を何とか用意することができた。1939年晩夏に実施された旅客運賃の値上げにもかかわらず，シーハンは「旅客ビジネスは

例外的に好調で，350人以上がキャンセル待ちをしている」と役員会に報告している[9]。

　貨物輸送も，また，戦争の刺激に応えた。ヨーロッパの連合国や東南アジアへのアメリカの輸出は，ダラーラインと同様にAPLの得意とする高単価貨物がとくに好調であった。また，アメリカ政府はもちろん，アメリカの産業界も，戦時下で供給が絶たれたり，不足したりする可能性のある錫やゴムなどの商品の購入を強化した。1940年第1四半期の世界一周および太平洋航路の貨物収入は，経営陣交代後の平均収入を35％から40％上回る水準で推移していた。マレーシア海峡からの錫とゴムの輸送は，とくに好調であった。操業再開当初の問題にもかかわらず，APLは初年度に50万トンのアメリカ輸出品を運んでいる[10]。APLは，様々な資産を返済に充てたが，債権者に対する債務を履行するだけでなく，純利益を着実に上げていた。連合国によるアメリカでの日用品や完成品の購入，連合国やアメリカによる戦略物資の備蓄，極東からの英仏米人の帰還などが相まって，収益を押し上げていたのである。

　また，第二次世界大戦の勃発は，船の売り手市場も作り出した。船齢が36年のプレジデント・ジョンソンと27年のルース・アレキサンダーは，それまでスクラップ同然の価値しかなかったが，突然貴重な資産となった。1940年には，1938年の夏から眠っていたプレジデント・リンカーン，プレジデント・ウィルソン，プレジデント・フィルモアが152万9,000ドルで売却された[11]。プレジデント・ジョンソンとルース・アレキサンダーも売却するか，改造するか，いろいろと検討した結果，最終的に経営陣は，高騰する船舶の市況でも，会社の船隊として運航する価値のほうが高いと判断したのである。会社の財務状態は，海事委員会が要求する新造船と米国北西部（訳注2）でのビジネスの拡大を行うには十分な強さであると考えたのである。1939年，ボルチモア・メール汽船（Baltimore Mail Steamship Company）と，ニューヨークとマレーシア海峡を結ぶ定期航路のために4隻の船をチャーターする契約を締結した。

　委員会の要請により，APLはホグ・アイランド（Hog Island）型貨物船4隻のチャーター運航を開始したばかりでシアトルのピュージェット・サウンド・ライン（Puget Sound Line）の名前と営業権を名目上入札した。入札の一環と

（訳注2）　米国北西部のワシントン州やオレゴン州で，カナダのバンクーバー周辺を含む
　　　　　こともある。具体的な港はシアトル，タコマ，ポートランド，バンクーバーなど。

して，APL はこれらの船の基本料金を月 1 万2,343ドルとすることで同意した。また，C1型または C3型の新造船 5 隻とそれらをリプレイスすることにも同意した[12]。しかし，結局，APL はこの時点で北西部の海運業に参入することはなかった。海事委員会がピュージェット・サウンドを引き継ぐよう APL に要請した 2 つの理由は，もはや重要ではなかった。

3 | アメリカンメールの再建

　シアトル-タコマ間の海運業をめぐって，シアトルの 2 つのグループが対立し，膠着状態に陥っていた。国家安全保障の観点からも，また地域の経済健全性の観点からも，委員会は北西部からの外航輸送を安心して任せられる評判の良い航路を求めていた。そのため，APL にピュージェット・サウンドを引き継ぐよう要請した。

　1938年夏，アメリカンメール（AML）が運航を休止した後，シアトルの実業家たちがパシフィック・ノースウエスト・オリエンタル・カンパニー（Pacific Northwest Oriental Company）を設立し，ピュージェット・サウンド・ラインも設立された。AML の船舶が滞留し，債権者との訴訟に巻き込まれたため，委員会はピュージェット・サウンドを代理人として任命し，ホグ・アイランド型貨物船 4 隻をチャーターできるようにした。これらの船，カピロ（*Capillo*），コールドブルック（*Coldbrook*），コリングスワース（*Collingsworth*），サルタティア（*Sartatia*）は，1939年の夏の終わりまでは航海に出ることができなかった。実際，シアトルから極東に向けて出港したホグ・アイランドの最初の船は，1939年 9 月 4 日のコールド・ブルックであった。

　委員会がこの取り決めに満足していないことは当初から明らかで，実際，このような戦略的・経済的に重要な航路にホグ・アイランダーを使用することに不安を感じていた。前身である海運管理局は，1918年から1919年にかけて，この醜い小型貨物船を大量生産していた。ホグ・アイランダーは「三島型」（"three-island"-type）の貨物船で，全く舷弧（sheer）のない船であった。その名前は，この船の多くが建造されたペンシルベニア造船所にちなんで付けられたもので，その不格好な外観を的確に表現している。素人目には不安定に見え，満載時にはほとんど乾舷（freeboard）がなかったが，頑丈な船で，驚くほど航海に耐えることができた。速度が遅く，比較的運航費用がかかるホグ・アイラ

ンダーは，1隻当たり5,100総トンであった[13]。

委員会は，ホグ・アイランダーを一時的な便宜とみなし，新しいC型の貨物船や旅客貨物船を組み合わせたものに置き換えることを切望していた。その船は，ホグ・アイランダーのほぼ2倍の大きさだったが，1海里当たりの燃料消費量は約30％少なかった。例えば，16.5ノットの巡航速度で，C3型は1日に350バレルの石油を消費した。小型のホグ・アイランダーは，より遅い巡航速度10ノットで850バレルの石油を消費した[14]。

ピュージェット・サウンド・ラインの持ち株会社であるパシフィック・ノースウエスト・オリエンタルが，この新造船購入の資金を調達できるかどうかが，リプレイス問題と密接に関連していた。AMLは経営不振で再建中であったが，推定135万ドルの純資産があり，パシフィック・ノースウエスト・オリエンタル・カンパニーをはるかにしのぐ資本力を持っていた。この資産には，プレジデント・マッキンリー（*President McKinley*），プレジデント・ジャクソン（*President Jackson*），プレジデント・ジェファーソン（*President Jefferson*）の資産が含まれていた。これらの535型船舶は委員会が引き取ったとはいえ，抵当権の債務をすべて支払った後でも，AMLにはかなりの残高があった。プレジデント・マディソン（*President Madison*）はマニラのバイヤーに35万ドルで売却され，プレジデント・ケソン（*President Quezon*）と改名されたが，アメリカンメールの管財人はプレジデント・グラント（*President Grant*）の売却交渉をしていたが，この取引は成立しなかった[15]。

ランド提督は，パシフィック・ノースウエスト・オリエンタル・カンパニーの資金力には疑問を持っていたかもしれないが，AMLのほうがはるかに強い立場にあることには満足していた。1939年12月15日に完了したAMLの再編成は，委員会の決定をある意味で単純化したが，別の意味で複雑なものにした。AMLの新しい経営陣は，パシフィック・ノースウエスト・オリエンタル・グループを直ちに挑発し，オリエンタル・グループは一歩も引く気配を見せなかった。これだけでも委員会にとっては十分な問題であったが，さらにもう1つ，問題を泥沼化させる要因が現れた。ダラーの関心だ。

4 ダラーの巻き返しとレイノルズの関心

更生法を主宰していた連邦地方裁判所のジョン・C・バワーズ（John C.

Bowers) 判事は，AML の管財人に同社の資本増強を命じ，新たに発行する株式をクラスＡ，クラスＢの普通株式と優先株の３種類に分けた。ダラーは，持ち株会社のアドミラルオリエンタルを通じ，優先株とクラスＢの普通株を支配していた。

　裁判所は，シアトルの法律事務所であるボーグル＆ゲイツ（Bogle and Gates）のアドバイスに従って，議決権付き信託を作成したのだ。ローレンス・ボーグルが説明したように，この信託は，「ダラー家も他の外部の利害関係者も経営を支配できないようにするために」十分なＡクラス株式をプールするものであった[16]。また，クラスＡ株式は，主としてシアトルの債権者の請求に応えるために発行されたので，会社の支配権はシアトルの経済界にあることを想定されていた。しかし，当初，AML の新しい経営陣と委員会の数名は，Ｒ・スタンレー・ダラーが匿名組合員を通じて，自身のクラスＢ株式と優先株式と合わせて，会社を支配するのに十分なクラスＡ株式を取得するのではないかと懸念していた[17]。最初の年次総会では，新しい取締役会は，おもにシアトルの債権者を代表する６名の取締役と，ダラーの利害関係者を代表する３名の取締役で構成された。バワーズ判事の命令の条件により，クラスＢ株主は１名の取締役，優先株主は２名の取締役を選任することになった[18]。

　シアトルの実業家でパシフィック・ノースウエスト・オリエンタルの社長であったＲ・Ｈ・ドラムヘラー（R. H. Drumheller）は，まさにこの論法で AML に反対する地域世論を結集させた。シアトル商工会議所に宛てた長い手紙の中で，AML がダラーの不始末と会社を私物化してきた証拠をすべて語っている。「もし再編成された AML の計画が成功すれば，ダラーは AML の抵当権やその他の負債をすべて免除され，今では時代遅れで，政府の補助金の対象ではない古い船を新しい船腹の頭金として委員会に引き渡し，再編成会社の大株主として君臨する結果になるだろう」と述べている[19]。彼はまた，ダラーの所有権という難題を委員会に提起しようとし，それはほぼ成功した。「ピュージェット・サウンド・シッピングにおけるダラーの支配の再確立」に対する地域社会の反対を強調し，ドラムヘラーは「私が接したビジネスマンの大多数は，AML の現在の設立に妥協なく反対している」と主張した[20]。

　AML の新社長，ローレンス・カルバート（Lawrence Calvert）は，猛反発した。彼はシアトルの法律事務所グロスカップ・モロー・アンド・アンブラー（Grosscup, Morrow and Ambler）のパートナー，ジョン・アンブラー（John

Ambler）をワシントンに派遣し，パシフィック・ノースウエスト・オリエンタル・カンパニーのキャンペーンに対抗し，北西部からの太平洋航路の補助金獲得のためのロビー活動を行わせた。アンブラーはまた，ノースカロライナ州ウィンストン・セーラム出身のタバコ王リチャード・J・レイノルズ（Richard J. Reynolds）が，ダラーの権利を買い取って，新造船の初期資金を提供するかもしれないという情報を入手し，追跡調査をする役割も担っていた。AMLの敏腕弁護士でエネルギッシュなスポークスマンであるアンブラーは，すぐに委員会のメンバーと議会の海事関連委員会（the congressional committee on Maritime Affairs），ワシントン州の上下両院議員との面談を開始した。

　当初，ランド提督はかなり距離を置いていたようだ。彼はすでに，APLをピュージェット・サウンド・ラインのために入札に掛ける用意があった。しかし，アンブラーがAMLの立場を，「我々の計画は裁判所を通ったばかりで，今ようやく実行に移せる状況にある」と説明すると，「ランド提督は喜んで，すぐにでも行動を起こすことを望んでいるようだった」と言った。「シアトルでの労働問題や，商工会議所や州議会の支持のなさも彼の心配の種であった」とアンブラーは続けた。しかし，AMLにあるダラー資産を主張したパシフィック・ノースウエスト・オリエンタルのキャンペーンがワシントンDCでかなりの成功を収めていることは，アンブラーにも明らかであった。第三に，APLの国有化（public ownership）に賛成するワシントンの有力者たちの存在である。メイン州の元民主党下院議員で，新しく委員に任命されたエドワード・C・モラン（Edward C. Moran）は，国有化支持派の代表であった。彼は，論争の間中，この立場を崩すことがなかった。他の委員のうち，マックス・トゥルーイット（Max Truitt）とトーマス・ウッドワード（Thomas M. Moodward）はAMLに好意的であり，5番目の委員であるヘンリー・A・ワイリー提督（Admiral Henry A. Wiley）は意見を述べなかったが，明らかに議会と地域の意見を気にしていた[21]。ワシントン州選出の上院議員ルイス・シュウェレンバッハ（Lewis Schwellenback）は，委員会に対してパシフィック・ノースウェスト・オリエンタルを支持するよう求めていた。

　アンブラーは，12月初旬の2週間，AMLのケースを紹介し，意見を聴くのに忙しく過ごした。12月13日までに彼は，委員会の過半数がパシフィック・ノースウェスト・オリエンタル・カンパニーは新しい船舶の購入を要求する入札要件に応じられないと考えているが，これは厳しい戦いになるだろうと結論

づけた。このため，アンブラーはカルバートに「委員会は地域社会の一致した支持を得るべきだと考えている」と助言した。「そうでなければ，多くのシアトルの人が損をすることになる」[22]。

委員会は，1940年2月14日に開催されることになったので，両団体は活動を倍加させた。シアトル商工会議所会頭のウォルター・ウィリアムズ（W. Walter Williams）は，地域社会のために両者を結びつけようとしたが，うまくいかなかった。ウィリアムズは，カルバートとドラムヘラーに宛てた手紙の中で，調和と協力を訴えている[23]。ドラムヘラーはその後3回にわたって，AMLに，事実上パシフィック・ノースウエスト・オリエンタル・カンパニーの傘下に入るよう統合の申し出を行った。もちろん，カルバートをはじめとする役員会は，これらの申し入れをすべて拒否したことは言うまでもない。その頃までには，シアトル商工会議所は，R・スタンレー・ダラーが実際に AMLを支配しているのではないかと心配になり，パシフィック・ノースウエスト・オリエンタル・カンパニーを支持するようにランド提督に圧力をかけたのであった。ウォルター・ウィリアムズはこう書いている。「もし我々市民が，公聴会などを通じて，ダラーと彼のカリフォルニアの仲間が AML再建のために発行した株式の約56％を所有していることを知ったら，委員会がその会社（アメリカンメール）による補助金付きの航路の契約を結ぶことに強く抗議することになるだろう」[24]。

一方，アンブラーは，リチャード・レイノルズの代理人であるニューヨークの弁護士，レイフォード・W・アレイ（Rayford W. Alley）と話し合っていた。このタバコ王（レイノルズ）は，以前から海運に興味があり，経験豊富な船乗りでもあったので，妥当な値段で売ってくれるなら，ダラーを買収してもいいということだった。レイノルズは，アレイ氏を通じて，必要であればさらに20万ドルの資本を出す可能性があることを示唆した。この追加資金は，再建計画で認められている優先株の新規発行によって確保されることになる。この優先株とクラスB株式は，将来的にクラスA議決権株式に転換される。アンブラーがカルバートに説明したように，レイノルズが会社を支配することになる。アンブラーは「レイノルズは，経営権にはあまり興味がなく，事業とその運航に興味があるのだ」と言った。

アンブラーは，AMLに新しい資本が必要だとは思っていなかった。ランドも，同社に新たな資本が入ることはないという事実を強調しつづけた。アメリ

カンメールは，全く新しい船舶建造計画への資金提供を委員会に求めていたが，ランドは「25万ドルか30万ドルのわずかな運航資金」しか提供していなかったと述べている。AMLが，委員会と国有化擁護派を納得させ，ダラーが再び支配権を得ることがないようにするには，明らかにレイノルズか他の外部資本を後ろ盾にする必要があったのである。アンブラーは，3月2日のカルバートへの電報でこの考えをより強くした。

> 「レイノルズは，購入した株を1株ずつ交換できるという確証がない限り，興味を示さないだろうと思う。彼は他にもいろいろなことに興味を持っていて，これは趣味のようなものだ。パシフィック・ノースウエスト・オリエンタル・カンパニーを積極的に中止させるか，レイノルズと何らかの取引をしない限り，この先厳しいと思う。できれば月曜日（3月4日）に引き出せるような何かを用意しておくことが重要だ。」[25]

レイノルズ自身は，アンブラーと直接連絡を取るようになった。2人は，AMLがレイノルズに対して，2万5,500株の未発行のクラスA株式を1株8ドル，総額20万4,000ドルで売却する取引を成立させた。同社はこの資金で，ダラーが支配するアドミラルオリエンタルが保有する優先株を，1株10ドル，20万3,833ドルの償還価格で全額買い取ることになる。さらにレイノルズには，委員会が追加資本を要求した場合，1万株のクラスA株式を1株10ドルで購入する6カ月間のオプションが与えられていた。アンブラーは，この内容を電話でカルバートに伝え，同意を得た。

3月4日に委員会が開かれたとき，アンブラーは新しい取り決めを提示した。モランは，この航路の入札額が低すぎる，ダラーがまだ会社を支配しており，さらに，戦時中の高値で旧式の船，535型を引き取るよう委員会に要求していると主張して激しく反対した。このような批判は，すべて予想されていたことであり，十分な回答を準備した。委員長や他の委員の質問からも，レイノルズとの取引はすべての疑念を払拭したように思われた。しかし，アンブラーは，委員会にかかる圧力に頭を悩ませていた。彼は，この状況をこう表現した。

> 「委員長は，委員会をまとめようと懸命に努めており，どのような反対意見でも徹底的に議論することを認め，記録として残すことにしている。こ

のことは，現在，委員会が連邦議会の調査とともに，ミズーリ州のクラー
ク上院議員（Senator Clark of Missouri）から脅されていることを考えると，
特に重要なことであった……。さらに混乱に拍車をかけているのは，モン
タナ州のウィーラー上院議員（Senator Wheeler of Montana）が，委員会を
すべて ICC（Interstate Commerce Commission：州際通商委員会）の下に置
くという法案を突きつけていることだ。大統領は最近，このような計画を
承認する意向を示したようである。」[26]

　脅されていた国有化は実現せず，ドラムヘラーをはじめとするパシフィッ
ク・ノースウエスト・オリエンタル・カンパニーを支持する人々の直前の主張
も勝つことはなかった。1940年3月7日，委員会はモランが反対票を投じ，
ピュージェット・サウンド・ラインの商号と営業権，ホグ・アイランダー数隻
の裸用船の入札を認めた。しかし，委員会は3つの条件をつけた。まず，10％
を超える資本投資の利益は，すべて資本準備基金に預けなければならないこと。
第二に，これらの預金は，1936年の米国商船法第5条（Chapter V of the
Merchant Marine Act of 1936）に規定されているように，船舶のリプレイスに
充てられること。第三に，AML は，委員会がこれらのリプレイスを利用可能
にしたときには，それを運航することに同意しなければならなかった。
　3月12日の AML の臨時取締役会は，レイノルズとの取引を確認し，ダラー
の代表である E・H・ホール（E. H. Hall）の反対を押し切って，優先株を請求
することを決議した。これで，ダラーの代表は，取締役1人に絞られた。そし
て，AML の背後にはレイノルズの巨大な資金力があり，R・スタンレー・ダ
ラーは，関係者が納得する金額でクラス B 株式の処分に応じることになった[27]。
　アンブラーは，AML に対するレイノルズの意向を正しく見抜いていた。経
営権を持っても，その経営に口を挟むことはなかった。当初は，カルバートた
ちが有能な最高責任者を用意できるかどうか心配し，ベテラン船長でイタリア
ラインの元役員アンジェロ・L・ルスピーニ（Angelo L. Ruspini）をコンサルタ
ントとして採用した。しかし，AML が新たに獲得した A・R・リントナー
（A. R. Lintner）を見て，レイノルズはこの船社の運営は有能な人物に任せられ
ると確信した。

5 リントナーのアメリカンメールの社長就任

　リントナーは，背の低いひょろひょろした男で，船上でも，港や役員室でも一目置かれるような，断固とした性格の持ち主だった。海軍建設局（Navy's Construction Bureau）出身で，ポーツマス，ニューポートニュース，そして1916年にはニューヨークで船舶監督を務めた後，シアトル建設ドライドック（Seattle Construction and Dry Dock Company）の技術スタッフとして短期間指揮を執っていた。2年後，彼は海運管理局に入り，政府の西海岸の造船プログラム（West Coast shipbuilding）におけるすべての海洋工学と設計の監督を行った。1922年，北太平洋地区長のエグゼクティブ・アシスタントとして海運局の業務に携わり，1927年には地区長に就任した。1929年，管理局の事業部門が縮小されると，リントナーはステーツライン（State Steamship Company）に就職し，神戸で極東部門を率いることになった。6年間，極東に駐在した。1934年にアメリカ北西部に戻り，ステイツ汽船のシアトル港の責任者に就任し，その後6年間，ピュージェット・サウンドの全活動を指揮した。

　リントナーは，再編成された AML にとって理想的な人物であった。彼は長年にわたり，ワシントン D.C. で海軍や委員会の主要メンバーと良好な関係を築いてきた。西海岸の海運業界では有名人だった。AML の将来にとって同様に重要なことは，リントナーがポートランドとシアトルの経済界から信頼を得ていたことである[28]。

　リントナーの最初の行動の1つは，ダラー時代の AML の最後の経営者であったジョン・コーモード（John Cormode）をアシスタントに雇うことだった。コーモードが535型（うち3隻はまだ委員会の管理下にあった）の売却に関わる一方で，ピュージェット・サウンドの船舶の AML への移管準備，太平洋西航会議への出席，書式や書類の改訂，スケジュールの公表，荷役契約交渉など船会社のスタートアップには欠かせない多くにわたる事項に関与した[29]。

　また，リントナーとカルバートは，AML の財務担当だった R・B・ブッシュ（R. B. Bush）を雇い，財務面を担当させた。ブッシュは，リントナー同様，海運業と官公庁の両方の経歴を持っていた。パイプをあごに挟んでいない時がないほどの頑固者で，30年の財務の経験があった。委員会の手続きや政策に対応するのも，また，再編成された航路が繁栄するために不可欠で，厳しく財務

管理を行うのも，ブッシュの得意とするところであった[30]。

　レイノルズからの20万ドルの融資，委員会からの6万478ドルの長期延滞補助金の支払い，シアトルのパシフィック・ナショナル銀行からの5万ドルの融資など，新しい資金調達を完了すると，AML は意欲的にリプレイスの計画を開始した[31]。5月までにリントナーはプレジデント・グラントとプレジデント・ジャクソンを海軍に，プレジデント・ジェファーソンとプレジデント・マッキンリーを陸軍にそれぞれ50万ドルで売却している[32]。これらの船から受け取った資金は，C2型貨物船6隻を購入するための頭金として委員会に預けられたままであった。1941年初頭，AML はチャーター中のホグ・アイランダー3隻を，同じく委員会とのチャーター契約のもと，ケープ・アラバ（*Cape Alva*），ケープ・フェアウェザー（*Cape Fairwaether*），ケープ・フラッテリー（*Cape Flattery*）の C1型3隻と入れ替えた。これらの船は，委員会が設計した一連の船の中で最初のものであった。委員会は技術部門を設置し，その支援の下で建造される標準的な船型の計画や仕様を作成していた。これらの船の名称には C の文字が先行していた。7月26日までに，ペンシルバニア州チェスターで AML のため，チャイナメール（*China Mail*），アイランドメール（*Island Mail*），ジャパンメール（*Japan Mail*）の3隻の新造貨物船が進水した。

6 　シーハンの急逝とグレーディの社長就任

　アメリカン・プレジデント・ラインズも倒産寸前から大きく前進していた。1939年，委員会は，太平洋航路に使用する2，3隻の大型高速船の建造に関心を寄せていた。1939年に US ライン（United States Lines）の，大西洋航路用に建造中であったアメリカ最大・最速の船を一時期考えていたのである。1940年2月，委員会は全長759フィート，排水量3万5,000トンの定期船2隻の入札を開始した。この船は乗客1,000人，乗組員500人，貨物スペース53万5,000ベール立方フィートを収容できるよう設計されていた。この船は，いざという時には空母に早変わりすることができる。しかし，この船は建造されることはなかった[33]。

　1940年3月28日，ジョセフ・シーハン（Joseph Sheehan）が急逝した。社長が亡くなり，後任の社長が決まるまで9カ月もの空白があったにもかかわらず，順調に運航を続けたのは，この会社の本質的な強さの証であった。実際，

APL は C3型貨物船と旅客船を組み合わせたプレジデント・ポーク（*President Polk*）, プレジデント・モンロー（*President Monroe*）の２隻を引き渡した。この新造船は, 一般貨物１万900立方トン, 冷蔵貨物1,080立方トンの積載能力を持つ。また, 1,050立方トンの商業用バルクオイルをタンクで運ぶことができ, それぞれ96人の乗客を収容することができた[34]。

プレジデント・モンロー。1940年建造の C3タイプの貨客船。世界一周航路の502s 型とリプレイスした。

ポークとモンローは, ちょうどイタリアがフランスに侵攻し, ルーズベルト大統領が地中海を追加戦闘地域と宣言したときに世界一周航路に投入された。世界一周船の多くは喜望峰を迂回するか太平洋を横断して母港のサンフランシスコに帰っていった。

1940年６月のフランス陥落, アメリカの対日戦略輸出の禁輸など, 世界の貿易が混乱する中, APL はこの年460万ドルの純利益を得た。ポークとモンローの頭金114万ドル, さらに C3型２隻の頭金100万ドルを支払った。同時に, その収益は政府や銀行に対する400万ドル以上の債務の支払いを補うのに十分であった[35]。

マカドゥーは, 80歳を目前にして, 企画の立案, ワシントンとの連絡役, そしてシーハン亡き後の経営と, 三重苦を背負いながら, 政府による後継者指名の遅れに耐えてきた。ランド提督がマカドゥーに社長候補のリストを送ったのは, シーハンの死後１カ月以上たった５月のことだった。ランドは, 委員会はできるだけ早い時期に役員会からの推薦を歓迎すると書いている。５月中旬, サンフランシスコを訪れていたランド自身が, マカドゥーにこの話を持ちかけ

た。有力候補は，現在ランドの同僚委員の 1 人であるマックス・トゥルーイット（Max Truitt）であった。トゥルーイットは，ダラー経営からの転換に大きな役割を果たした人物である。西海岸の海運業と APL に精通していた彼を一身上の都合で決断を下せないでいた。さらに，委員会の関係者で目立つような人物を，おそらくは独立した企業の責任者にするのは好ましくないという政治的な理由もあった。利益相反の疑いもあるし，1940年は大統領選挙の年でもあった。

　7 月15日，ランドは再び役員会に 1 カ月以内に指名するよう要請した。しかし，マカドゥーがランドに連絡を取ろうとしたところ，提督は休暇中で，8 月の第 2 週まで連絡が取れないことがわかった。役員会の何人かはトゥルーイットが満足のいく人選であると考えていたが，マカドゥーはランドと直接連絡が取れるようになるまで延期するようにと言った[36]。

　結局，トゥルーイットは候補から外れた。その後，委員会と APL の役員会は，会社の責任を負う意志があり，政府と産業界における経験と，このポストにふさわしい人物を社長に選ぶことにした。その結果，国務次官を辞したばかりのヘンリー・F・グラディ（Henry F. Grady）が選ばれた。グラディは，1937年にコーデル・ハル（Cordell Hull）の副官となる前は，カリフォルニア大学バークレー校のビジネススクールで優れた院長を務めていた。国際貿易や企業経営の専門家として知られるグレーディは，トゥルーイットほどの論議を呼ぶことはないだろう。

　そして，彼は状況を見極めた上で1940年11月に受諾した。しかし，その前に，3 人の重要な経営幹部が取締役に就任するように仕向けた。1940年12月30日に社長に就任すると同時に，取締役会のメンバーにオペレーション担当副社長の H・E・フリック（H. E. Frick），貨物担当副社長のM・J・バックリー（M. J. Buckley），旅客担当副社長のヒュー・マッケンジー（Hugh Mackenzie）が選出されたのであった[37]。グラディは，さらに方針と経営の調整を図るため，執行委員会の設置を提案し，役員会はこれを受諾した。執行委員会の構成は，グラディ自身，バックリー，プール，マッケンジー，フリックの 5 人であった。さらに，E・ラッセル・ルッツ（E. Russell Lutz）をエグゼクティブアシスタントに採用した。ルッツは，グラディと同じく官僚出身である。海事委員会の法務スタッフであったルッツは，政府が民間の船会社と結んだ多くの裸用船のチャーター契約を管理し，行政業務の才能を発揮した[38]。

このことは，この船会社の経営強化が急務であったことを表している。ジョセフ・シーハン亡き後，1人の運航責任者もいなかったのだ。マカドゥーは，多忙なスケジュールの合間を縫って，会社の経営に当たっていたが，この年齢では，日々の業務を監督する時間も気力もない。そして，グラディが経営を引き継ぐや否や，1941年2月1日，ワシントンでマカドゥーは心臓発作で亡くなってしまった。会社にとっては大きな損失であったが，船隊の近代化が途切れることはなかった。

7 太平洋戦争の開始と商船の徴用

1940年11月には，C3P型の3番船であるプレジデント・ジャクソンが世界一周の航海に就き，その後，プレジデント・ヘイズ（*President Hayes*），プレジデント・ガーフィールド，プレジデント・ヴァン・ビューレンと続くことになる。これらはプレジデント・モンロー，プレジデント・ポークの姉妹船であり，これで世界一周サービスの再整備が完了することになる[39]。ヨーロッパでの戦争は重大な局面を迎えており，アメリカはレンドリース法（Lend-Lease Act）を制定し，再軍備を強化した。しかし，軍部はこれ以上船隊を増強することを許さないだろう。

1941年5月27日にルーズベルト大統領が国家非常事態を宣言した後，委員会はルースアレキサンダーの売却を許可しなかった。海軍はニューポートニュース造船所で完成したプレジデント・アダムスを徴用した。陸軍と海軍は，戦時中の通商路の寸断とアメリカの対日経済制裁により，世界一周と太平洋航路が縮小されたため，APLの502型と535型を購入あるいはチャーターした[40]。1940年から41年にかけての秋から冬に，太平洋の貿易はおもに軍事貿易であったが，ラングーン経由で中国向けのヘレンドリース援助物資が輸送された。西半球では，ロンメル将軍（General Erwin Rommel）とそのアフリカ軍（Afrika Korps）がイギリス軍をエジプトに追いやると，補給の問題が深刻になった。チャーチルは，ルーズベルトに援助を求めた。ルーズベルトは，紅海を経由してエジプトに軍需物資を輸送する船舶の確保を委員会に命じ，これに応えた。

1941年から42年にかけて，APLのプレジデント・フィルモアは1回，プレジデント・ブキャナンは2回，エジプトのアレクサンドリアに寄港している。戦地では危険が伴う可能性があるため，委員会は非常に寛大なチャーター料金

を設定した。しかし，経験上，その危険性が誇張されていることがわかると，委員会は支払う料金を引き下げた。そして1941年12月には，船舶保証制度（ship warrant system）によって全く別の取り決めを行った。プレジデント・フィルモアとプレジデント・ブキャナンの3回の航海で，APLは76万6,487ドルの純益を獲得した。1942年，戦時中の過剰利益を調査するトルーマン委員会から圧力を受けたランド提督は，紅海作戦に利用された船を持つアメリカのすべての海運幹部に対し，運賃改定に自発的に合意するよう求め，そのことが彼らの利益になることを明確に示した。グラディは，28万9,758ドルは返金しても，残りはこの種の船舶の裸用船料として現在支払われている金額と同額となることを役員会に述べ，こう念を押した。

　　「政府に対して戦争に従事する多くの船は，商用か政府の徴用による過剰な利益を享受していることを思い出さなければならない。連邦議会の議員，海事委員会，そして世論は，政府の戦時下の契約から得た利益としては過大で不当なものだと考えている……。アメリカ商船を構成する会社，特に外国貿易に従事する会社の将来は，法律，条約，政府の決定を通じて適用される国家政策に不可避的に織り込まれるものである。このような問題の決定に参加する政府当局は，特に紅海の運航に関連して，戦争や緊急時のサービスに対する過大でない利益に業界が同意しなければ重大な影響を受けるかもしれないことを認識して，業界は自己利益を図ることができるであろう。」[41]

　過剰な利益もそうだが，アメリカの戦争への関与が明らかになるにつれ，政府の管理が厳しくなった。AMLは1941年にケープ・アラベ（*Cape Alave*），ケープ・フェアウェザー（*Cape Fairweather*），ケープ・フラッテリー（*Cape Flattery*）の3隻のC1型貨物船を委員会のチャーターとして引き渡された。しかし，発注していた3隻のC2型のうち，同社に引き渡されたのはアイランドメールのみであった。政府は，ペンシルバニア州チェスターのサン造船所（Sun Shipping and Drydock Company），シアトル・タコマ造船所（Seattle-Tacoma Shipyard），テキサス州ボーモントのベスレヘムヤード（Bethlehem Yard）での建造中の発注船を徴用したのである[42]。

8 日本に拿捕されたプレジデント・ハリソン（勝鬨丸）

　1941年の真夏にAPLは太平洋航路のスケジュールをすべて休止し，AMLもすぐにこれに従った。1941年10月11日，プレジデント・ブキャナン（旧プレジデント・モンロー）がサンフランシスコを離れるまでは，部分的に世界一周の運航が続けられた。1941年の年明けから12月にかけて，APLが運航していた13隻のうち，新造船を含む8隻が政府に引き渡された。1941年7月19日，ヘンリー・グラディは，APLの政府船運航に関する総代理店契約を委員会と交渉した。同様に，陸海軍はAMLの535型船4隻を徴用した[43]。同社は，委員会のチャーターによる新造船のC1型貨物船の運航を継続した。

　1941年12月7日，日本軍が真珠湾を攻撃した時，2隻の世界一周船を除くすべての船がアメリカの港にいた。プレジデント・ハリソンとプレジデント・マディソンは，フィリピンで軍の管理下にあった。ベテラン船長のオレル・ピアソン船長（Captain Orel Pierson）が率いるプレジデント・ハリソンは，1941年11月末にマニラに入港していた。海軍の港湾局はピアソンに，この船を香港に運び，輸送船として改造した後，上海に出向いて海兵隊を避難させるよう命じた。プレジデント・マディソンの支援により，海兵隊は1941年12月4日にフィリピンに移送された。下船させたあと，ピアソンは北京と天津の公使館警備兵を避難させるため，華北沿岸の青島へ向けて出港するよう命じられた。

　プレジデント・ハリソンを南シナ海を北上させながら，もし日米間に戦争が始まったらどうするかを，ピアソン船長は少し考えていた。南へ進路を変えてオーストラリアへ行くか，北西へ進路を変えて大圏コースを取ってアメリカへ行くか。しかし，この船は日本の海・空軍のすぐ手の届くところにあり，監視されていたのだから，どちらの選択肢もあり得ないように思われた。12月8日（米国時間12月7日）午前3時30分頃，ピアソンは船内のラジオで真珠湾が攻撃されたことを知った。その時，プレジデント・ハリソンは長江河口の北，中国沿岸に迫っていた。その時，日本の哨戒機がハリソンを旋回させ，停船するように合図を送った。ピアソンが進み続けると，その飛行機はハリソンに機銃掃射をした。その後すぐに，日本の駆逐艦が水平線上に現れた。ピアソンは，もう逃げられないと思い，全速力でハリソンを陸に向け航行し，河口の近くにあ

る岩礁で船底を引き裂こうとした。座礁には成功したが，思ったほど大きなダメージは受けなかった。しかし，日本軍の引き揚げ作業員や修理班が船を航行可能な状態にするのに約半年を要した。ハリソンは兵員輸送船として使用されたが，その後，1944年9月14日にアメリカの潜水艦によって魚雷攻撃を受けて沈没した[44]（訳注3）。日本軍は戦争期間中，ピアソンとその将校，乗組員を拘留した。乗組員のうち16名は捕虜収容所で死亡した[45]。

　プレジデント・グラントとルースアレキサンダーはプレジデント・ハリソンより幸運だった。両船とも日本軍の攻撃時にはマニラにいたが，爆撃（アメリカンメールのホグ・アイランダー，カピロを沈めた）を何とか切り抜け，無事に港を出た。しかし，上陸して自由行動中だった乗組員の一部は置き去りにされ，戦争の残りの期間を捕虜となることを余儀なくされた。ルースアレキサンダーはその後，日本軍の急降下爆撃の犠牲となり，マカッサル海峡で沈没してしまった[46]。1942年10月26日，ガダルカナル島の南にあるニューヘブリディーズ諸島の1つ，エスピリトゥサント港沖でプレジデント・クーリッジが機雷に触れ，APL とアメリカンメールのなかで，戦時中の最大の損失となったが，幸いにも人命被害が少なかった。5,000人以上の米軍兵士を満載した2万1,000トンのプレジデント・クーリッジは，1時間半あまりで沈没してしまった。しかし，クーリッジのヘンリー・ネルソン船長（Captain Henry Nelson）と救援組織は，たった2人の兵士を失っただけで，極めて悪条件下で冷静で効果的なリーダーシップを発揮した素晴らしい例となった[47]。

　戦時中，APL は敵の攻撃や戦場での座礁により9隻を失った。これは戦前の船隊の3分の1に相当する。AML のホグ・アイランダーは，委員会からチャーターされて運航していたが，3隻が沈没し，2隻は敵の攻撃で，もう1隻はアラスカ沿岸で座礁して放棄された。これらの船はいずれも APL やAML の所有船ではなかった。

　真珠湾攻撃後，軍隊は民間所有の残りの船舶をすべて引き取り，一部はそのまま，残りは裸用船として使用した。1942年2月21日，ルーズベルト大統領は公布により戦時船舶管理局（War Shipping Administration）を設立し，海事委員会から建物と組織を引き継ぎ，造船業界と海運業界の調整を行った。

（訳注3） プレジデント・ハリソンについては，三浦（1994）『北太平洋定期客船史』（出版協同社）203〜205頁を参照されたい。

9 戦時船舶管理局の総代理店となったAPLとAML

　ほかの船会社と同様，APLとAMLは戦時船舶管理局の総代理店となった。この役割のもと，APLとAMLは，従業員の配置，装備，オーバーホール，修理，貨物や乗客の取り扱い，給油，そのほか港湾で必要とされることなど，通常の陸上と海上での業務をすべて行った。また，APLとAMLは船着き岸壁のサブ・エージェントにも指定された。多くの政府保有船のハズバンド業務（husbanding activities：入出港に係わる手配や書類作成）はその時々で，契約によってAPLとAMLに任された。英国運輸省（British Ministry of Transport）に割り当てられた行政用の船舶や中国船籍の船舶についても同様の規定が設けられた。これらの接岸手配のほとんどは，西海岸を起点とする航海のためのものであった。しかし，東海岸の接岸を任されることも少なくない。APLは，戦前の世界一周航路や大西洋／海峡航路ではジャージーシティ（Jersey City：ニュージャージー州）の自社ターミナルを使用していたため，AMLよりも東海岸の業務に深く関わっていた。APLは，他の船社が西海岸の港湾施設を利用する際に，その代理店として活動することもあった。もちろん，総代理店契約を結んでいる自社船や他社船の運航や仕向地をコントロールすることはなく，戦時船舶管理局の支局や陸海軍の港湾職員がその任に当たった。

　戦争の勢いが増すにつれ，何百隻ものリバティ船，標準的な1万800トン級の貨物船，C型貨物船，その他の船型やトン数の異なる船が出港するようになり，それに伴いAPLとAMLの総代理店と着岸させる責任も増加した。太平洋戦争が終結した1945年8月までに，戦時船舶管理局の船隊は，900隻の乾貨物（dry cargo）船と440隻のタンカーから，4,221隻の貨物船，タンカー，軍用運搬船となり，輸送量は1,185万トンから4,500万トンに増加した[48]。

　1944年には2,727機の飛行機1,223台の車両，9,993隻のボートと296隻の水陸両用船はオンデッキの貨物として太平洋岸から出港した。AMLとAPLは，この貨物の港湾での積み込みと梱包の大部分を占めていた[49]。このような規模の業務の増加には，大幅な人員増が必要であった。例えばAMLは，1941年12月から1944年12月にかけて，陸上と海上での従業員を457人から2,507人に増員している[50]。

　また，2つの船社のマネジメントの権限に変更があった。政府は北アフリカ

やイタリアでの戦時中の特別任務のために，ヘンリー・グラディの従事を必要とすることがたびたびあった。1943年，E・ラッセル・ルッツ（E. Russel Luts）が副社長に選ばれ，グラディ不在の間は最高経営責任者として活躍した。

また，再軍備と戦時中の拡大により，急速に責任を負うようになった幹部が，20代前半にダラーラインに入社したトーマス・C・カフ（Thomas C. Cuffe）である。カフは堅固な体格の自信家であり，集荷と輸送の複雑な仕組みを早くから熟知していた[51]。外向的で積極的な彼は，すぐにスタンレー・ダラーの目に留まり，ダラーは彼を組織内で出世させた。サンフランシスコの貨物部長として，カフはダラーラインのビジネスを飛躍的に発展させただけでなく，海運界，特にワシントン D.C. に多くの個人的人脈を築き上げた。

ダラーとローバー（Lorber）に代わってマカドゥーとシーハンがカフに与えたのは，世界一周航路に関連する追加任務で，そのためにワシントンや東海岸の港に頻繁に出向くことになった。やがて彼は，老朽化した船団の売却と新しい一連のC型船へのリプレイスについて，委員会との交渉の主役の一人となった。1949年11月，ヘンリー・グラディが社長になって間もなく，カフを貨物輸送担当の副社長補佐に，そして，1年も経たないうちに東部地区の副社長に昇進させた。これは，第二次世界大戦への参戦を目前に控え，ワシントンにコネクションを持つ経験豊富な人材が必要との経営陣の意向を反映したものであった。カフは理想的な人選であり，実際に信頼に値する人物であった。カフはAPL の総代理店契約や着岸契約の獲得に尽力する一方，戦後政府が船団を解散させる際に彼自身の独立した船社を創る大きなチャンスになると判断し，自身の見通しを立てることに奔走した[52]。

AML の経営体制は，APL とは異なり，戦時中の需要に応えて事業が急拡大したにもかかわらず，ほとんど変わることはなかった。ローレンス・カルバートは戦間期社長の座に留まったが，（メールライン以外の）他の仕事が彼の時間の大きな割合を占めていた。A・R・リントナーは，有能なゼネラルマネージャーとしてシアトルの港湾監督と西岸と東岸の両方で運航の調整責任者であるエイドリアン・レイノー（Adrian Raynaud）に助けられ，会社を経営した。R・B・ブッシュ（R. B. Bush）は，戦時下でビジネスの速度と複雑さが増しているにもかかわらず，持ち前の手腕でこの会社の財務を担当した。

例えば，1944年に AML は，戦時船舶管理局の所有するリバティ船を総代理店契約して運航していた。5隻の所有船のうち3隻がC1型，2隻がC2型（ア

イランド・メールとチャイナ・メール）であった。しかし，これらの船はすべて，戦時船舶管理局との裸用船契約に基づいて管理されていた[53]。

1942年初め，リントナーは戦時船舶管理局に入社し，まずシアトルに本部を置く太平洋岸北西部の代表となり，1942年7月1日には西海岸すべての業務の責任者に就任した。彼はオフィスをサンフランシスコに移し，そこですぐに，太平洋の戦域への船舶によるすべての貨物と部隊の移動の調整という，非常に大きな責任に直面することになった。リントナーは，APL，ライクス，マトソン，ステーツライン，その他の西海岸の海運会社や，自身の会社であるAMLの港湾担当者と密接に協力し，1943年初頭には円滑な経営を実現した。

また，戦時中もAMLの副社長兼ゼネラルマネージャーとして活躍し，利益相反のない優秀な経営をしていた。1945年11月15日，彼は戦時船舶管理局の職を辞した。同時にカルバートはアメリカンメールの社長を辞し，リントナーが社長兼最高経営責任者に就任したのだった[54]。

両社とも戦時中，政府への債務を清算し，ささやかな配当を支払うには十分すぎるほどの収益をあげた。AMLは戦争中，株主に対して年間1ドルの配当を宣言した。政府は，APLの株式の90%を所有することにより，その利益の主要な受取人であった。補助金協定により，両社は運航に必要な投資資本に対して年率10%を超える利益をすべて準備金口座に預けることが義務づけられた。海事委員会とその戦時代理人である戦時船舶管理局は，最終的に船舶のリプレイスのための準備金を各社と共同で管理した。また，10%を超える利益の半分を政府が回収することができるという規定もあった。回収の対象となる資金は，配当金の支払い，長期金融債務，埋没基金（sinking funds）や港湾施設への支払い，減価償却費を超える設備などに使用することはできなかった。資本金に対して10%の年間純益，つまり「自由利益」は，配当として支払うことができた。APLが配当金を支払ったのは1942年末のことであった。同年12月30日，同社は5%の非累積型優先株式に対して1株当たり1.25ドルの初配当を宣言した[55]。

終戦までに，APLは資本準備金として1,200万ドル近く，特別準備金として900万ドル近くを保有していたが，約650万ドルの回収を余儀なくされた。船隊は無借金の6隻に減り，減価償却後の評価額は960万ドルであった。不動産には上海の埠頭が含まれ，その価値は約100万ドルと推定された。1938年の暗黒時代からすれば，信じられないほど財務状況が改善され，ほぼ4,000万ドルの

資産となったのである[56]。

　同じように，規模は小さいが，AML も戦後，価値ある資産として生まれ変わった。1940年，1941年に R・J・レイノルズが行った初期投資の半分以上は，配当金だけで回収されていた。そして，1,000万ドル以上の価値のある，将来性のある海運会社を手に入れたのである。APL と AML 両社の船団は1940年と1941年に建造され，APL の1904年製の由緒あるプレジデント・ジョンソンを除いては，長い間，効率的なサービスを提供することが可能であった[57]。

　各社の経営陣は，1942年に休止した船隊の増強と補助金による航路の更新の準備を進めていた。会社の企画担当者は，長い間戦争で中断されていた極東との貿易が，これまでよりずっと大きくなると確信していた。伝統的な市場だけでなく，戦争で荒廃した中国と日本の復興も考慮しなければならない。東南アジアやインド亜大陸は，ヨーロッパ経済の復興に不可欠な原材料の供給源となるだけでなく，西海岸から積まれる，石炭，穀物，木材の巨大な市場にもなるであろう。APL の大西洋／海峡サービスや世界一周サービスは，戦後のヨーロッパ復興にとって重要な補助手段となると考えられた。また，太平洋航路の旅客・貨物輸送は，APL と AML 両社の船隊の大幅な拡大を正当化するものであった[58]。ヘンリー・グラディの指示により，1944年の夏の期間中の APL の役員会は，1936年米国海事法第 5 条（Title V of the Merchant Act of 1936）に基づき，C3型貨物船10隻の購入を委員会に申請することを承認している[59]。

　グラディは，戦時中も法的な扱いは変わらなかった委員会に申請を行う際，カフとともに，戦時船舶管理局の副提督ハワード・ビッカリー（Vice Admiral Howard Vickery）と長時間にわたって話し合った[60]。その結果，APL は太平洋航路用の大型（ 1 万6,000トン）貨客船の P-2型 4 隻をチャーターすることで合意した。この船は，APL の特殊な要求に合わせて船体を改造し，一等客室177人，ツーリストクラス130人，三等客室250人の乗客を乗せることができる船である。船体の大きさは，乾貨物が約25万立方フィート，冷蔵貨物が約 6 万立方フィート，貨物用の油槽が約 3 万5,000立方フィートである[61]。

　ローレンス・カルバートは，AML の社長としての最後の年次報告書で，規模的には控えめであったが，同様のリプレイスと拡張の計画を発表している。彼は，「我々の購入した基幹の船隊は，公表または予定速度が16ノット半以上，約 1 万500重量トンの船舶で，そのうちの数隻には限定的ではあるが旅客設備がある見込みで……，我々の基本船隊だけでも，船舶の大型化と高速化により，

米国北西地域で利用できたサービスの少なくとも倍になるだろう」と書いている[62]。

10 ダラー家との裁判

このような船隊の拡張計画と戦後の製品や原材料を渇望する世界のアメリカ船籍の船会社に対する見通しは明るく，さらに，両船社の貸借対照表は信用面でかなりの資産があり，負債はほとんどないことから，R・スタンレー・ダラーが突然 APL に再び関心を持ったとしても驚くにはあたらないだろう。債務が免除された今，ダラーは APL をダラー家の手に取り戻すべきだと考えていた。委員会が，この会社の所有権から手を引きたいと考えていることは，周知の事実であった。戦時中の1943年7月6日には，その旨のプレスリリースを出し，民間企業に対して包括的かつ明確な提案の提出を促していた。この早期の発表からは何も生まれなかったが，当時R・スタンレー・ダラーはウォール街の法律事務所にアメリカン・プレジデント・ラインズの監視を依頼し，もちろん彼はその会社の株式を保有し続け，個人的にその収益を見守ることができていたのである[63]。

1945年秋，委員会は再び民間所有に戻すための提案を募集した。この時，ダラーの行動は早かった。弁護士を通じて，委員会所有の株式の売却を止めるための法的手続きを開始した[64]。さらに彼は，委員会が所有する株式をロバート・ダラー社（Robert Dollar Company）に譲渡する命令書を求めた。北カリフォルニアの地方裁判所は，11月15日にサンフランシスコで行われる審問の準備として，委員会に対して一時的な禁止命令を発した。その後7年間，アメリカ海運史上，最も長く，費用のかかる訴訟の1つが連邦裁判所で行われた[65]。

[注]

1　Dollar v. Land, transcript, 872, 873.

2　"Minutes of Social Meeting of Board of Directors of Dollar Steamship Lines, Inc., Nov. 1, 1938"; "Minutes of Special Stockholders Meeting," 18 November 1938, APL Corporate Files.

3　"Minutes, Special Meeting of the Board of Directors," 6 June 1938, APL Corporate

Files. プレジデント・リンカーンとプレジデント・ウィルソンは1940年にスペインのオーナーに売却された。

4　"Minutes, Regular Meeting of the Board of Directors," 16 April 1939, APL Corporate Files.

5　上掲書。

6　"Minutes, Regular Meeting of the Board of Directors," June 1939, APL Corporate Files.

7　上掲書。1939年 8 月24日。

8　"Minutes of Regular Meeting of the Board of Directors," 28 December 1939, APL Corporate Files.

9　上掲書。1939年12月28日。

10　上掲書。1939年11月23日。

11　"Minutes, Special Meeting of Board of Directors," 12 April 1940, APL Corporate Files.

12　"Draft, Minutes of Board of Directors Meeting, Feb. 21, 1940," APL Corporate Files.

13　*Seattle Post-Intelligencer,* 30 March 1939; 他にも Captain Gunner Obsborg's description of the *Sartatia* in *Sea Chest,* a publication of the Puget Sound Maritime Historical Society (December 1973).

14　John Cormode, "Memorandum, re. C1 and C2 cargo steamers and C3 passenger and cargo steamers," APL Corporate Files.

15　*Seattle Post-Intelligencer,* 1 December 1939.

16　Lawrence Bogle to Thomas M. Pelly, 26 December 1939 (copy), APL Corporate Files.

17　*Seattle Post-Intelligencer,* 15 December 1939; *Seattle Star,* 14 December 1939.

18　"Minutes of Annual Meeting of Shareholders of American Mail Line Ltd.," 30 June 1940, APL Corporate Files.

19　R. H. Drumheller to Board of Trustees, Seattle Chamber of Commerce, 15 December 1939 (copy), APL Corporate Files.

20　Drumheller to Admiral E. S. Land, 28 February 1940 (copy), APL Corporate Files.

21　John Ambler to Earl D Doran, 1 March 1940, APL Corporate Files.

22　John Ambler, Memorandum to the president and board of directors of the American Mail Line, "Maritime Commission," 18 December 1939, APL Corporate Files.

23　W. Walter Williams to Laurence Calvert and Roscoe Drumheller, 18 December 1939, APL Corporate Files.

24　W. Walter Williams to Admiral Emory S. Land, 26 February 1940, APL Corporate Files.

25　John Ambler to Lawrence Calvert, telegram, 2 March 1940, APL Corporate Files.

26　John Ambler to Lawrence Calvert, telegram, 4 March 1940, APL Corporate Files.

27　W. C. Peet, Jr., secretary of the U. S. Maritime Commission to American Mail Line, Ltd., 9 March 1940, APL Archives; "Special Meeting of the Board of Directors, American Mail Line, Ltd.," 12 March 1940, APL Corporate Files.

28　American Mail Line Staff, mimeograph copy, "History of American Mail Line, 1850–1946" (Seattle, 1947), 38. Yost Collection.

29 以下を見よ。John Cormode to Lawrence Calvert, 9 March 1940; ibid. to S. L. Barnes (undated), APL Corporate Files.

30 John Cormode to S. L. Barnes (undated), APL Archives.

31 "Minutes of Special Meeting of Board of Directors of American Mail Line Ltd.," 17 April 1940, APL Corporate Files.

32 これらの船舶は輸送船として次のように船名を変えた。the *Harris, Zeilin, Henry T. Allen*, and *J Franklin Bell*; "Regular Meeting of the Board of Directors of American Mail Line, Ltd.," 18 June 1940, APL Corporate Files.

33 *New York Journal of Commerce*, 28 April, 4 May 1939; *Los Angeles Times*, 14 February 1940.

34 両船は，ニューポートニュース造船所（Newport News Shipbuilding and Drydock Co.）で建造された。総トン数9,261トン，長さは492フィート，船腹は69フィートであった。シングル・スクリューのタービンエンジンで，速力は16.5ノットであった。

35 American President Lines, Ltd., Annual Report 1940, APL Archives.

36 "Minutes, Regular Meeting of the Board of Directors, American President Lines, Ltd.," 11 July 1940, APL Corporate Files.

37 American President Lines, Ltd., "Chronology of Important Events of the Company," APL Archives.

38 "Minutes, Regular Meeting of Board of Directors, American President Lines, Ltd.," 13 February 1941, APL Corporate Files.

39 プレジデント・ジャクソンは戦時海運局（War Shipping Administration）に1941年7月30日，プレジデント・ヘイズは同7日，プレジデント・ガーフィールドは1942年5月1日に APL の運航のもとで1941年3月28日から1942年5月1日まで徴用された。プレジデント・ヴァン・ビューレンは1942年1月14日に海軍の指揮下に入った。これらの船隊が APL の商用のサービスに戻ることはなかった。

40 "Minutes, Regular Meeting of the Board of Directors, American President Lines, Ltd.," 9 June 1942, APL Corporate Files.

41 "Minutes, Special Meeting of the Board of Directors, American President Lines, Ltd.," 10 May 1943, APL Corporate Files.

42 American Mail Line, Ltd., Annual Report 1940; Lintner and Bush, "American Mail," Yost Collection; "Minutes, Special Meeting of the Board of Directors of American Mail Line, Ltd.," 14 October 1941, Yost collection; Harrison, "American Mail."

43 American President Lines, Ltd., Annual Report 1945, APL Archives.

44 W. G. MacDonald, "American President Lines-President Liners," APL archives.

45 Orel Pierson, Memorandum, "Loss of Harrison-Dec 8, 1941," APL Archives.

46 *Marine Digest*, 7 May 1983; Eugene F. Hoffman, *American President Lines' Role in World War II* (pamphlet) (San Francisco: APL 1957), 13.

47 上掲書。

48 War Shipping Administration, *The United State Merchant Marine at War* (Washington, D.C.: U.S. Government Printing Office, 1944), 33-40.

49 上掲書42頁。

50　American Mail Line, Ltd., Annual Report 1944, APL Archives.

51　Don S. Burrows, "Organization Survey Report, Dollar Steamship Line, Inc., September 13, 1938," 6, 9, APL Corporate Files.

52　以下の報告を見よ。American President Lines, Ltd., 1941-45; "Minutes, Special Meeting of the Board of Directors of American President Lines, Ltd.," 9 August 1944, APL Corporate Files.

53　Finance Office, American Mail Line, "Tabulation of ships of U.S. War Shipping Administration, American Mail Line," Yost Collection.

54　American Mail Line, *Annals*, APL Archives; Lintner and Bush, "American Mail," 21 February, 1 July 1942; 5 November 1945, Yost Collection.

55　American President Lines, Ltd., Annual Reports 1941, 1942, APL Archives.

56　上掲書，Annual Report 1945.

57　American Mail Line, Ltd., Annual Report 1945, Yost Collection.

58　"Minutes, Regular Meeting of the Board of Directors of American President Lines, Ltd.," 23 August 1945, APL Corporate Files.

59　上掲書 4 頁。9 August 1944, APL Corporate Files.

60　Emory S. Land, *The United States Merchant Marine at War* (Washington, D. C.: U.S. Government Printing Office, 1946), 73-74.

61　"Minutes, Regular Meeting of the Board of Directors of American President Lines, Ltd.," 28 September 1944, APL Corporate Files.

62　American Mail Line, Ltd., Annual Report 1945, Yost Collection.

63　"Minutes, Regular Meeting of the Board of Directors of American President Lines, Ltd.," 8 July 1943, APL Archives; U.S. Maritime Commission press release, 6 July 1943, in Dollar v. Land transcript, APL Corporate Files.

64　Clinton M. Hester to U.S. Maritime Commission, 25 July 1945; Emory S. Land to Clinton M. Hester, 30 July 1945, Dollar v. Land, transcript, California Historical Society.

65　"Minutes, Regular Meeting of the Board of Directors of American President Lines, Ltd.," 8 November 1945, APL Archives.

第**8**章

RETURN TO PRIVATE OWNERSHIP

||||||||||||||||||||||||||||||||||||||||||||||||||||||||||||||||||||||||||||||||||||||||||||

再び民間の海運会社に

1 民営化に向けて

「APL は大手商船会社として世界的なビジネスに従事している。この仕事は，いつでも複雑で困難であり，現在のような緊急輸送の需要によって，さらに厳しさを増している。社名と船籍の変更に象徴されるように，役員や経営陣が大きく変わることは，大きな代償を払うことになるに違いない」。アメリカン・インディペンデント・オイル（American Independent Oil Company）のラルフ・デイヴィス社長は，この船の少数株主を代表して，そう言った。デイヴィスの顧問であるワーナー・ガードナー（Warner Gardner）はこの発言を賢明にも政府のイベントで準備し，6年以上にわたって連邦裁判所で行われてきた訴訟の最終局面で，ダラーに対抗するための文書を，アミカス・キュリエ（*amici curiae*：法廷の友／第三者意見）として提出するところだった[1]。

1951年秋，国連軍と中国・北朝鮮軍との苛烈な膠着状態という戦時状況の不確定要素を巧みに利用したのが，アミカス・キュリエである。アメリカン・プレジデント・ラインズ（APL）は，アメリカ西海岸から戦地への物資輸送の要の1つとなった。極東への輸送スケジュールや帰還を妨げるようなことがあれば，連邦判事は APL の支配権を保持しようとする政府側に有利な判決を下すことが十分に予想された。

戦時中の緊急事態でなくとも，ガードナーは，誰が経営権を得ても経営の継続を行うことができたはずだ。何千頁にもわたる動議の審理，証言，技術的，実質的な点に関する相手方の弁護士の主張を見ても，1938年の一部組織改編以来，経営陣に対する批判は皆無であった。マッカドゥー，シーハン，グラディ，

リッツの有能なリーダーシップと，常にアーサー・ポールの慎重な財務管理の下，APL は第二次世界大戦の極度のプレッシャーの下，見事に業績を上げてきたのである。事業が黒字でも，ダラー時代のような過剰な給与や計画的な資産流出がない。結果は明らかだった。1954年には無借金経営となり，伝統的な航路の再開に向けた計画が順調に進み，平時の商船用に改良された新しい船も導入された。

　停戦協定のあと，APL の船隊はほぼ全面的に刷新された。第一次世界大戦中の最後の船，プレジデント・タイラー（元プレジデント・ヘイズ）502型は，1945年3月20日に戦時船舶管理局（WSA）へ売却された。この時，社有船は3隻となり，そのうちの1隻，1904年建造の1万6,000トンのプレジデント・ジョンソン（*President Johnson*：元満州 ex *Manchuria*）が売りに出されることになった。残りの2隻は，1940年と1941年に建造された世界一周旅客・貨物サービス用の C3-P 型のプレジデント・モンローとプレジデント・ポークであった。戦時中の輸送船としての運用を経て，全面的に整備，近代化され，1946年に再就航した。その後2年間，ヘンリー・グラディ社長のもと，APL は1945年にプレジデント・グラント，プレジデント・ピアース，プレジデント・タフト（*President Taft*），1946年にプレジデント・マディソン，プレジデント・マッキンリー，プレジデント・ジェファーソンと，C3型の新船体を獲得していった。さらに3隻の C3型が発注された。

　太平洋航路の貨客船では，プレジデント・クーリッジとプレジデント・フーバーが失われたため，APL は新たな船隊を得なければならなかった。1946年から1947年にかけては，チャーターしたジェネラル・M・C・メイグス（*General M. C. Meigs*），ジェネラル・W・H・ゴードン（*General W. H. Gordon*），マリン・アダー（*Marine Adder*），マリン・スワロー（*Marine Swallow*）の4隻の輸送船がサービスを提供した。これらの商船は客船に一部改造されたが，APL が目指していた水準とは程遠いものだった。

　カリフォルニア―オリエント間の航路需要に応えるため，ベツレヘムのアラメダ造船所で建造中の2隻の船体を再設計し，乗客の居住性を向上させることにした。これらの船はジェネラル船と同様の輸送船タイプであったが，建造の初期に徴用されたため，軍隊タイプの客室を民間の旅客用に変更する必要がなかったのである。WSA 用に完成した船だが，APL の仕様に準拠しており，APL が WSA から裸用船としてチャーターした。

サンフランシスコ湾のプレジデント・ウィルソンとプレジデント・クリーブランド
（2世）。1948年から73年まで，APL の太平洋航路の客船輸送を担った。

2　太平洋航路の華，クリーブランドとウィルソン

　プレジデント・クリーブランド，プレジデント・ウィルソンと名付けられた
これらの船は，全長608フィート 6 インチ，ビーム75フィート 6 インチであっ
た。総トン数は 1 万5,359トンで，プレジデント・クーリッジやプレジデン
ト・フーバーの 4 分の 1 ほど小さい。プレジデント・クリーブランドは試運転
の際，ターボ電気エンジン 2 軸スクリューで 2 万460馬力を発生させた。プロ
ペラ 1 つずつにエンジンルームがあったが，これは戦時中に魚雷攻撃を受ける
輸送船にとって望ましい機能であったが，平時では運航コストを大幅に上昇さ
せるものであった。この船は19ノットの持続的な海上速度が得られるように設
計されており，クリーブランドは航行中に22ノットを記録している。
　この船は，一等客室，ツーリストクラス，エコノミークラスの 3 クラスで約
550人の乗客を乗せるよう設計されていた。しかし，一等客室は観光客に人気
があったため，ツーリストクラスの船室は一等客室に割り当てられた。就航当
時の乗客は，一等が326人，エコノミーが506人となった。一等船室のラウンジ
は豪華に仕上げられ，客室は広々として快適であった。客室にはエアコンが完
備されていた。乗組員は各船352名であった[2]。
　プレジデント・クリーブランドは1947年12月27日にサンフランシスコから初

航海し，1948年5月1日にプレジデント・ウィルソンが続いた。1947年当時，APL は新造船就航後，改装のためにジェネラル級2隻の運航を休止させる意向を表明していた。復帰後は新造船と同様の外観とし，4隻で2週間ごとに東洋への航路を提供する予定だった。しかし，これは実現せず，ゴードンとメイグスは1949年初めに段階的に退役した[3]。商船売買法（Merchant Ship Sales Act）の規定により，APL はさらに3隻のC3型と5隻のビクトリー型の貨物船を購入した。7,652トン，16.5ノットの設計で，いずれも1944年から1945年にかけて建造されたものである[4]。

1947年8月12日，ヘンリー・グラディが社長を辞任し，米国初の駐インド大使となったとき，APL は15隻の船を所有していたが，8年以上前の船はなく，ほとんどが1，2年前の新造船であった。さらに36隻が裸用船または総代理店契約の下で運航されていた。同社には，さらなるリプレイスと拡張のための十分な資金があった。資本準備金の総額は1,200万ドル，特別準備金の総額は110万ドルであった。

3 米国籍船運航のための報告書

経営陣は，海事委員会が1946年5月22日に発表した「米国籍船運航のための主要な貿易ルートと推奨される運航に関する報告書」（Report on Essential Foreign Trade Routes and Services Recommended for United State Flag Operations）で示したプログラムの実施を大幅に前進させた。この文書は，政府の意図を明示し，商船に対する支援の制約を述べたものであり，アメリカの平時の通商に大きな影響を与えた。1936年に制定された商船法に基づき，31の航路が定められ，その中で74のサービスが指定され，運航スケジュール，航行頻度，船の数と種類が記載されていた。APL の戦前の伝統的な3つのサービス，太平洋航路，世界一周サービス，大西洋／海峡航路が大きく紹介されていた。報告書では，戦時中に中断していた太平洋航路と世界一周航路の補助金制度は，労働・経済状況の変化を反映し，再び創設されることが宣言された。また，大西洋／海峡航路は，国家の対外通商に不可欠な航路であり，これらの航路についても補助金協定が結ばれることが示唆された。

海事委員会の報告書では，すべての補助対象サービスについて，船舶の最低隻数，その種類と速度が規定された。例えば，太平洋航路29号では，3つの

サービスがあった。Eサービスは旅客と貨物で2週間ごとの航海（年間26回），P2型（1万5,000〜1万6,000トンの組み合わせ）4隻が必要であった。貨物サービスE1は貨物専用とし，19ノットの改良型C3型4隻で維持することにした。同様に，貨物サービスFは，太平洋航路でEとE1の貨物能力をC3型5隻で補うことになる。したがって，委員会はルート29に最低13隻の船舶を想定していた。

　APLはこの市場でかなりのシェアを見込んでいたが，委員会が明確に述べているように，すべてではなかった。世界一周サービスでは，7隻のC3-P型の組み合わせで2週間ごとに航海する予定で，この航路では，APLはその長い経験と，戦争によっても世界的な代理店網は分散していなかったことから，どの競合他社よりも明らかに有利な立場だった。17番航路の大西洋／海峡航路では，C3型貨物船4隻を4週間ごとに運航する予定であった。これらの補助航路で委員会の最低条件を満たすには，全部で24隻の船を購入するか，用船する必要があった。1946年のコストで計算すると，これらの船は50％の差額建造補助金込みで5,245万ドルの投資になると見積もられていた。1938年当時，多額の抵当に入れられた旧式船の船隊は時価1,000万ドルに満たず，その年の純損失が約429万3,000ドル，累積収益赤字は1,764万2,000ドルだった海運会社にとっては巨額なものであった。しかし，7年後，アーサー・プールは，委員会がAPLの規定の航路に補助金を出す前に要求した，途方もない額の船舶購入にも応じられると確信していた。彼は役員会で次のように述べた。

　　「資本準備金は，財務省が暫定的に提示した税金の決済を想定し，同準備金の偶発的な預金を除外し，また，現在審議中の委員会の方針に基づく特別準備金からの振替えの可能性を考慮しない場合でも，ここに提案したすべての船舶を購入するためだけでなく，さらに1948年12月31日現在の推定準備残高600万ドル以上を確保するにも十分である。資本準備金からの資金に加えて，同社は，未払い補助金回収額に投資資本の5％を加えた額を大幅に超える特別準備金の残高を有している。」[5]

　復員や戦時統制の解体に伴う経済再調整の難しさにもかかわらず，1947年には収益が改善し，APLの船隊がさらに拡大したことは，プールの楽観的な見方を裏付けているように思われた。APLは，すべての余剰船舶の価値を戦時

コストの35％に設定した商船売買法の規定に基づき，委員会から7隻の貨物船を追加購入した[6]。

　しかし，1948年には急激な景気後退が起こり，また，95日間のストライキで西海岸のすべての港湾が閉鎖され，400万ドル以上の直接費用がかかり，貨物の流れも寸断され，その多くはカナダやメキシコの港に流れた。この和解案では，船員と陸上作業員の賃金を実質的に引き上げることとなり，運航コストも上昇した。APL の航路は輸送量と運賃が一定であったため，これらのコストを利用者に転嫁することはできなかった。1949年には，ハワイ諸島の港で長期のストライキがあり，これも収益に響いた。さらに，政府からの助成金の分配も受けられないでいた。1950年，2,000万ドル近い政府補助金の滞納分を請求し，この年の純利益は380万ドルにまで徐々に回復した。朝鮮戦争の勃発と，国民党の崩壊による中国の港湾の完全閉鎖により，APL の太平洋航路の貨物量は大幅に減少したが，軍需産業がその大半を代替した結果，1951年の純利益は前年をわずかに下回る程度に収まった[7]。

4 キリオンの社長就任

　この間，経営陣や役員に大きな変化があった。1947年8月12日，グラディの後任としてジョージ・キリオン（George Killion）が社長に就任した。キリオンは，1940年代前半にカリフォルニア州知事のカルバート・オルソン（Culbert Olson）の予算部長を務めたこともある，人当たりの良い広報の専門家で政治家であった。また，戦時中に石油の供給を管理する連邦石油庁（Federal Petroleum Administration）で，ラルフ・デイヴィスの特別補佐官を務めたこともある。1944年の大統領選挙のキャンペーンに参加するため，連邦石油庁を休職し，民主党で活躍した。その努力は報われ，党の全国委員会の会計責任者に任命された。特にカリフォルニア州では資金調達に大きな成功を収め，1948年のハリー・トルーマン（Harry Truman）再選に大きく貢献した。その功績により，いくつかの小さな外交官のポジションが準備されたが，彼はそれを辞退した。グラディがアメリカン・プレジデント・ラインズ（APL）の社長を辞めた時，キリオンはR・デイヴィスから電話をもらい，「どうして大統領に頼んで，君をアメリカン・プレジデント・ラインズの社長に任命してもらわないんだ？」と回想している[8]。キリオンは海運のことは何も知らなかったが，カリ

フォルニアの経済界には詳しかった。デイヴィスは，彼の宣伝の才能，記者としての経験，広報の経験が，APL に欠けていると思われるマーケティングの分野で役に立つと考えていた。また，キリオンの政治と政府とのコネクションは，補助金を受ける船会社にとって重要であった^{（訳注1）}。

　R・デイヴィスが APL に関心を持ったのは，1944年のことだった。彼は，1920年代から1930年代初頭にかけて，カリフォルニアの競争と投機が激しい石油ビジネスにおいて，辣腕のビジネスマンとして一目置かれていた。内務長官（secretary of the interior）ハロルド・イケス（Harold Ickes）の下で連邦石油庁の管理官代理として，戦争で統制されたアメリカ経済を平時の環境に戻すための政策を立案する人々の中で，彼は重要な位置を占めていたのである。デイヴィスは，戦後の世界の石油事情に関心があったとはいえ，カリフォルニア州民として，APL が西海岸の経済にとって重要であることをよく理解していた。また，戦争が終われば，政府が APL の株式を処分することも知っていた。

　そのために，サンフランシスコの J・バース・アンド・カンパニー（J. Barth and Company）の投資銀行家，リチャード・サイモン（Richard Simon）に APL の調査を依頼したのだ。サイモンは，すぐに行動を起こした。サイモンは，ポール・フーバー（Paul Hoover）の後任としてアングロ・カリフォルニア銀行（Anglo-California Bank）の頭取に就任したウィリアム・H・トムソン（William H. Thomson）を探し出し，彼が APL 優先株 1 万1,000株（発行済み株式の約 3 分の 1 ）とクラス A 普通株25,000株（発行済み株式の約10％）をまだ保有していることを突き止めた。トムソンは，フライシュハッカーの遺産が約 1 万5,000株の A クラス普通株を保有しており，それが売りに出されている事実を確認し，他にも購入可能な少量の株式があることを知った。サイモンはトムソンが次にように話したと述べている。

　「グラディは，海事委員会が入札（というより提案）を求めたとき，委員会が受け入れるかもしれない A 種株式の価格と同じような価格で受け入れるよう多くの株主と契約しようとしたが，アングロ・カリフォルニア銀行はそれを断った。委員会は政治的な理由で，ビジネス上アングロ・カリフォ

（訳注 1 ） George Killion については以下も参照されたい：*NY Times*（About the Archive）See the article in its original context from January 19, 1983, Section B, Page 6.

ルニア銀行の株主が受け入れられない価格を受け入れるかもしれない。」[9]

ジョージ・キリオン（左）と1952年から1971年まで APL の会長を務めたラルフ・デイヴィス。

サイモンはデイヴィスに，「APL 株に売買目的で興味を持った，友好的な家（a friendly house）の機密ファイル」の証券専門家による丁寧な分析を送ってきた。デイヴィスは，その分析結果を検討した結果，APL はベンチャー・キャピタルの投資先として良いリスクであるという結論に達した。特に，APL が現在1,700万ドルの現金と戦後の船舶購入の債権を持っていることが魅力的だった。彼は，次のように書いたアナリストの意見に同意した。

「520万ドルの偶発的予備費は実に寛大なもので，最終的には同社株式の追加資本となるはずである。優先株の簿価は 1 株当たり500ドル近くあり（会社の請求権の1,550万ドルの決済を考慮すると），戦後船隊を購入するまでは，そのほとんどが現金となる。」[10]

1944年から1952年まで，デイヴィスは自分名義と J ・バース・アンド・カンパニー名義で株式をまとめて購入した。デイヴィスは，A クラスの普通株式の約11％，2 万8,892株を自己名義で保有し，主要な少数株主となった。J ・バース・アンド・カンパニーは A 種普通株式 4 万1,245株を保有した[11]。

デイヴィスがキリオンに APL の社長を考えてみないかと言った時，彼は

「サンディエゴの岸辺で駆け出しの新聞記者をしていた私が，世界で最も長い歴史を誇る海運会社の社長になるというアイデアに興味をそそられた。私はワシントンに行き，アメリカン・プレジデント・ラインズ（APL）の社長になりたいと大統領に告げ，任命された」と回想している[12]。デイヴィスは，キリオンを1940年以来知っていた。当時，デイヴィスはカリフォルニアのスタンダード・オイル社の営業部長で，同社史上最年少の副社長だった。カリフォルニア州だけでなく，全米でガソリンを販売するスタンダード社の驚異的な成功を支えたのは，シェブロンの商標（Shevron trademark）を開発したマーケティングのスペシャリストであり，その功績は計り知れない。

5 　戦時石油管理局のデイヴィスとアイデ

　グレーの瞳を持つ，スリムで控えめなデイヴィスは，1933年，NRA（National Recovery Administration）のためにワシントンへ行き，石油産業に関する規約を作成した。ビジネス経験のある有能な人材を常に探していたハロルド・イケスは，デイヴィスと知り合いになった。その後，イケスは，デイヴィスがスタンダードの社長を退いた後，国防諮問委員会（National Defense Advisory Commission）に新設された石油部門の責任者としてワシントンに呼び寄せた。大統領は国家非常事態を宣言し，石油を中心とした再軍備計画が進行中であった。石油調整官（petroleum coordinator）であるイケスは，名目上，この部門の責任者であったが，長官は他にも多くの責任を負っており，実質的にはデイヴィスが最高責任者であった。真珠湾攻撃後，政府は諮問委員会を廃止し，代わりに戦時動員局（Office of War Mobilization）を設置し，元シアーズ・ローバック（Sears Roebuck）の幹部だったドナルド・ネルソン（Donald Nelson）を責任者に据えた。

　その重要性とルーズベルトに対するイケスの影響力から，国内の石油資源の調整と管理は，戦時石油管理局（nation's petroleum resources）という別組織の下に置かれた。イケスは行政官としての地位と役割は維持したが，実際の運営はデイヴィスに委ねた。その結果，デイヴィスはワシントン，ひいては連合国全体の戦力となったが，石油業界関係者，政府高官，連合国陸海軍幹部以外には，その重要性はあまり知られていなかった。

　勤勉で努力家，そして有能なデイヴィスは，世間の注目を浴びることを避け

た。戦時中，『タイム』や『ルック』，『ライフ』にデイヴィスの特集記事が掲載されることはなく，石油庁から発信されるニュースでもデイヴィスの仕事ぶりを紹介するものはほとんどなかった。デイヴィスがスタンダードから連れてきた，背が高く，余裕があり，有能で，寡黙なアシスタント，チャンドラー・アイデの忠実なサポートにより，2人は，何十もの油井を所有するテキサスの山師たちからニュージャージーやカリフォルニアのスタンダードなどの巨大国際複合企業まで，独立性の高い何百人もの石油業者を相手に最低限の摩擦で対処することに成功してきた。石油の採掘，精製，天然ガス，パイプライン，販売，さらには海上タンカーの建造目標や緊急時の管理まで，政府の通達（edict）として石油産業のあらゆる分野に権限が及ぶことになった。

デイヴィスの戦時石油管理局の運営は，石油業界の仲間から恨まれるほどであった。しかし，それ以上に重要なことは，彼がどんなに複雑で緊急な仕事でも任せられるビジネスマンであることを，全米の銀行界やルーズベルト政権の有力者たちに知らしめたことであった。したがって，1944年初頭，ルーズベルト政権が戦争産業の平時経済への再転換を計画し始めたとき，APLの状況がデイヴィスに注目されたのは当然のことであったといえる。そのリストの上位にあったのが，政府所有の有形固定資産であり，もちろん政府所有の海運会社であるAPLも含まれていた。

VJデー（Victory Over Japan Day：対日戦勝日）の直後，連邦石油庁は解体された。デイヴィスは，スタンダード・オブ・カリフォルニアの権力闘争に再び敗れ，元の職には戻れなかった。彼はAPLへの出資も進めていたが，今は，その時期ではない。APLの経営権を取り戻そうと，スタンレー・ダラーが訴訟を起こし始めた。また，APLが訴訟に巻き込まれる一方で，政府も財産であるAPLを清算しようとは考えていない。デイヴィスは，元来が直情的な性格の持ち主ではない。しかし，「ラルフの性格のこの断固とした側面の帰結は，決断を避けたり延期できるときには，決心したり可能な選択肢をあきらめたくないということであった」と，チャンドラー・アイデは述べている[13]。

デイヴィスは，APLの状況を把握しながら，他に投資の対象になりそうな産業はないかと探した。その代表的なものが，米国外での石油の開発と生産である。1947年，デイヴィスは，石油業界と銀行業界における人脈と敬意を背景に，11人の個人と独立系石油会社からなる会社を設立し，それまで海外，特に中東での石油開発を独占してきた大会社に対抗することに成功する[14]。この会

社，アメリカン・インディペンデント・オイルは，その後15年間，ラルフ・デイヴィスの大きな関心事となり，最終的に非常に大きなキャピタルゲインで売却することになった。

　当時も今も未開の領域に踏み込む新会社の立ち上げの困難に深く関わっていたデイヴィスは，1947年にヘンリー・グラディが社長を辞めたとき，APL の情勢に変化があるのを感じていた。それまでのダラー訴訟は，政府に有利に働くように思われた。APL 自体も好調であった[15]。もし，デイヴィスが船社を引き継ぐなら，それなりの人脈があって，経営を安定させ，自分のアイデアに応えてくれる人にトップをやってもらいたい。デイヴィスは，「この人なら」と思いつつも，なかなか決心がつかない。キリオンなら，まだ政府の管理下にある潜在的な資産の経営者になるには十分にその資格がありそうだった。

6　デイヴィスとキリオンの新組織

　キリオンは，社長就任後 1 年間，経営陣の異動をほとんど行わなかった。E・ラッセル・ラッツは副社長と取締役にとどまった。また，M・J・バックリー（M. J. Buckley）を取締役副社長とし，APL の貨物部門長としての長年の功績に報い，新規ビジネスの開拓を担当させた。バックリーの後任には，1924年から貨物部門に勤務していた W・ケネス・ヴァーコー（W. Kenneth Varcoe）が抜擢された。もう 1 人のダラーと APL のベテラン，オペレーションズ・マネージャーのトーマス・J・コークリー（Thomas J. Cokely）は副社長になったが，彼の責任は変わらない。空席の取締役には，サンフランシスコのブローカーで投資銀行家のエドワード・ヒルマン・ヘラー（Edward Hillman Heller）と，ロサンゼルスのパシフィック・ライティング（Pacific Lighting）のジェネラルマネージャー，リロイ・マロリー・エドワーズ（Leroy Mallory Edwards）の 2 人が新たに選任された[16]。

　キリオン自身は，ダラーラインや APL のワシントン事務所にいた当時は若くして物流（traffic）の専門家で，戦時中は海軍士官だった H・ボイス・ルケット（H. Boyce Luckett）を大いに頼りにしていた。彼は終戦時にワシントンに戻り，APL からの出向で短期間，戦時船舶管理局に勤務し，ワシントン DC に拠点を置く APL の東部地域の貨物部門でトーマス・カフに仕えたこともあった[17]。カフが自分の海運会社を設立するために辞め，独立した部門として

の東部地区が廃止されると，ラケットは西海岸に移動し，グラディのエグゼクティブ・アシスタントとなった。ラケットは実務経験が豊富で，国防省や海事委員会の技術者や運航担当者とワシントンでのコネクションがあったため，重要なスタッフとして理想的な人選であった[18]。

　キリオンは，当初からE・ラッセル・ルッツと仲が悪かった。2人はAPLの運営方法について異なる見解を持っていた。ルッツは海事委員会の法務部員であったが，戦時中はマーケティングを重要視する必要がなく，また民間市場の需要が船の設計や運航に影響を与えることを計算する必要もなかったため，グラディとはうまくいっていた。キリオンは海運の専門家ではなかったが，特に新造船の設計において，乗客の居住性を高め，特殊な貨物のためのアクセスや積み込み，スペースを確保するための変更については，組織の若手の意見に耳を傾けていた。おそらくラルフ・デイヴィスは，ルッツの離反は困難が伴うかもしれないと聞かされていただろう。いずれにせよ，ルッツの離反によって，取締役に空席ができた。キリオンは，その後任にラルフ・デイヴィスを選出するように仕向けた[19]。

　もちろん，キリオンの最大の関心は，広告をはじめとする販売促進のポイントになるようなイノベーションであった。しかし，彼は，APLの市場へのサービスという意味でも，また社内のコスト削減という意味からも，業務の効率化をおろそかにしなかった。キリオンは，早くからシェリダン・ゴーマン（Sheridan Gorman）を予算担当取締役として迎え入れ，コスト管理に取り組ませた。ゴーマンは，APLの船長に対して，航海前に作成される運航予算に可能な限り従い，航海終了時にその差異を報告するよう求めるプログラムを考案し，実行に移した。この方針は有意義な改革であり，その後も継続されることになるが，ゴーマンが実質的に政府の原価計算のやり方を会社の財務と業務部門に根付かせようとし，キリオンがこの方針を支持したことから，必然的に経営陣との間に摩擦が生じることになった。

　ゴーマンの在任期間は短く，時間が経つと，キリオンはプロセスの改革にはあまり関心を示さず，会社にとって彼のサービスが最も価値のある営業，広報，政府関係の分野にますます力を注ぐようになった。ワシントンのAPLの敏腕弁護士で，キリオンをよく観察していたワーナー・ガードナーは，「彼は議会や海事局（Maritime Administration）との対応で抜きん出ていた」と述べている。「後にも先にも，APLがワシントンにおいてこれほどまでに存在価値が示せた

ことはなかった」[20]。

　しかし，キリオンの経営全般の成功は限られた範囲に過ぎなかった。1948年に2,300万ドルだった純資産は，1952年には3,500万ドルに増加したが，この間の収益はキリオンが就任した1947年の6,000万ドルから，1950年には4,900万ドルに減少している。キリオンの経営者としての欠点は別にして，この減少の原因は３つある。１つは，平時経済への復帰に伴う海外との競争の激化である。第二に，APL の最も重要な市場であった中国が，中国本土での共産党の勝利によって消滅したことである。第三に，1946年12月31日から1952年末までのAPL の補助航路について，政府が助成金の払い戻しをしなかったことである。この時点で，APL の補助金勘定は，10%以上の利益に対して政府に支払われる「回収金」600万ドルを計上した後で，2,400万ドルの残高があった。収入減の要因は，1949年の英国ポンドの切り下げで，すべてのアメリカ船籍の船舶が運ぶ貨物量の減少にもつながった。

　しかし，1951年夏に勃発した朝鮮戦争は，こうした流れを一変させた。極東への軍用貨物と部隊の移動が，APL の業務の停滞を補ったのである。APL の貨物主任であったW・K・ヴァーコは，「1950年と1951年は軍に救済された」と認めている[21]。

　それでも，経営陣は新しい市場の開発に工夫を凝らした。特に，アメリカ東海岸からパナマ運河を通り，香港，フィリピン，インドネシア，シンガポール，マラヤ（マレーシア）へ向かう補助金なしのルートは，大きな収益となった。アメリカの機械や単価の高い製品は，戦争で荒廃した経済を立て直すために，東南アジアで大いに需要があったのだ。この地域の伝統的な輸出品である錫，ゴム，マホガニーは，米国で大きな需要となった。しかし，大西洋／海峡航路では，激しい競争が繰り広げられた。

　世界一周航路から１ドルでも多く稼ぐために，経営陣は従来の高単価貨物専門から離れ，石炭，鉄鉱石，穀物などのバルク貨物を米国から日本へ，バルク原料を東南アジアや東アジアの港から西方のヨーロッパへ運んだこともあった。これらの，いわゆる不定期船貨物は，世界一周運賃収入の10〜20%を占めていたと思われる。しかし，その対策は一時的なものでしかなかった。戦時中に建造された APL 船は，冷蔵と液体貨物のスペースが不足していたため，経営陣は問題視した。ヴァーコは，1952年の秋にウォール・ストリート・ジャーナル紙の取材に対して，次のように語っている。

「リーファー貨物は外国船籍に取られてしまった。戦前はすべての APL の船に冷凍設備がありました。今はその半分しかない。リーファーの容量が2倍になり，市場の需要に合わせたバルク・リキッドのスペースがもっと設計されていればよかった。また，綿花の輸送を頼まれても，すべての綿花を運ぶだけのスペースはありません。」

　しかし，APL は貴重な財産であり，ダラーとの訴訟が解決すれば，戦後の市場に適合した新造船を建造するための資金（建造資金約1,700万ドル）は十分にあった。補助金の滞納が解消され，大西洋／海峡航路の補助金が認められれば，APL の潜在的な収益力は大きなものになると思われた。少なくとも R・デイヴィスはそう考えていた。ダラーもそう考えていたし，最近 R・J・レイノルズが保有していたアメリカンメールの支配株を購入したグローバルマリン（Global Marine：マトソンラインとテキサス州のマーチソン家の所有代表）もそう考えていた[22]。

7 ダラーと政府の係争

　一方，遅々として進まなかったダラーの裁判は，政府にとって不利な方向に進んでいった。1950年になると，争点がはっきりしてきた。もし，政府の同意がなければ訴えられないとしたら，「譲渡」の時に株を受け取った海事委員会の会長エモリー・ランド（Emory Land）とその後継者は，株を不法に所有していると考えられないか。もしそうであれば，米国は自由に所有権を主張することができるだろう。第二の問題は，APL の株式が政府に譲渡された時，ダラーの債権者はその所有権をすべて放棄したのか，それとも単に債務の担保として差し入れただけなのか，ということである。もし，後者であれば，戦争が終わった時点で，すべての借金が返済されているのだから，委員会は株式を正当な所有者に返還すべきだったということになる。

　スタンレー・ダラーは，所有権が移転したと考えており，実際，彼とロールバー（Lorber），そして彼の弟ハロルドの遺産執行者は，所得税申告において，この株式で損失を計上していた。しかし，ダラー家の弁護士は，この点について更生契約は絶対的に明確かつ具体的なものではなかったと立証している。ワーナー・ガードナーは，政府弁護士の起草について，「その仕事は唖然とす

るほど無能に行われた」と述べている[23]。ダラー家の弁護団は，さまざまな訴えにより，海事委員会の報告先であるチャールズ・ソイヤー商務長官（Secretary of Commerce Charles Sawyer）を説得し，ダラー家に株式を引き渡させることにも成功した。トルーマン大統領は，今度はソイヤーにアメリカのために株式を保有するよう命じた。トルーマンは，「この株式の所有者としての政府の権利を主張し維持するために，あらゆる適切な行動をとるべきである」と書いている[24]。ソイヤーは裁判の遅延を勝ち取ることに成功したが，控訴審でダラーたちは，委員会を引退して久しいが，依然としてこの事件の被告であるランド提督（Admiral Land）に勝訴したのである。そして，「株を引き渡さなければ法廷侮辱罪を犯す」と命じられた。ソイヤーは最高裁に上告し，これまでと同様，上告状を却下し，事実上，上告審の判決をそのままにした。

　デイヴィスは，自分の計画が完全に破綻したことを受け，いくつかの手を打つことにした。ワシントンのシア＆ガードナー（Shea and Gardner）法律事務所のパートナー，ワーナー・ガードナーに少数株主の代理人を依頼した。ガードナーは，上品で，教養があり，有能で，会社法に関する深い知識と鋭い弁護人の知性を兼ね備えた稀有な人物であった。しかし，それ以上に，ガードナーは，職業人生の大半を政府の最高機関で過ごしていたのである。コロンビア大学ロースクールを卒業したばかりの若い頃，最高裁判事ハーラン・フィスク・ストーン（Harlan Fiske Stone）のもとで事務弁護士（attorney general）を務めた。彼は3人の人物に仕えたが，そのうちの2人は，後に最高裁判事となったスタンリー・リード（Stanley Reed）とロバート・ジャクソン（Robert Jackson）であり，もう1人はルーズベルトとトルーマンの下で司法長官を務めたフランシス・ビドル（Francis Biddle）であった。ガードナーは，労働省と内務省の事務弁護士を歴任し，戦時中は陸軍情報部に所属した後，内務次官補となったが，デイヴィスが接触してきたときは，その職を辞して個人事務所に移っていたところであった。ダラーからAPLを取り戻すことができるのは，ガードナーしかいない。デイヴィスは，少数派の代表として彼を抜擢したが，ガードナーによると，当時はまだ，その見込みはなかったようだ。

　少数株主の代理人を引き受けた翌日，ガードナーは友人の多い司法省に出向き，ワシントンの控訴裁判所から，預かっている株式をダラーの株主に引き渡せという命令を受けたことを知った。そこで，司法省の担当者と作戦を検討した結果，「米国が株を所有し，それを清算するために訴訟を起こすのであれば，

ランドに対する判決は米国を拘束しない」という立場で，別の裁判所，サンフランシスコの地方裁判所で裁判をすることにした。これは新しい論点ではなく，トルーマンからソイヤーへの命令を通じて間接的に進められたに過ぎなかった。同時に，ガードナーは，デイヴィスや他の少数株主が，ダラーたちに対して，アミカス・キュリエ（amici curiae）として反論できるような声明文を作成した[25]。

　声明文そのものは，この時期に経営が変われば，少数株主の利益，そしてその背後にある国家の安全が損なわれることを巧みに訴えたものであった。特に，これまでうまく経営されてきた西海岸最大の海運会社を，無能とまでは言わないまでも，信義に疑問があることが証明された集団のもとに戻すことになると，アミカス・キュリエは断じた。ガードナーの訴訟事件摘要書は，サンフランシスコの第9巡回区控訴裁判所に提出された，ダラーを利権屋として厳しく非難するコクラン提督（Admiral Cochrane：ランドの後任の新海事局長官）の宣誓供述書を引き立てた。この裁判所のハリス裁判長は，政府の主張を認め，ワシントン州控訴裁判所の差し止め命令を事実上停止させる命令を出した。

　デイヴィスは，この裁判がうまくいけば，買収の可能性があるということで，そのための支援体制を整えていた。1951年初頭のAPLの年次総会の直後，リロイ・エドワーズ（Leroy Edwards），エドワード・ヘラー（Edward Heller），フランク・J・オコナー（Frank J. O'Connor）の3人の取締役が退任した[26]。定款により，取締役に指名された人物は海事委員会の認可を受けなければならない。そこで，キリオンはこの行為をすでに予測していたR・デイヴィスに相談した。デイヴィスは，少数株主であるバース・アンド・カンパニー（Barth and Company）のシニア・パートナー，グスタフ・エプスタイン（Gustav Epstein）とシグナル・オイルの社長兼CEO，サミュエル・B・モシャー（Samuel B. Mosher）を取締役に選任することを勧めた。キリオンはこの2人の名前をコクラン提督に提出し，提督はこの2人を取締役に任命した。これにより，彼らは1951年3月19日のAPLの定例総会で取締役に選任された[27]。

　デイヴィスとモッシャーの関係は，デイヴィスがスタンダードオイル・オブ・カリフォルニアの副社長兼セールス・ディレクターで，社長の座を狙っていた20年代後半にさかのぼる。モッシャーは，当時南カリフォルニアで苦戦していた独立系石油会社シグナル・オイルの社長であった。2人の性格は全く違っていた。デイヴィスは，高校までで教育を終えた自営業者であり，無表情

で，ほとんど無口で，冷淡で，逆らったり裏切ったりすると冷酷にさえなる。親しい友人はほとんどいなかったが，数少ない友人たちは非常に忠実であった。ニューヨーク州北部の家庭で育ったモッシャーは，若い頃にカリフォルニアに移り住み，カリフォルニア大学バークレー校で学ぶ前に，第一次世界大戦で陸軍士官となった。私生活でも仕事関係でも，デイヴィスが寡黙であったが，モッシャーは外向的で社交的であった。2人をよく知るシグナル・オイルのガース・ヤング（Garth Young）は，「これほど対照的な2人はいない」と語っている。「サムは，オープン・ドアの経営者で，真に独立したオイルマンであったのに対し，ラルフはクローズド・ドアのタイプであった。サムの口癖は，ラルフはいつもマホガニーの穴の中で，世の中のこと，とくに技術者のことを見ている」であった[28]。

　デイヴィスは，ハンティントン・ビーチの重要な石油鉱区の開発をモッシャーに手伝わせ，シグナルの精製品と原油の生産量のほとんどをスタンダード社に引き取り，両社に利益をもたらすことに成功した。戦時中，デイヴィスはモッシャーを，ワシントンで毎月開催された諮問委員会，石油産業戦争評議会（Petroleum Industry War Council）のメンバーに任命した。戦後，デイヴィスはモッシャーとシグナルを11の独立系石油会社からなるコンソーシアムであるアメリカン・インディペンデント・オイル・カンパニーに参加させた[29]。デイヴィスは，APL の取締役として，モッシャーを巻き込んでいった。モッシャーの個人資産は，シグナルの株式の投機的可能性だけでなく，海運業の長期的な将来性にも大きな影響を及ぼしていたのだ。このモッシャーも，デイヴィスと同様，海や船に対するロマンを抱いていた。

　シグナル・オイルからは確約は得られていなかったが関心を示され，また，ワシントン控訴裁判所の命令に対するワーナー・ガードナーの戦略も成功し，デイヴィスは一定の前進を感じていた。一方，ジョージ・キリオンは，2つの矛盾する命令に直面した。キリオンは，APL の社外弁護士であるアーサー・ダン（Arther B. Dunne）の助言により，ダンとワーナー・ガードナーが最高裁に上告している間，株式を引き渡さないことにした[30]。

8 APL はデイヴィスと APL アソシエイツの下に

　しかし，デイヴィスにははっきりした後退が訪れた。バンク・オブ・アメリ

カ（Bank of America）の社長マリオ・ジャンニーニ（Mario Giannini）が，キリオンに連絡を取ってきたのだ。サンフランシスコのビジネス界と深く関わっている銀行のジャンニーニは，終わりの見えない訴訟に危機感を募らせていた。APLの将来が見えないことで，APLに関わるすべてのビジネスが不安になっているのだ。そこで，ジャンニーニはキリオンに，政府とダラーの利害関係者の間で妥協することはできないか，と持ちかけてみた。キリオンは，対立する両者の中間に位置する立場から，妥協案にはメリットがあると考えたが，ダラーがそれに応じるとは考えなかった。「私はスタンレー・ダラーを説得する」と銀行家は自信満々に言った[31]。

その後，ジャンニーニが用意した昼食会にキリオンがゲストとして参加し，スタンレー・ダラーも同席した。コーヒーとコニャックを飲みながら，ジャンニーニは，政府がAPLを入札に出し，その売却益をダラー家の利害関係者に均等に分配するという方式を提案した。ダラーはそれを注意深く聞いていたが，何のコメントもしなかった。キリオンは，少なくともダラーがそのような提案を喜んで検討してくれるとの前向きなサインとして受け取った。そこで，キリオンはワシントンに飛び，トルーマン大統領にこの案を提示した。トルーマン大統領もまた，キリオンを思いとどまらせるようなことはしなかった。キリオンはまたもやこの沈黙を承認のサインと受け取り，J・ハワード・マクグラス（J. Howard McGrath）の後任で，ダラーに対する政府の弁護を引き継いだばかりのマクグラナリー（McGranery）検事総長に，この妥協案を促した。マクグラネリーは，すでにダラー案件に好意的で，キリオンの提示した条件での和解にかなり意欲的であった。あとはキリオンがR・スタンレー・ダラーを説得し，マクグラネリーがソイヤー商務長官を政府の側に引き込むだけである。そして，キリオンと検事総長はこの難題に立ち向かうことができた。ダラーはワシントンにやってきて，彼とソイヤーは，トルーマン大統領の同意のもとに，間違いなく取引を行った[32]。

ラルフ・デイヴィスも彼の弁護士ワーナー・ガードナーも，この交渉のことは知らなかった。彼らがこの交渉を知ったのは，10月初旬の海事委員会からの発表で，APLの支配権購入のために最低入札額を1,400万ドルに設定して入札を受け付けるというものであった。株を保有していたワシントンのリッグス国立銀行（The Rigs National Bank）は，1952年10月29日に落札を発表する予定だった。デイヴィスは，躊躇せずに自分の計画を進めていった。ワーナー・

ガードナーは，「デイヴィスは，何事にも積極的だった。彼はまず，その金額なら払ってもいいと思う金額を決めた。そして，それを入札にかけた。もっと安い値段で手に入れられるかどうかは気にしなかった。それが，彼の投資に対する一般的な考え方と言えるかもしれない……」[33]と語った。

　約束の日，リッグス銀行の役員室は，全米最大級の海運会社が売却されるというニュースに引き寄せられた記者でごった返していた。3つのグループが入札していることがわかっていた。どれが一番高いのだろうか。APL の前オーナーであるダラー家か。マトソンか。それとも，まだほとんど知られていない新組織，ラルフ・デイヴィス率いる APL アソシエイツだろうか。リッグス銀行頭取は，騒ぎを鎮めて，ダラーが最低の1,400万ドルであり，マトソンの1,642万6,000ドルの入札も受け入れなかったことを，好奇心の強い群衆に告げた。そして，APL アソシエイツが1,836万ドルで落札し，A クラス株式11万3,206株，B クラス株式210万株を所有することになった。記者たちは，デイヴィス，ガードナー，そしてキリオンの周りに群がっていた。デイヴィスは何かコメントをするのだろうか，という質問に対し，デイヴィスは，用意された声明文を読み上げた。

　　「私は以前から，この船社が責任ある個人の手に戻ることを望んでいた。この船社の貨物と旅客のルートは非常に魅力的であり，その発展と拡大の可能性は計り知れないものがあります。カリフォルニア出身の私は，西海岸の企業として，この極めて重要な会社の重要性をとくに認識しています。私たちは，APL の現在の進歩的な経営を強化し，前進させる計画です。APL は非常に優秀な人材を擁しています。私たちは，APL の将来に大きな希望と自信を抱いています。」

　キリオンは社長に残るのかとの質問があった。「そうであってほしい」と答えた[34]。

　歴史上最も長かった企業訴訟が終わった，そして，デイヴィスは8年越しの目標を達成した。しかし，ワーナー・ガードナーが言ったように，「彼はそれを手に入れたが，その後，最も不快な月日を過ごした」のだ。

　実は，デイヴィスには，すべての支援が揃っていたわけではなかった。しかし，シグナルが半額を出資してくれたことがデイヴィスにとっての転換点だっ

た。その時, デイヴィスはAPLアソシエイツを設立していた。デイヴィス自身は, 私財のほとんどを投じて, 入札額の4分の1程度を調達し, 残りは投資銀行のカール・M・ローブ・ローデス (Carl M. Loeb Rhoades), バンク・オブ・アメリカ, そして数十人の個人, 友人, 仲間であるシグナルの副社長J・ハワード・マーシャル (J. Howard Marshall), デイヴィスの親友でありアシスタントとして欠かせないチャンドラー・アイデなどから調達したのである[35]。

デイヴィスは, 月末までに, APLアソシエイツ社の資本金であった100万株を, ダラーと政府との決済に必要な価格で処分しただけでなく, 新会社の支配権も確保したのである。デイヴィスは, APLアソシエイツの子会社となったAPLの取締役会長に就任した。デイヴィスは, 財務的な調整を終えると, 自分の船会社を調査し, 将来繁栄することを願いつつも, 困難な時期があることを十分に現実的に知っていたため, そのための準備を進めた。

[注]————————————

1　Dollar v. Land, transcript, folder 29 (microfile).

2　*Pacific Marine Review,* January 1948, 42-60; ibid., June 1948, 45-57. American President Lines, LTD., Annual Report 1946, p. 1; ibid., 1947, p. 2; ibid., 1948, p. 2.

3　American President Lines, Ltd., Annual Report 1946, p.2; Sailing Schedule, Passenger Schedule, Trans-Pacific Service, No.5, issued July 1948, APL Archives.

4　3隻の船は, プレジデント・ハーディング, プレジデント・フィルモア (II), プレジデント・ブキャナン (III), プレジデント・ガーフィールド (III), プレジデント・タイラー (II) であった。

5　"Minutes, Special Meeting of the Board of Directors of American President Lines, Ltd." 18 July 1946, APL Corporate Files.

6　American President Lines, Ltd., Annual Reports 1946 and 1947, APL Archives.

7　上掲書。1951年。

8　Chandler Ide in *Ralph K. Davies As We knew Him* (San Francisco: Privately printed, 1976), 98.

9　Richard Simon to Ralph Davies, 25 July 1944, APL Archives.

10　Richard Simon to Ralph Davies, 26 July 1944, APL Archives.

11　Prospectus, American President Lines, Ltd., 7 October 1952, APL Corporate Files.

12　Killion in *Ralph Davies,* 98.

13　Ide in *Ralph Davies,* 16.

14　上掲書18頁。

15　American President Lines, Ltd., Annual Report 1948, APL Archives.

16　APL *Globe Trotter,* 1948, APL Archives.

17　上掲書。H. B. Lucket, "Oral History Transcript," 16, APL Archives.

18　Warner Gardner, "Oral History Transcript," 35, 36, APL Archives.

19　上掲書。American President Lines, Ltd., Annual Report 1947, 1948, APL Archives.

20　Gardner, "Oral History Transcript," 28. 補助金の滞納がようやく全額回収された。W Brandt Brooksby to Chandler Ide, 31 July 1984, APL Archives を見よ。

21　*The Wall Street Journal,* 27 October 1952.

22　上掲書。29 October 1952.

23　Gardner, "Oral History Transcript," 21, APL Archives.

24　Harry S. Truman to Charles Sawyer, 20 November 1950, in Dollar v. Land, transcript, California Historical Society.

25　Gardner, "Oral History Transcript," 21, APL Archives.

26　Dollar v. Land, transcript, testimony of Geroge Killion; Gardner, "Oral History Transcript," 21, 22, APL Archives.

27　Dollar v. Land, transcript, testimony of Geroge Killion, APL Archives.

28　Garth Young, in *Ralph Davies,* 68.

29　Chandler Ide to author, 11 November 1983.

30　George Killion, affidavit, Dollar v. Land, transcript, APL Archives.

31　上掲書。

32　Frank J. Taylor, "He's a Sucker for Nasty Jobs," *Saturday Evening Post,* 28 November 1953.

33　Gardner, "Oral History Transcript," 23, 24, APL Archives.

34　*Los Angeles Times,* 29 October 1952; *The Wall Street Journal,* 29 October 1952; George Killion to All American President Lines Staff, "New Company Ownership," 29 October 1952, APL Archives.

35　Gardner, "Oral History Transcript," 24, APL Archives.

第9章

GROWTH

||||||||||||||||||||||||||||||||||||||||||||||||||||||||||||||||||||||||||||||||||||||||||||||||||||

1960年代の持続的な発展

1 デイヴィスと APL の関係

　ラルフ・デイヴィスは，アメリカでも有数の規模と歴史を持つ船会社を経営していた。彼は元々，それは投資として考えており，冒険ではなく，健全な投資であった。アメリカン・プレジデント・ラインズ（APL）は，伝統を重んじ，その運命を政府の政策に大きく左右され，労働争議の影響もとくに受けやすい業界にあった。補助金を受けながらも，国際競争には非常に敏感で，収益の多くは世界貿易の動向によって変動し，政府による回収の対象となったり，船隊の更新のための準備金として支払われたりもしてきた。

　APL は，ラルフ・デイヴィスが大人になってからずっと過ごしてきた，独立性が高く，リスクを取りながら取引する石油業界とはかけ離れていた。実際，彼はまだアメリカン・インディペンデント・オイルにも深く関わっていた。当時，クウェートに権益を持っていたが，そこは石油の一等地と考えられていたため，ドライホールを掘削していた。しかし，ほとんどの友人や関係者には知られていないが，R・デイヴィスは，バージニア州チェリーデール（Cherrydale）で過ごした少年時代にさかのぼって，船や海，遠く離れた土地へのロマンティックな思いを抱いていた。このイメージは，彼が12歳のときに一家で引っ越したフレズノ近郊のカリフォルニア州サンガー（Sangar）の，埃っぽくて乾燥した小さな農場のコミュニティで思春期に強化されたものだった[1]。若い頃のデイヴィスは，サンフランシスコのスタンダード・オイルのオフィスで一日中働いた後，エンバルカデロ（Embarcadero）で停泊する貨物船や客船や出港の様子をよく見て，リラックスしていた。デイヴィスが興味を

持ったのは，船会社の人間的な部分である。旅客の乗降，荷物の山，旅の興奮などである。しかし，皮肉なことに，デイヴィスは自分の船に乗ることもなければ，APLの日常的な経営に個人的に関わることもないであろう。それは，彼のスタイルではないからだ。

　鋭い観察者であるチャンドラー・アイデもワーナー・ガードナーも，APLの指揮を執っていた数年間，デイヴィスを優れた管理者とは評価しなかった。ガードナーは，彼の才能はビジネスの経営よりも個人的な面にあると考えていた。ガードナーは，「自分が何を求めているかを理解し，それを部下に要求するという意味では，彼は優れた管理者だった」，「しかし，それ以下のレベルでは，自分が要求したことを部下たちがどのように達成するかには関心がなかったのだと思う」と言う。アイデは，彼はあるときは決断力があるが，他の時には「行動を回避したり延期したりできるならば，決心したくない……。組織や方針に関する多くの決定が—時には数年以上されないままの」性格だと気付いた[2]。しかし，少人数の投資家がAPLを買収したとき，デイヴィスは責任から逃げなかった。

　デイヴィスは，ベンチャー・キャピタリストとして，自分の株の価値に影響する収益や資金調達だけに目を向けて，キリオンに会社を経営させることもできた。しかし，デイヴィスの特徴である興味と誇りによって，APLに深く関わっていた。彼は，ベンチャー・キャピタリストではあっても，利子生活者（rentier）ではなかった。彼は，建築者であり，アメリカン・インディペンデント・オイルを石油業界の巨人の1つにしようと決意したように，APLを可能な限り全米で最大かつ最も効率的な船会社にしようと考えていた。逆説的に言えば，オイルマンとしての専門知識があったにもかかわらず，アメリカン・インディペンデント・オイルでは目標を達成できず（ナトマスでは達成したが），海運マンとしては失敗や不備があったにもかかわらず，APLでは自分が描いた成功に最も近づいたのである。この事業には運もあったが，少なくとも在任初期には，組織を強化する積極的な成長方針で責任を果たしたのである。

　デイヴィスは，1941年にマカドゥーが亡くなってから空席となっていた取締役会の会長に就任し，APLの経営に積極的に関わっていく意思を示した。キリオンたちの気持ちを慮って CEOの称号は受け取らなかったが，自分が経営者であることに疑いの余地はなかった。デイヴィスが会社を引き継いだのは，長期に及び，コストのかかるストライキが決着した直後だった。このストライ

キは，すべての航路で収入を減少させたが，特に補助金なしの新サービスである大西洋／海峡航路のスケジュールに支障をきたした。韓国向けの軍用貨物が急増したものの，商業運航での損失を補うことができず，総収入は前年比7.7％減となった。

2 APL の組織強化

連邦海事局（Maritime Administration：MARAD）は，ビジネスを片方の手で与えながら，反対の手で抑えることもあった。東海岸とカリフォルニアを結ぶ航路，世界一周航路，太平洋航路への補助金を恒久化し，長年の不確実性に終止符を打った。また，1946年以降に発生した未払いの補助金についても，有利な措置を執ることを示唆した。しかし，その一方で，MARAD は APL の太平洋航路 No.29において，APL の競合相手である新しいパシフィック・ファーイースト・ライン（Pacific Far East Line：PFEL）と US ライン（United States Lines）に補助金を与えた。APL はもちろん抗議し，この決定の合法性を裁判で争っていたところ，APL アソシエイツがこの航路の経営権を獲得したのである[3]。

会長就任1年目のデイヴィスは，人事異動をほとんど行わず，経営陣にも目立った変化はなかった。副社長を務めていた元海軍司令官のジョージ・T・ペインは，元の技術担当副社長に戻され，新造船の設計・建造に関して会社の利益を代表することに専念した。デイヴィスは，オペレーションと法務の分野で2人のキーマンを迎え入れた。デイヴィスのベンチャーの会社でタンカー船隊を管理していた経験豊富な船長だったT・C・コンウェル（Captain T. C. Conwell）がオペレーション担当副社長補佐に就任し，当時のオペレーション担当副社長で荷役やターミナル業務の専門家であるO・W・ピアソン（Captain O. W. Pearson）と一緒に働いた。ワーナー・ガードナーの提案で，デイヴィスは法務部を設立し，ハーバード・ロースクール出身のピーター・テイジ（Peter Teige）を顧問弁護士に任命した。テイジの最初の仕事は，ガードナーや，キリオンが APL のワシントン駐在員として雇った元陸軍大佐のノア・ブリンソン（Noah Brinson）と一緒に，補助金問題に取り組むことだった。

南部生まれの南部育ちで，「トウモロコシのようなユーモアのセンス」があると言われるブリンソンは，下院海事水産委員会（House Maritime and

Fisheries Committee）の委員長であるハーバート・ボナー（Herbert Bonner）を筆頭に，特定の有力議員と非常に親しい関係だった[4]。ガードナーのワシントンでの経験は行政機関でのものであり，海事理事会や海事庁で APL の代表として活動した。

3 米国の海運政策と運航差額助成制度

1951年，米国議会は米国籍船と外国籍船の規制を独立した機関である連邦海事委員会（FMC）に委ねた。FMC は，「1916年海運法」（Shipping Act of 1916）の条項を管理し，国内の州間商取引における鉄道やトラック会社を規制していた州間商取引委員会（Interstate Commerce Commission）と同様の方法で，料金や規則を扱った。同時に，米国議会は商務省の一部として MARAD を創設した。MARAD は，同じく組織変更の一環として設立された海事助成局（Maritime Subsidy Board）とともに，「1936年海商法」（Merchant Marine Act of 1936）の規定に基づいて，運航，建造費補助契約の締結，管理，船舶設計，その他国家安全保障に関わる活動を旧委員会から引き継いだ。

ガードナーは役員会と MARAD のいずれかが公聴会を開いたとき，APL を代表した。ブリンソン，キリオン，ガードナーの３人は，ワシントンで効果的に議論でき，かつ全米の船会社の代表の中で最も強力で有能な人物であった。

このような積極的な補助金制度は大いに必要性があった。会社のキャッシュ・ポジションを改善するためには，補助金の受領が不可欠だった。また，大西洋／海峡航路の補助金契約を結ぶことも重要だった。これまでの経験から，この航路は収益性が高いと考えられていたが，それは補助金が出ればその限りであった。1952年には，東海岸の港から東南アジアに向かう４隻の自社所有貨物船と２隻のチャーター船が，ともに良好な貨物を積んで航海したが，それでも APL は80万ドル以上の損失を出した。補助金制度の存在と APL と MARAD との関係で，老朽化した船舶のリプレイスは，新造船か政府所有の船舶を購入し，APL の市場の需要に合わせて改造することになった。それに伴った関心は，貨物量に見合った追加的な航路を確保し，事業を拡大することであった。

1952年には，APL の世界一周定期船のうち，プレジデント・ポークとプレジデント・モンローの２隻の船齢がそれぞれ11年と12年となり，法定耐用年数

のほぼ半分となった。それよりも重要なのは，世界一周航路の乗客のキャンセル待ちが300人以上になったことと，競争激化のなかでも，貨物の予約が未処理だった。第二次世界大戦終了後，世界一周用の客船と貨物船３隻（プレジデント・アダムス，プレジデント・ヘイズ，プレジデント・ジャクソン）がニュージャージー州カムデンのニューヨーク造船会社に発注された。それは１万4,000総トン，全長533フィート９インチ，速力19ノット，乗客218人，貨物容積57万立方フィートの船であった。しかし，朝鮮戦争の影響で，海軍に買収され，輸送船として完成した。そのため，APL は再度の世界一周航路には成功しなかったと言える。しかし，太平洋航路では，中国人を中心とした三等客室は，中国大陸の港が閉鎖される前の５分の１しか埋まらなかった。また，現在チャーター中の大型客船，プレジデント・クリーブランドとプレジデント・ウィルソンは，一等客室に比べて，三等客室のスペースがあまりにも大きく，高額な改造かリプレイスが必要だった。APL の世界一周航路と同様，太平洋航路でも一等船室の旅客数は比例して増加していたが，三等客室は減少していた[5]。貨物船はすべて６年から９年が経っていた。

　これらの船が建造された後，政府はマリナー級を開発した。船体と推進力の新設計のため，より速く，より効率的な船となった。すぐにでも８隻，長い目で見れば10数隻の新造船が必要だった。実際，APL アソシエイツがこの船社を引き継いだとき，APL のエンジニアリング部門はすでに MARAD のマリナー計画の修正に懸命に取り組んでいた。APL は1953年，10年間で18～20隻の新造船を導入するリプレイスと成長のプログラムを計画した。この野心的な計画は，後に大幅に修正されたが，推定１億ドルの投資を必要とし，そのうち20％は会社の予備費と銀行ローンから，さらに20％はリプレイスした船のMARAD への売却または下取りから調達することになっていた。残りの資金は，政府が保有する長期ローンで賄われる。APL の計画は役員会で承認され，大西洋／海峡航路（航路番号17）の補助金申請も含めて，1954年春に海事理事会（Maritime Board）に提出された。その後，長い審理と交渉を経て，1954年12月30日に理事会と MARAD とで決定が下された。

　政府は大西洋／海峡航路に補助金を出し，毎年12～16回の航海を行うことで，プレジデント・ハリソン，ヴァンビューレン，ジョンソン，ジェファーソン，ハーディング（*President Harding*）を当てた。それらの船は8,000トンのC3型で，ビクトリー船であるハーディングは少し小型だった。APL はこれらの船

を，「1962年7月1日までにC3型よりも優れた」4，5隻の貨物船とリプレイスすることになった。世界一周のサービスでは，政府のリプレイス計画では，1960年1月1日までに4隻の新しい組み合わせが必要とされていた。これらの船は，APLがすでに保有していた4隻のマリナー級と一緒に運航される。同社の世界一周船隊であるC3型とビクトリーの8隻のうち，1954年に建造されたプレジデント・アーサー（*President Arther*）とプレジデント・ガーフィールド（*President Garfield*）の2隻は，売却または下取りされることになっていた。

APLは1962年1月までに，米国の造船所と契約して，太平洋航路で4〜5隻の新造船を建造し，1965年までに法定耐用年数を終えたプレジデント・クリーブランドとプレジデント・ウィルソンをリプレイスすることに合意した[6]。もちろん，このガイドラインには修正が加えられた[7]。船体設計と海洋工学の変化，荷役と市場における抜本的な変化により，新造船の数は減るが，速度や貨物の積載能力は向上していった。当時のAPLには莫大な設備投資となった。計画は数年に及び，特に，サンフランシスコのデイヴィス，キリオン，ペイン，テイジや，ワシントンのブリンソン，ガードナーといったAPLの幹部は，膨大な時間を費やすことになった。それぞれの船の売買には，ヒアリングを含む個別の交渉が必要であった。最も大変だったのは，新造船の建造差額補助金のための交渉である。補助金は毎年，議会の予算で承認されなければならないため，常に予算の問題があった。船会社は，財務局や議会の財務委員会，さらにはMARADや海事理事会に対して，建造差益補助金に充当される資金の使途を競わなければならなかった。

船体やエンジンの設計はもちろん，船を構成する何百ものサブシステムや部品の設計も，船体設計や海洋工学の進歩とともに急速に変化していた。MARADの方針は，船体から乗組員用調理室のコーヒーメーカーに至るまで，すべての様式を明示することだった。この方式から変更するには，MARADの担当部署に申請し，承認後，船舶を建造する造船所やコーヒーメーカーを製造する会社などのサプライヤーと交渉する必要があった。ピーター・テイジの言葉を借りれば，「補助金を認めないという戦いが常にありました。船のこの部分や，あの機能には補助金が出ません。それをつけたら，それはフリルです。現実的な意味では，会社は自分のお金を使っているのだから，常に必要ないような戦いが続いていました」[8]。

運航補助金の交渉は難しく，時には挫折することもあった。APLも他の船

社と同様に，賃金や修繕費などのコストに基づいて，海事理事会に助成金額を正当化しなければならなかった。そのためには，特定の航路で競合する外国の船社の運航コストを慎重に比較する必要があった。競合他社のコストを比較して運航差額補助金を設定するには，ほぼ常時監視してデータを収集する必要があり，競合他社が運航コストを上げれば上げるほど，APLへの補助金が減り，競合他社の優位性が増すため，インフレを注意深く分析する必要があった。アーサー・プールは，役員会を納得させるだけの確たるエビデンスをもとに，本当のコストをできるだけ正確に把握して計算する専門家のような存在になっていた。しかし，プールはこれらの正当性を主張するために専任のスタッフを必要としていたし，海事理事会を納得させることができなければ，訴訟を起こすことになる。このような時に欠かせないのがガードナーで，このような訴訟で最も効果を発揮し，ほとんど常に勝訴していた[9]。

4　デイヴィスによるアメリカンメールの買収

　政府が商船に関与するようになってから，APLや他の船会社ではこのような苦悩がつきものとなっていた。この5年間，APLの財務状況は横ばいのように見えたが，デイヴィスの成長計画は決して頓挫していなかったし，建造計画に必要な巨額の資金も心配していなかった。常に収益性の高い投資先を探していたデイヴィスは，APLの事業とうまく合致する投資先を見つけた。

　1954年の夏，アメリカンメールライン（AML）の支配権を持つ株式が売りに出された。1951年6月にR・J・レイノルド保有の株式を購入したのは，マーチソン夫妻（the Murchisons）を中心とするテキサスの企業家グループであった。マーチソンズグループは，保有する50万株の普通株を1株10ドル，500万ドルで売却したいと考えていた。デイヴィスは，海事理事会と司法省反トラスト局の許可を得て，バンク・オブ・アメリカから元金の融資を受けた。交渉は成立し，1954年6月，APLはAMLの発行済み株式の53％を保有した。7月から9月にかけて，APLはさらに株式を取得し，10月27日にはAPLの保有率は80％に達していた。デイヴィスは，APLの資本金と特別積立金の3分の1を超える金額を負担することを覚悟していた。海運の潜在力と米国西部の経済力を信じてはいたが，そのリスクは見た目ほど明らかではなかった。デイヴィスは，信念を貫いた。AMLの買収により，カリフォルニア州，ワシント

ン州，オレゴン州の海上貿易の大部分が単一の所有者の下に統合された[10]。強力な競争相手は残っていたが，APL と AML の組み合わせは競争力をもって運航されていた。

　APL と同様，AML も債務を完済して戦後を迎えた。戦時船舶管理局から購入した 8 隻の C2型と C3型の船隊は，1947年には完成していたが，1948年の春に就航するオーシャン・メール（*Ocean Mail*）は例外だった[11]。1946年には400万ドル以上の現金の余剰があったが，AML の経営陣は財務体質を改善するために，1株20ドルで 4 万9,602の株式を発行することにした。これらの株式は，レイノルズを除くすべての株主がシアトル，タコマ，ポートランド地域に住んでいたことから，元々の株主に引き取られた。レイノルズは 7 万6,454株の大株主であった[12]。AML は，平時の新しい船体の獲得とその資金調達のための十分な資金を用意するとともに，補助金を受けている東洋航路の延長を，それは太平洋北西部と極東の追加港との間の航海を可能とするもので，MARADと海事理事会に申請した。政府機関もこの変更を承認した。1947年から1954年までの AML の収益状況は，西海岸を運航する他の船社とほぼ同じパターンであった。APL と同様，1948年と1952年には長期にわたる港湾ストライキで収益が減少したが，朝鮮戦争に伴う軍事需要が収益を押し上げた。AML の輸出品は太平洋岸北西部からの木材や穀物が中心で，APL が運ぶ貨物よりも単価の低いバルク貨物が多いにもかかわらず，AML は長年にわたって一貫してAPL よりも高い利益率を上げていたのである。復路の貨物は，生糸，缶詰，ブリキなどの高価な商品に加えて，麻ひもなどの単価の低いものが混ざっていた[13]。

　APL の約 3 分の 1 の規模の AML が，毎年 APL よりも高い利益を上げていた理由は，規模の経済の原則に反しているようで，地域社会の支持，地理的な位置（シアトル・タコマ・ポートランドは，サンフランシスコやロサンゼルスよりも，大圏コースではアジアの港に約1,000マイルも近い），経営など他の要因が重視された。AML は貨物船に集中し，運航コストの高い旅客ビジネスは他の船社に任せていた。また，APL が 4 つの航路を持っていたのに対し，AML は 1 つの航路しか持っていなかったため，世界貿易の変動の影響を受けにくかった。A・R・リントナー社長は，1953年の業績が，人件費の高騰や運賃の値下げ圧力にもかかわらず，比較的安定していた理由を次のように説明した。「私たちの貿易ルートは，商品や復興資材の『ブーム』と呼ばれる交換に参加したこと

がないため，世界の交換が全般的に落ち込んでいる中で，他の多くの国々よりも影響を受けていない」と書いている[14]。

　リントナーは，AML には，海運業界での長い経験と，地域のビジネス・コミュニティとの密接な関係を維持してきた，少数精鋭の経営陣という利点を述べることができたかもしれない。AML が成功したのは，業界が実績のある運航方法を守り，伝統的な荷役方法を採用している限り，リントナー自身が舵取りをしていたからである。リントナーは，背が低く，ひょろひょろしていて，額に髪の毛がかかっているような人だが，この業界で苦労して育っただけあって，海運のことを知り尽くしている。AML がサービスを提供しているビジネス・コミュニティとのつながりは，長年続いているだけでなく，良好な基盤を維持していた。同様に，リントナーは戦時船舶管理局に勤務していたことから，ワシントンに貴重な友人を得ており，海事理事会や MARAD のメンバーやスタッフとも良好な関係を維持していた[15]。

　リントナーの経営は，無愛想で無神経とも言えたが，実際には自信がなく，従来の経験から少しでも外れた事柄に関わる重大な決定を下すことができない人物だった。また，リントナーの最大の強みである AML への狂信的なまでのこだわりは，会社が大きな組織の一部となった後では，逆に弱みとなってしまったのである[16]。

　R・デイヴィスは AML の経営権を取得したとき，人員や資源の重複をなくすために，できるだけ多くの機能を APL の機能と連携させたいと考えていた。設備，購買，保険などのコストを共有することで，両社にとって大きな節約になることは明らかだった。そこで彼は，共同の方針や慣行を調査し，提案するための調整委員会を設立した。リントナーは，協力することを断固として拒否した。デイヴィスは何が行われているかわかっていたが，AML が年度末のバランスシートにきちんとした利益が出ている限り，この独立性を容認した。両社の連携を密にしたほうが得策であることは間違いないが，APL と比べると長期的には AML のほうが利益を出す絵が描けそうである。

　デイヴィスはもちろんのこと，ジョージ・キリオンとともに AML の役員となった目の肥えたアーサー・プールも知らなかったが，リントナーが極東でのビジネスを獲得・維持するための戦略の1つは，代理店を通じて好意的な荷主にリベートを渡すことだった。海運に精通していたリントナーは，この方針に何の問題も感じなかった。米国船籍の船は法律で禁止されていたが，AML と

競合する外国船社では盛んに行われていた。APLでは，キリオンは海運会社の幹部として弱みを握られていたが，彼は会社の方針としてリベートに係わることはなかった[17]。

　倫理的な問題や生来の保守主義があっても，リントナーはAMLを（戦時中のように片手で）立派に経営していた。リントナーは，会社の過半数の株式が変わり，方針も変わるかもしれないということで，社内の士気に問題が生じていたが，利益の出る安定性を誇っていた。これまでは，レイノルズもマーチソン家も，彼の経営に口を挟むことはなかった。

　しかし，デイヴィスのAMLを一時的な投資ではなく，将来的にはAPLとAMLを1つの組織にしたいとの考えは，AML買収当初から明らかであった。調整委員会はそのための布石だった。ジョージ・キリオンとアーサー・プールがAMLの取締役に選ばれ，リントナーがAPLの取締役に選ばれたのは別のことであった。他の点では，その後の6年間，時折，協調を図ることもあったが，AMLは独立路線を歩んでいた。

5 APLアソシエイツからナトマスへ

　APLとAPLアソシエイツがさらに海運業への投資を進める前に，デイヴィス自身が組織の形態について悩んでいた。APLアソシエイツの最大の株主であり，デイヴィスが最初に出資したベンチャーの投資会社カール・M・ローブ・ローデス・アンド・カンパニー（Carl M. Loeb Rhoades and Company）を含む他の4人の大株主と合わせて，デイヴィスは発行済み株式の50％以上を所有していた。内国歳入法（Internal Revenue Code）では，5人以下の個人が会社の支配権を持つ場合，その会社は個人持株会社となり，その収益には通常の法人税率をはるかに超える重税が課せられることになっている。APLアソシエイツは，この個人持株会社に該当するため，設立以来，配当金を受け取っていなかった。

　デイヴィスをはじめとする主要株主は，アソシエイツが個人持株会社の状態を脱する方法を模索していた。デイヴィスはまず，問題が解決すると考えるに十分なAPLアソシエイツの株式を売却した。アソシエイツはAPLから多額の配当金を受け取ったが，国税庁の高度に専門的な裁定のもとでは問題が残ることがわかった。最終的には，国税庁との間で合意した株式配分に関する解釈

によって解決に至った。

　この問題に加えて，デイヴィスは以前から，APL アソシエイツの株式を
ニューヨーク証券取引所（New York Stock Exchange）に上場できるような公
開企業（public corporation）に転換する方法を模索していた。株式が分散すれ
ば，新たな資金調達が可能になり，株式の売却や借入れにも柔軟に対応できる
など，さまざまなメリットがある。彼が必要としていたのは，評判の良い老舗
で，株式は上場され，所有者が特定の小グループに集中していない企業だった。
サンフランシスコの株式仲買人リー・カイザーは，ダラー訴訟の最終日にデイ
ヴィスの少数株主グループに異議を唱えた人物だが，彼の計画にぴったりのナ
トマスを思いついた[18]。

　ナトマスは老舗の金採掘の会社で，現在も4つの鉱脈をもち，サクラメント
郡やビュート郡に広大な不動産や水道会社を所有していた。しかし，金の市場
価格と上昇するコストの回収のため，同社の金鉱はもう限界だった。さらに，
都市の拡大により，将来の採掘作業も危ぶまれていた。ナトマスは，清算配当
という形で資本金の払い出しを始める段階にあった。そこで，APL の株式を
47%保有し，政府からの株式取得の際の融資契約にも参加していたシグナルの
同意を得て，ナトマスの再建計画を立てたのである。

　アソシエイツは，全資産の見返りとしてナトマスの株式を新たに発行しても
らい，会社の約3分の2を所有することになった。会長にはR・デイヴィスが
就任し，ナトマスの社長兼ゼネラルマネジャーだったR・G・スミス（R. G.
Smith）が社長兼役員に就任し，デイヴィスの補佐役であるチャンドラー・ア
イデとレイモンド・W・イクスの2人は，副社長としてナトマスの取締役に就
任した。役員会のメンバーには，APL の社長であるジョージ・キリオン，アー
サー・プール，ジョージ・T・ペイン，B・I・グレイブス（B I. Graves），
ルイ・サッター（Louis Sutter），クライド・H・ブランド（Clyde H. Brand），
ダグラス・マコーマック（Douglas McCormack），モーティマ・フライシュハッ
カー（Mortimer Fleishhacker）が旧ナトマスの代表で，発行済株式数の約3分
の1にもかかわらず，手厚いサポートを受けていた。しかし，デイヴィスは組
織変更後の会社を実質的に支配していた。APL アソシエイツは，ナトマスの
株式を比例配分し，APL と AML はナトマスの子会社となり，企業としては
消滅した[19]。

6 パシフィック・ファーイースト・ラインの問題

R・デイヴィスは，ニューヨーク株式市場に上場している会社を探している一方で，APL の太平洋航路の競合会社であるパシフィック・ファーイースト・ライン（PFEL）の株を取得していた。バッテリーストリート111番地にある役員室は，サンフランシスコの彼のオフィスから数ブロックしか離れていない。PFEL は，APL の東部部門の副社長としてワシントンでの人脈を生かし，太平洋航路に対抗する新しい船会社を立ち上げたトム・カフ（Tom Cuff）が創設した。

カリフォルニア大学バークレー校でアメリカンフットボールのフルバックとして活躍していたカフは，エネルギッシュでがっしりした体をしており，海運業界に関わるどんな質問にも，常に現実的な答えを用意していた。縁なしの眼鏡をかけた鮮やかな青い目は，鋭い洞察力で世界を見渡していた。仲間や部下に対しては寛大で忠実だが，自分の目標に向かってはタフで容赦がない。カフをよく知る元 APL 取締役副社長のボイス・ルケット（Boyce Luckett）は，カフのことを「結果，労働時間，献身度など，要求の多い上司で，船会社のビジネスでは非常にアグレッシブな人物だった」と評している[20]。カフは，最初はダラーライン，次に APL の貨物部門にいて，海運の専門家としての知識を身に付けてきた。戦前から APL のワシントン駐在員を務めていた彼は，戦時船舶管理局（WSA）や軍部だけでなく，戦時中にワシントンに集まってきた有力なビジネスマンや投資銀行家など，カフの起業家精神に共感してくれる人たちとの交流を深めていた。

1946年に APL を辞めたとき，カフはすでに自分の会社，PFEL を設立していた。戦後のワシントンでは，このような動きをするのに適した環境が整っていた。豊富な投資資金があり，政府所有の船舶が大量に余っていて，1946年の船舶販売法で安く手に入れたり，チャーターしたりすることができ，軍用貨物や対外援助貨物を多く運ぶことができた[21]。カフはこの機会をとらえ，資金を調達し，船をチャーターし，APL から引き抜いたスタッフを雇って，運航を開始した。当初は補助金契約を結ばずに，太平洋航路で APL と直接競合するサービスを行っていた。その後，APL の反対を押し切って，この路線で20年間の定期的な補助金を受けることになった。

太平洋航路の競争はすでに激しかった。アメリカ船籍の2つの新会社，ス

テーツライン（the States Line）とパシフィック・トランスポート・ライン
（Pacific Transport Line）が，太平洋航路での営業上の優遇補助契約を獲得して
いた。また，アメリカの支援を受けて日本の海運業が再建され，日本政府から
間接的な補助を受けた日本籍船が太平洋航路に登場していた。イギリス，ノル
ウェー，ギリシア，リベリア船籍の他の船が太平洋航路の市場に参入していた
が，国内の鉄道網とのつながりや，政府の貨物へのアクセスなどから，アメリ
カの船会社が優位に立っていた。しかし，PFEL の参入は，APL 本社にとっ
て大きな不安材料となった[22]。

　カフの強い意志のもと，PFEL は1958年までに17隻の船を建造した。そのう
ち７隻は，C2型やビクトリー型を補完する新設計のマリナー級で，冷蔵スペー
スの拡大，バルク液体貨物用の深いタンクの設置，より重い重量物貨物を積載
できるように船体を強化するための追加の骨組み材など，航路の市場の需要に
合わせて改造されていた。カリフォルニアとアラスカ，極東，東南アジアの港，
太平洋中央の主要な島々，そして時には太平洋岸北西部を結ぶさまざまなサー
ビスを提供していた PFEL は，1958年に3,600万ドルの売り上げで，約100万
ドルの純利益を上げた。PFEL の純利益は AML と比べると低かったが，
AML の同年の総売上高は PFEL の約３分の１，純利益は同程度だった[23]。し
かし，設立以来数年間，ラルフ・デイヴィスは PFEL を，米国西部の海運業
を支配するという長期計画を完遂するための潜在的な財産と考えていた。

　デイヴィスが経営する会社は，さまざまなブローカーや銀行を通じて，
PFEL の40％の株式を取得していた。カフが生きていれば，この２人のビジネ
スマンが衝突していたかもしれないが，カフは1959年12月22日に心臓発作で急
死してしまった。彼は後継者を育てていなかったので，会社は数カ月間混乱し
ていた[24]。PFEL の役員会は，会社を健全な状態にするために，クラレンス・
モース（Clarence Morse）を社長に迎えた。

　当時，モースの選択は良いように思えた。海事理事会の委員長を務め，その
前はサンフランシスコで海事弁護士として活躍しており，海運業や西海岸の事
情に精通していると思われた。デイヴィスは，モース指名の人事を了承したが，
会社の財務状況や計画を把握するために，自分の個人的な代理人を経営陣の中
に入れたいと考えていた。彼は，アイデとイクスの２人のアシスタントととも
に，PFEL の帳簿を調べ，前経営者に大きな不正があることを発見した。デイ
ヴィスは，西海岸で最も強く，大きく，そして最も収益性の高い船会社を，単

一で統一された経営陣の下で作り上げることを，これまでと同様に決意していた。彼は，PFEL を整理し，カフのワンマン・ルールによる過剰な部分を削減することを望んだ。その結果，レイモンド・イクスが副社長に選ばれ，翌年には取締役副社長兼ディレクターに就任した。モースは，カフが後継者に残した深刻な経営問題に対処することができなかった。1962年2月22日，1年半でモースが辞任すると，役員会はイクスを後継者に選んだ[25]。

R・イクスは，1947年にデイヴィスと知り合った。イクスは，デイヴィスの戦時石油局（War Petroleum Administration）の主任であり，ルーズベルト大統領の頑固な内務大臣ハロルド・イクスの息子で，シカゴ大学で学び，1936年に同大学で法律の学位を取得した。司法省の弁護士として，ニューヨークとワシントンで働いていた。しかし，アメリカがドイツ，イタリア，日本と戦争を始めた直後，イクスは辞職して海兵隊に二等兵として入隊した。その後，少尉に任命され，グアムや硫黄島で参戦し，負傷した。終戦後は，ロバート・ジャクソン（Robert Jackson）判事のスタッフとして，ニュルンベルク裁判にも出席している。裁判終了後，イクスはシカゴに戻り，個人の法律事務所に入ったが，それを辞めてラルフ・デイヴィスに加わり，アメリカン・インディペンデント・オイル（American Independent Oil）の副社長に就任した。

デイヴィスは，この真面目で勤勉な若い弁護士に惹かれた。彼は，かつての上司であるハロルド・イクスに似ているところがあった。しかし，イクスは父親の誠実さや批判への敏感さを確かに受け継いでいたが，H・イクスが「老いぼれの曲者」と呼ばれたような絶大な自負心，卓越した政治的手腕，そして意地悪な性格は持ち合わせていなかったのである。デイヴィスは，法律問題だけでなく，ベンチャー・キャピタルとして問題の解決を行う際にも，レイモンドの鋭い洞察力を頼りにしていたが，C・アイデとのような親密な個人的友情はイクスとの間に築くことはなかった[26]。デイヴィスがナトマスを通じて支配しているとはいえ，独立した船会社の責任者となったイクスは，別の資質が発揮された。イクスは，モースと違って，カフが残していった事務処理の混乱にもめげず，会社内部を整理したいと思い，デイヴィスも彼には自由にさせた。

7　旺盛な客船需要と遅れたコンテナ化の判断

一方，MARAD が1954年にまとめたリプレイスのプログラムは，当初の計

画とは異なり，APL によって実施されていた。調査と経験により，変更が必
要となった。政府は，通常の公聴会や交渉を経て，要求された内容のほとんど
を受け入れた。大西洋 / 海峡航路の輸送量は予想以上に増加しており，1956年
にスエズ運河閉鎖のためにルート変更を余儀なくされた世界一周航路よりも速
いペースで増加していた。APL は 4 隻のマリナー級と 4 隻の新造船とのコン
ビで世界一周を計画していたが，見積もりがあまりにも野心的で，期待される
リターンに対して資本支出が大きすぎた。そのため，法定耐用年数が終わりつ
つある 2 隻の C3-P 型のプレジデント・モンローとプレジデント・ポークが
ルートに残され，1 隻の C3型，プレジデント・ピアース（貨物船）が使用さ
れた。この航路の残りの船隊を構成していたのは，5 隻のマリナー級（すべて
貨物船）で，プレジデント・アダムス，クーリッジ，ヘイズ，ジャクソン，そ
してローンスター・マリナー（後にプレジデント・アーサーに改名）である。マ
リナー級は，すべて船齢 2 ～ 3 年の新造船である。

　大西洋 / 海峡航路では，APL は 7 隻の C3型の貨物船を法定耐用年数の終了
まで使用していたが，同社はその耐用年数を20年から25年に延長することに成
功した。APL は何とか50年代半ばに，重要なリプレイスのプログラムを完了
した。世界一周航路や太平洋航路の需要に応えるために，会社の指示で改造さ
れたマリナー級を 8 隻追加したのだった。特に太平洋航路の一等客室の乗客数
が急増したため，プレジデント・ウィルソンやプレジデント・クリーブランド
は三等客室をアップグレードして「エコノミークラス」と宣伝して，大規模な
改造を行った。

　旺盛な旅客需要に応えるため，APL はこの航路にもう 1 隻の定期船を投入
することにした。しかし，その唯一の船であるパナマ（*Panama*）は，APL が
望んでいたものとは異なっていた。プレジデント・ウィルソンやプレジデン
ト・クリーブランの 1 万5,000総トンに比べて 1 万総トンしかなく，船齢も18
年であった。就航させるためには，大掛かりで高額な改造が必要であった。し
かし，APL はパナマを購入し，暫定的に運航することにした。海事理事会や
MARAD だけでなく，前所有者であるパナマ運河会社や陸軍をも巻き込んだ
長い交渉の末，APL は570万4,000ドルで同船を購入し，法定耐用年数を 5 年
延長したのである。船名をプレジデント・フーバーとし，1958年に太平洋航路
に就航させた。同社は，船隊の交換，拡張，改造のために約8,300万ドルの予
算を計上していたが，新設計の高速貨物船 2 隻を契約し，シーレーサー

(Searacers) 級と名付けた[27]。政府への頭金として，ビクトリーのうち，プレジデント・タイラー，プレジデント・ブキャナン，プレジデント・ガーフィールドの3隻を差し出した。

　1951年に4万人だった太平洋航路の旅客輸送量は，1955年には9万1,510人，その1年後には11万768人という驚異的な数字になっていた。APLの経営陣の中には，会社の資本をこれまで以上に客船に投入すべきだという意見が強かった。APLが太平洋の客船航路で，すでに大型客船の建造を計画している日本やイギリスに対する競争力を維持できれば，客船事業は収益性が高く，必要不可欠であると主張していた。もしAPLがこの方向に進まなければ，現在持っている客船事業を失い，波及的に極東発着の多額の貨物収入も失うことになる。客船推進派は，ラルフ・デイヴィスの全面的な支持を受けていた。彼のビジネスセンスは鋭敏であったが，客船のロマンと魅力に惹かれていたようである。

　しかし，このような高コスト低収益の事業に会社の経営資源を大量に投入することには反対意見もあった。APLの収入のうち客船部門，それ以前のダラー汽船の収入は，何年もの間，同社の収入の3分の1以上を占めていなかったと指摘されていた。これらの数字に加えて，旅客輸送の拡大に反対していたのは，オペレーション部門のチーフ・トラブルシューターであるチャールズ・デアリング（Charles Deering）や，現副社長で貨物部門を担当しているボイス・ラケット（Boyce Luckett）のような若手が多かった。大陸間のジェット機の登場により，固定ルートで，ポイント・ツー・ポイントの旅客輸送手段としての大型定期船は，やがて恐竜のように絶滅するだろうと明言した。彼らは，海上貨物ビジネスの急激な変化を察知し，早急な対応が必要である。新造旅客船の建造，運航に阻まれているが，多額の資本投資が必要になると考えた。デアリングとラケットが言っていたのは，貨物の積み込みをブレークバルクからコンテナに変更し，それに伴う新しいターミナル，専用設計のガントリークレーン，電子データ処理などのロジスティックスのことである。

　しかし，1956年の時点では，これらの主張はあまりにも突飛すぎて，ラルフ・デイヴィスのロマンティックなビジョンに対抗して印象付けるまでには至らなかった。デイヴィスは，デアリングの主任であるAPLのオペレーション責任者コンウェル大尉や，旅客輸送を担当した有能で説得力のあるJ・M・ディグスらに支えられていた。貨物担当者はすぐに自分たちが少数派であることに気づき，その結果，会社の方針に対する批判を抑えるようになった[28]。

　APL の旅客部門は，今後 5 年間で毎年約 2 万人の乗客が増加するという保守的な見積もりを出した。根拠のある数字であり，R・デイヴィスの後押しもあって，ペインとエンジニアリング部門は，大型客船「ユナイテッド・ステイツ」（*the United States*）を設計した著名な船舶設計家のウィリアム・フランシス・ギブス（William Francis Gibbs）との共同作業を開始した。彼らは，4 万3,000総トン，長さ908フィート，速度26ノット，1,450人の乗客を収容する船の設計を考えた。アメリカで建造された定期船としては 4 番目に大きく，西海岸で運航されるものとしては最大となるこの船は，早くも「プレジデント・ワシントン」（*President Washington*）と命名された。

　キリオン，ブリンソン，ガードナーの 3 人は，ワシントンの建造費補助には特別な予算が必要であることから，海事理事会，MARAD，議会を説得するために，長く，退屈な努力を始めた。APL は，建造費を7,300万ドルと見積もっていたが，50％の建設補助金を受けると3,650万ドルの出資となり，1936年の商船法の規定では，実際には900万ドル程度の出資が必要であった。政府が23年間，3.5％の金利で建造ローンを組み，その資金を提供するからである。しかし，建造期間の 3 ～ 4 年の間に人件費や材料費が高騰することが予想されたため，APL は議会に建設補助金の50％制限を免除してもらうことにした。そして，そのような内容の契約を MARAD と結んだ。遅くとも1957年 7 月 1 日には建造が開始される予定であった。その後，競合他社であるマトソンやその他の特殊利益を代表するグループからの公聴を経て，APL の要望に沿った法案が下院商船委員会を通過したが，1957年の歳出法（Appropriation Act of 1957）では削除されてしまった。1958年になってようやく議会は予算を承認したが，その実行はアイゼンハワー大統領の裁量に委ねられた。大統領が1958年度の予算案を作成した時，経済は急激な不況に陥っていた。予算局（Bureau of Budget）は，プレジデント・ワシントンの建造のために MARAD に割り当てられた資金を赤ペンで消した。

　1958年の不況は，APL の旅客輸送にも打撃を与えた。旅客事業の将来の収益についてのバラ色の予想は切り捨てられたが，旅客擁護派は挫折しなかった。APL は，かつての輸送船だったジェネラル・リチャードソン（General W. P. Richardson：総トン数 1 万8,298トン，全長622フィート 7 インチ，定格速度20ノット）の買収を政府に正式に申し入れた。徴用後，民間の旅客サービスのために再整備され，最初はラガーディア（La Gardia）として地中海へ，その後レイラ

ニ（Leilani）としてカリフォルニアからハワイへ運航されていた。1961年に APL に購入され，シアトルで精巧に改装されたが，同社の投資額は1,000万ドルを超えた。基本的にはプレジデント・クリーブランドとプレジデント・ウィルソンの姉妹船であるが，2隻が客船として船体から設計されていたのに対し，この船は輸送船として完成した。そのため，他の船のように魅力的で便利な配置にすることができなかったのである。1962年にプレジデント・ルーズベルトと改名し，一等客室の乗客のみを乗せて太平洋航路に就航した[29]。

　1961年に不況が解消されると，R・デイヴィスも，太平洋の外航輸送の将来性を考えると，多額の資本支出を続けることはできないと確信した。壮大な客船の新造計画は棚上げされ，60年代にクリーブランド，ウィルソン，フーバー，ルーズベルトの各プレジデント船が法定耐用年数を終えた頃には，大陸間ジェット機が急速に普及し，太平洋上だけでなく，すべての海域で船による旅客輸送に取って代わっていた。60年続いた大型定期船の時代は，早くも終焉を迎えようとしていた。しかし，レジャー用の豪華な外航クルーズは，定期船の寿命を延ばすことになり，デイヴィスは，旅客事業の重要性についての信念を持ち続けていた。

　そのために，プレジデント・リンカーンとプレジデント・タイラーの2隻の貨物船には12人の乗客が乗れるようになっており，APL の10年間の建造プログラムに見合うようになっていた。この2隻の船はシーレーサー級（Searacer class）と呼ばれ，部分なコンテナ船でもあり，過渡期の設計であった。マリナー級より60％も大きく，貨物の積載量が格段に多く，燃料消費量の増加を補うために高速化が図られていた。

　APL が10年間の建造プログラムを完了した頃，AML は老朽化した C2型と C3型に代わる新造船の建造を開始したばかりだった。APL よりもコンテナ技術に対するアプローチが保守的だったアメリカンメールは，建造する5隻の船に改良型のマリナー級のデザインを採用した。C3型に比べて総トン数が大幅に増え，速度も16.5ノットから20ノットに向上し，リーファー容量や荷役も改善された。AML の代替船隊，シーレーサー級とプレジデント・ルーズベルトのための資金，合計4,600万ドルは，1936年の海商法タイトルⅪ（Title Ⅺ of the Marchant Marine Act of 1936）に基づいて海事理事会が調整し，下取りと新しい借用権限によって大幅に緩和された。APL は，政府が保証し，利息が連邦税から免除される5％の船舶抵当権付き債券を発行し，一般に販売すること

が許可された。1959年には APL だけで1,400万ドル，1962年にはさらに400万ドル分を販売した。

　60年代の10年間は，APL にとって持続的な発展の時代だった。マリナー級としての設計による貨物船 8 隻が C3型に取って代わった。新しいセミコンテナ船 2 隻，プレジデント・リンカーンとプレジデント・タイラーも間もなく加わる予定だった。また，太平洋を横断する船隊には，さらに 2 隻の旅客船が加わった。デイヴィスは，ナトマスを通じて，APL，AML，PFEL という 3 つの独立した船会社からなる欧米では最大となる海運帝国を支配し，合計で47隻の船を所有・運航し，さらに10数隻の船をチャーターしていた。

　デイヴィスは，自分の夢を知ったのだから，それを実現しなければならなかった。それぞれの組織が持つ達成感を失わずに，共存共栄の関係を築かなければならない。それは，たとえ海運業界が正常な時代であったとしても，非常に困難なことで，夢には遠い状況だった。コンテナ化と，それに伴う機材や独自の運航管理システムは，伝統を重んじる海運業界に激変をもたらしていた。その結果，航空会社は，レジャー用のクルーズを除いて，外航船での旅客輸送を困難にしただけでなく，廃れさせてしまった。新しい専用船，専用のコンテナターミナル，コンテナの購入やリースには，何百万ドルもの費用が必要だった。しかし，それ以上に重要だったのは，この変化の意味を理解し，それをどのように利用するか理解できる，まったく新しい経営者たちの教育と訓練だった。

[注]————————————

1　Harold C. Davies 著 *Ralph Davies* 126頁。

2　上掲書16頁。Gardner, "Oral History Transcript," 13, APL Archives.

3　American President Lines, Ltd., Annual Report 1952, Yost Collection.

4　Peter Teige, "Oral History Transcript," 1, 7, 8, APL Archives.

5　「APL がプレジデント・クリーブランドとプレジデント・ウィルソンを1954年に購入」。*The Wall Street Journal,* 29 October 1952.

6　連邦海事理事会（Federal Maritime Board）の A. S. Williams から1954年12月31日 APL に宛てて。APL Archives.

7　たとえば，APL が理事会に対して，大西洋・海峡航路の航海回数を年12〜16回を24〜26回に増やす申請ができるなど。American President Lines, Ltd., Annual Report 1957,

Yost Collection.

8 Teige, "Oral History Transcript," 9, APL Archives.

9 上掲書。

10 APL の連結貸借対照表を見よ：Annual Report 1953, Yost Collection.

11 それらの船舶は, *China Mail* (C2), *Island Mail* (C2), *Ocean Mail* (C2), *American Mail, Canada Mail, India Mail, Java Mail, Oregon Mail, Washington Mail* であった。出所は以下を見よ。Patricia E. Hartle, comp., "Ships Owned or Operated by American Mail Line, Ltd. 1940-1973," 22 October 1979, APL Archives.

12 Blythe & Co., Inc. Prospectus, 23 April 1946, APL Corporate Files.

13 American Mail Line, Ltd., Annual Report 1953, Yost Collection.

14 上掲書。Teige, "Oral History Transcript," 12, APL Archives.

15 Teige, "Oral History Transcript," 12, APL Archives.

16 Worth Fowler, "Oral History Transcript," 5, 16, 17 APL Archives.

17 Teige, "Oral History Transcript," 12, 13 APL Archives.

18 Ide, "Oral History Transcript（Ⅰ），" 21-27, APL Archives.

19 Natomas Company, "Proxy statement, April 20, 1956," Natomas Company, Annual Report 1956, Chandler Ide Collection, St. Helena, Calif.

20 Boyce Luckett, "Oral History Transcript," 6, 7, APL Archives.

21 上掲書。Teige, "Oral History Transcript," 15, 16, APL Archives.

22 Luckett, "Oral History Transcript," 17, 18, 21, 26, APL Archives.

23 Pacific Far East Line, Inc., Annual Report 1958, Ide Collection; American Mail Line, Ltd., Annual Report 1958, Yost Collection.

24 Ide, "Oral History Transcript（Ⅰ），" 104, 105, APL Archives.

25 上掲書。

26 Gardner, "Oral History Transcript"; Ide, "Oral History Transcript（Ⅱ），" passim, APL Archives.

27 George Killion, "Statement Before the Merchant Marine and Fisheries Committee, U. S. House of Representatives, February 4, 1958," APL Archives.

28 Luckett, "Oral History Transcript," 21, 34, 34; Charles Deering, "Oral History Transcript," 12, 13, APL Archives.

29 上掲書。

第**10**章

CONTAINERSHIPS

||||||||||||||||||||||||||||||||||||||||||||||||||||||||||||||||||||||||||||||||||||||||||||||||||||||||||||||||

コンテナ化

1 リントナーのアメリカンメール退任と ファウラーの社長就任

　ラルフ・デイヴィスは，リントナーの APL 経営陣との連絡係を務めていた大柄で人当たりの良いワース・ファウラーを評価していた。リントナーは，1940年以来，アメリカンメール・ライン（AML）の運命を導いてきたが，そろそろ限界に来ていた。健康を害し決断力を失っているようだった[1]。ファウラーは，1933年にプリンストン大学を卒業して以来，アメリカ北西部の海運業に携わってきた。オレゴン州ポートランド出身の彼の父親は，この地域の有力な材木業者だった。家業が木材の出荷に関係していたため，若いファウラーは早くから鉄道や船に興味を持っていた。家族の縁で，ポートランドのステーツライン（the States Line）のドックチェッカーの仕事に就いた。その後，ステーツラインの貨物船の一般船員として中国に渡り，同社の貨物取り扱い事務所の事務員として配属された。貨物業務全般に携わった後，ステーツラインのシアトル事務所に異動。1939年，彼はそこで当時貨物部門の責任者をしていたリントナーと出会った[2]。２人は意気投合した。小柄で緊張感のあるリントナーは，顔に深いしわがあり無愛想な態度で，ファウラーのゆったりとした体格と気さくなスタイルとは対照的であった[3]。

　しかし，ファウラーには性格以上の魅力があり，２人は長年にわたるパートナーシップを築いていった。ファウラーは，たいへん愛想がよく知的で，アメリカ北西部の海運業界に対する非常に深い理解を持っていた。しかし，会社の幹部になると，物事を一般化しすぎたり，十分なフォローアップをせずに権限

を委譲したりする傾向があり，リントナー同様，業界の状況についてはもっと情報を得るべきだった。地域に密着した小規模な船会社で，従来通りのオペレーションを行っていたファウラーは，理想的な経営者だったが，大規模な設備投資や新しい経営理念を必要とする変化を予見し，実行することに関しては，彼は行動が遅かった[4]。

1940年にファウラーは再編成された AML でリントナーのアシスタントとして入社した時には，このような評価はできなかった。また，その後四半世紀の間，リントナーの副社長として，収益性の高い船会社の経営に重要な役割を果たしたときも，そのような評価はできなかっただろう。デイヴィスの頭の中にも，重要な決断をする時に必ず相談するチャンドラー・アイデの頭の中にも，ファウラーがリントナーの後を継いで AML の社長になるべきだという疑問はなかった。こうして，リントナーが海事局（Maritime Board）と契約した新造計画に対応できなくなると，デイヴィスとアイデはリントナーを辞めさせたのである。しかし，リントナーは引き続き AML の取締役であり，取締役会の執行委員会のメンバーであった。1959年10月，ファウラーは AML の社長に就任した。

2 在来船のリプレイスと業界のコンテナ化

ファウラーが AML を引き継いだのは，1957年の不況が一巡した頃だった。バルク市場での運賃市況はまだ軟調だったが，運賃は一般的にはかなり改善されていた。海事局からチャーターしていたシュラー・オーティス・ブランド（*Schuyler Otis Bland*）の代わりに，APL からプレジデント・アーサー（元 *Dartmouth Victory*）を購入するほど，ビジネス状況は明かるかった。

AML は C2型と C3型の船舶の交換を約束していたが，リントナーは建造契約の締結を拒否しており，この遅延はワシントンで大きな批判を浴びた。ワシントン・メールがアラスカ湾で暴風雨に遭って真っ二つに割れて沈んだとき，幸いにも人命に関わることなかったが，この問題はクローズアップされた[5]。

リントナーのリプレイスに対する考え方は，ワシントン・メールを失った直後の1956年 5 月23日に AML の取締役会で述べたコメントによく表れている。リントナーは，アメリカの造船所の混雑状況に言及しつつ，造船設計の現状を考慮すると，船体構造に関して一定の実験が完了するまでは，会社が建造プロ

グラムを開始するのは賢明ではないと述べた。彼の意見では，可能であれば「少なくとも，適切なトン数の持ち船が購入可能となるまで，代替船はチャーターする」ことが理にかなった応急処置であった[6]。海事局はC3型のシュラー・オーティス・ブランドのチャーターを渋々承諾したが，AMLに対して補助金を受けている船の新造船へのリプレイスに関するガイドラインを示すように要求した。リントナーは，チャイナ・メール，アイランド・メール，オーシャン・メールの3隻のC2型のリプレイスのため，新造船の目標期日を1957年12月31日とした。彼は，AMLの残りの船隊を構成するC3型のアメリカン・メール，カナダ・メール，ベンガル・メール，ジャワ・メールについてはさらに曖昧だった。海事局の管理者であるクラレンス・モース（Clarence Morse）に宛てた公式書簡の中で，彼は，「C3型のリプレイスの遅れは……合理的かつ現実的である」と述べた[7]。

　リントナーが過剰なまでに慎重になったのには，新規建造を曖昧にした確かな理由があった。海運業界では，従来よりもはるかに経済的で効率的な貨物の積み降ろし方法であるコンテナ化が進んでいた。これまでは，港湾労働者や船員が作業に従事し，船上や陸上のクレーンやフォークリフトを使って貨物を動かしていた。これは非常に労働集約的な荷役方法である。天候による作業の中断や船側でのトラブルも多く，貨物の配送日時は不確実なものであった。商品の破損や盗難は，利益率の低いことが当たり前だった伝統的な産業のリスクとして受け入れられていた。

　第二次世界大戦は，それまでの概念を大きく変えた。船舶による貨物輸送の歴史上はじめて，トラック業界や鉄道業界の専門家から成る陸軍と海軍によってであったが，同時に軍務に就いている民間の技術者でもあり，混載貨物をそれまでのバラ積みではなく，パレット積みされた箱で出荷するようになったのだ。これは，軍事的な緊急性から，荷揚げ港での迅速な荷降ろしと，迅速な配送も求められたためである。彼らの創意工夫が戦時船舶管理局（WSA）の目に留まり，船上コンテナの実験を行った。そして，その効果が実証されたことから，海運業界に向けてコンテナの使用を呼びかける一連の報告書が発行されたのである[8]。

3 マルコム・マクレーンの発想

　この戦時中の技術革新は，トラック王のマクレーン（M. P. McLean）が海運会社を設立するまで，ほとんど知られていなかった。子会社のシーランド（Sea-Land）では，第二次世界大戦中に行われていたコンテナ輸送の方法を利用していたが，その際には自社のトレーラートラック用で船に合うバン（コンテナ）を使用していた。貨物内容と荷受人が一目でわかるように事前に積み込んだバンを，待機しているトレーラーリグや鉄道車両にクレーンで吊るして運ぶ統合的な貨物輸送システムを開発できると確信したマクレーンは，5台のC3型船をトレーラー船に改造するために多額の投資を行った。トラックや鉄道が陸上のコンテナ用の車両であるように，船は海上のコンテナ車両であると考えた。そして，コンテナを船に積んだり降ろしたりするためのクレーンの開発を行った。マクレーンにとって，船はインターモーダル・システム（複合一貫輸送）のリンクの1つである。海の伝統や伝承など，彼にとっては何の意味もないことで，むしろ，時間，労働力，スピード，柔軟性，配送システムの正確性など節約に大きな意味があった。

　シーランドが成功したのは，マクレーンと彼の輸送の専門家チームがコンテナ船の仕組みと力学を理解したことと，シーランドの主要な市場が，陸路と河川交通がすでに発達していた米国東部とヨーロッパであったことが理由である。マクレーンのトレーラー船の収益性の高さから，この新しい貨物輸送手段はアメリカや西ヨーロッパの海事関係者の間で広まっていった。以前からコンテナ機能を中心とした船の設計に興味を持っていた海事局は，この新しいコンセプトを推し進めた。

4 逡巡するコンテナサイズとコンテナ船の設計

　APL のジョージ・ペインと彼のエンジニアグループは，次世代の貨物船として建造されたシーレーサー級の設計において，新旧の橋渡しをしようとして失敗した。シーレーサー級のハッチには，コンテナ用のものもあれば，伝統的な積み降ろしを採用したものもあった。このように，業界が不確実な状態にあることが明らかなのに，妥協した設計を試みたのは，コスト的にも失敗だった。

プレジデント・リンカーンとプレジデント・タイラーと名付けられたシーレーサー級は，決して効率的な運航ができなかった。互換性のない2つの貨物輸送システムが，1つの船上に並存していたのである。2つは互いの邪魔をして，貨物の積み降ろしをスピードアップするどころか，むしろ遅らせてしまった。

　当時，APLのオペレーション部門でコンウェルのアシスタントをしていたチャールズ・デアリングが言っている。

> 「私たちはコンテナ船を造ったが，少し早すぎたのかもしれません。というのも，建造中にも規格が変更されており，当時はボックス（コンテナ）の形状が決まっていなかったのです。船の設計時には17フィートのコンテナの積載が提案されていたが，長さが短い理由は，当時のコンセプトがトレーラーではなくボギー車（後輪用の台車）を使うからだった。つまり，ボックス自体に構造を持たせて，船からボックスを降ろすときには，後輪用のアセットを付けてトラクター（トラックヘッド）で移動すればよかった。そのような構造は，その後，知識が広がるにつれてなくなっていきました。そして，次のステップは24フィートになりました。そして最終的には20フィートのボックスとなったのです。」[9]

　しかし，コンテナ船の設計技術が過渡期にあるとすれば，ロジスティクスも，また，発展途上である。APLはこの方向性に一石を投じて，シーレーサー級を発注したのである。すでにオペレーション部門には，トラフィックの専門家であるキャプテン・ホラー（Captain D. S. Holler）率いるコンテナグループが設置されていた。1958年10月24日，ホラーと営業担当副社長補佐のジョン・N・コンウェイ（John N. Conway）は，コンテナターミナルや物流ネットワークのある港を視察するため，世界一周のルートでサンフランシスコを出発した。16カ国26港を訪問し，現地の労働事情や高速道路，鉄道の状況にも注意を払い，訪れた国のインフラをある程度調査したのである。彼らの目的は，コンテナ船の世界一周航路が実現可能かどうかの報告で，日本，韓国，フィリピンの港も訪問している。ホラーとコンウェイは，一般的には港湾施設は十分であるが，鉄道や道路網に問題があることを指摘した。

　例えば日本では，山間部に多くの鉄道や道路のトンネルがあるため，バンやコンテナの高さに厳しい制限があった。また，日本の道路は，トレーラーの重

さに対応できる状態ではなかった。訪問したどの港にも，コンテナ用のガントリークレーンや，コンテナを船から岸に，あるいは逆に岸から船に効率よく移動させるための関連機材はなかった。ホラーとコンウェイは，コンテナに台車や車輪を付けて移動したり，トラックのシャーシに載せたりできるようにすることを勧めた。インド，イタリア，フランスでは20フィートのコンテナで大丈夫であるが，コンテナのサイズは8フィート×8フィート×17フィートに規格化すべきだと考えた。横浜など日本の主要港では，一般貨物の90%が艀（はしけ）で行き来していた。平均的な艀は，8フィート×8フィート×17フィートのバンを4台，または同じ寸法のバンを2段積みで8台積むことができる。しかし，これらのバージが通過しなければならない運河や水路の橋梁のクリアランス（桁下空間）は，1段（バン4台）のみの制限がほとんどである。残念ながら，ホラーとコンウェイは，多様な労働条件については，それほど深く追求していない。また，政府による規制の問題も最小限しかなかった。

　彼らの報告は，全体的に非常に楽観的なものだった。貴重な情報を提供してくれたが，全般的には，これからの問題点を指摘していた。特に，統合的なコンテナシステムを構築する前に，海外のターミナル施設をかなり完全に再構築する必要を指摘している。この報告書は，オペレーションや貨物，エンジニアリングの各部門に大きな影響を与えたが，コンテナ化に代わるロジスティクス問題の解決に向けては十分とは言えず，大きな資源を投入するには至らなかった。多くの点で，この報告書は不正確であるだけでなく，エンジニアリングや設計に関する意見が不足していた。ホラーとコンウェイはエンジニアや造船技師ではなく，また，本船の設計とコンテナ設計との関係，さらに，ターミナルとトラック部門との関係を計画するために必要な綿密な調査は行っていなかった[10]。

　さらに，当時はもっと深刻な問題だったのが，APL の顧客がコンテナ輸送に備えていないことだった。元営業担当副社長で，アジア市場に詳しいジョン・E・エスペイ（John E. Espey）は，運賃同盟では顧客と競合する船社がともにコンテナ輸送に反対するコンセンサスを維持しているという，勝ち目のない状況を説明した。

　　「統合されていなかった。私たちは荷役機材を持っていませんでした。コンテナの取り扱いをバルクのオペレーションと一緒にやっていました。プ

レジデント・リンカーンが入ってきて，数本のコンテナを扱うことはあっても，ほとんどがバルク貨物だったのです。例えば日本では，貨物の取り扱いにおける経済性は全く達成できませんでした。また，コンテナ・ハッチが船内のスペースを奪ってしまったため，多くのスペースを失っていました。多くの理由により，荷主からのコンテナの需要がなかったのである。1つには，ダメージやロスが大幅に減ることなどを印象づけようと努力したにもかかわらず，コンテナが望ましい輸送手段であると納得してもらえなかったこと，最も困難だったのは，運賃同盟との間に大きな問題があったことです。同盟は，すべてバルクを行うキャリアで構成されており，その中には日本の船社も含まれていた。彼らはコンテナを「不要なもの」と考えていました。どのようなサイズであれコンテナ輸送を行う準備ができていなかったのです。そのため，自分たちの利益を守るために，正しい関税ルールを適用せず，コンテナに不利になるように考えられることをすべて行っていました。……彼らはコンテナ船もコンテナも持っていませんでした。そして，私たちがリンカーンとタイラーでスタートしたのです。関税には，コンテナ輸送のほうがバルクでのコストよりも高くなるようなルールが設けられていたか，残っていました。本来ならば，その逆でなければなりません。その結果，料金体系のせいで，コンテナを売るのに大変苦労しました。もちろん，同盟から脱退することもできたし，何度も検討しました。しかし，そのたびに私たちはそうしなかった。もちろん，脱退するための準備もしていませんでした。フルコンテナオペレーションに移行するために必要な投資を行う信念もなく，私たちはその間を行き来していたのです。」[11]

　プレジデント・リンカーンとプレジデント・タイラーは，高価な教訓となった。しかし，少なくともそれらのパフォーマンスは，船とコンテナにおいて新しく，より互換性のあるデザインに関して示唆を与えるものだった。とくに，フルコンテナ化された船から最大限の効率を引き出すためには，ロジスティクスにも同様に設備投資が必要なことが強調された。

　この点では，新技術に対する AML の慎重で保守的なアプローチは，短期的にはより良い結果となった。後継船10隻は，いずれも試行錯誤の末に設計されたマリナー級を，AML の貨物や航路に合わせて大型化，改造したものである。

総トン数は初期のマリナー級に比べて約3割大きくなった。推進力も大型化し，速度も20ノットから22ノットへと向上した。造船技師のコンサルティング会社であるJ.J.ヘンリー社（J. J. Henry Company）が行った大規模な流水モデルテストの結果，AMLのエンジニアリング部門は船首をより後方にフレアさせることを決定した。これらの設計変更はワシントン・メールのスピードに貢献し，特に甲板を大波から守り，甲板に積まれた貨物を守るのに役立った。1963年初頭，ワシントン・メールは西から東，東から西への太平洋横断記録を更新した。1963年12月に竣工した姉妹船オレゴン・メール（Oregon Mail），1964年3月に竣工した姉妹船カナダ・メール（Canada Mail）と合わせて，建造差額助成後の資本支出額は2,400万ドルとなった。これらの資金は，アラスカ・メール（Alaska Mail）とインディアン・メール（Indian Mail）の下取り，1,000万ドルの商船債の発行，AMLの予備資金からの支払い，政府保有の抵当権などで賄われた。

　サンディエゴのナショナルスチールから最後のマリナー級の船を受け取る前に，AMLはさらに2隻のマリナー級を契約した。最初の3隻のマリナー級を購入した後，アメリカの造船所ではコストが急上昇していた。AML社は，これらの船のために約3割高く，1隻当たり約1,200万ドルを支払わなければならなかった[12]。1965年，AMLは4隻のC5型カーゴライナーを契約して近代化プログラムを完了し，1967年には5隻目が購入される予定だった。

AMLのワシントン・メール（後のプレジデント・ルーズベルト）とアメリカン・メール（後のプレジデント・クリーブランド（3世））。

　AMLが船隊を整備し，約1億2,500万ドルという多額の設備投資を行う一方で，APLはシーレーサー級（Searacers）に続いて，20.5ノットのバルク船であるマスターマリーナ一級（Master Mariners）を3隻契約していた。シーレーサー級の経験から，エンジニアリング部門とオペレーション部門，貨物部門の幹部は，業界にコンテナ船の準備ができていないこと，そしてプレジデント・タイラーやリンカーンのような，まさしくハイブリッド船の準備はできていないことを認識した。このように，新船は基本的にマリナー級のデザインを踏襲し，伝統的な構想に回帰したものであったが，プロトタイプよりもスピードと貨物の積載量がわずかに増えていた。船橋と機関室，カーゴブームの装置をより自動化したことが，技術の変化に対する唯一の譲歩だった。しかし，コンテナ船建造からの後退は，APLがすべての新造船にコンテナ技術を導入すべきだと懸念していた経営陣からの反発がなかったわけではない。必然的にこれらの議論はデイヴィスの耳に届くことになった。デイヴィスは数年前からAPLの経営と，とりわけ彼が経営する3つの船会社がもっと緊密に調整し，事業に規模の経済性をもたらすことができないことに懸念を抱いていた。

5　APL，AML，PFELの共同船舶会社の設立

　ナトマスがPFELの株式の40%を取得して経営権を得た1959年の時点で，デイヴィスは3つの船社の代表者を集めて調整委員会を設置し，問題の調査と対策を求めた。その結果，3社が株式を保有する独立した会社，共同船舶会社（Consolidated Marine, Inc.）が設立されたのである。

　共同船舶会社は，すべての問題に対処するにはスタッフの数が少なすぎたし，役員会もデイヴィスが想定していたような調整や協力の体制ではなく，参加している各船社の特定の利益を代表していた。最も成功したことと言えば，3社の利益となるようにロサンゼルスとサンフランシスコの新ターミナルの管理をしたことである。係留と荷役のスペースを確保し，メンテナンス用の施設などが改善された。しかし，それ以外の（オペレーション予算の大きな項目である）購入，保険，そして後には運航管理のためのデータ処理については，会社への忠誠心や反感を断ち切る努力をしても，共同船舶会社では遅々として進まなかったのである。

　3社の組織を調整する機能ができ，デイヴィスは，これは，合併に向けての

重要な第一歩であると考えた。彼はまた，AML，APL，PFEL の純利益を連結総収入の関数として注意深く観察していた。1962年から1966年の間に，APL は AML と PFEL の合計の倍以上の規模でありながら，2社の純利益の合計に匹敵する年は1年もなかった。例えば，1965年の純利益率は，AML が13%，PFEL が10%，APL が8.2%だった[13]。デイヴィスには現金がもっと必要という理由だけでなく，多くの理由から APL の経営陣に重大な欠陥があると判断した。

　デイヴィスは，3社の新造船に伴う多額の設備投資のほかに，ミサイル基地の建設と管理，カリフォルニアやコロラドでの土地開発，ペルーでの金鉱採掘，石油の掘削と精製など，多額のベンチャー・キャピタル投資を行っていた。しかし，約1,100万ドルで最大の投資は，サンフランシスコの金融街の端にあるカリフォルニア・ストリートとカーニー・ストリートの角にあるセントメリーズ・スクエアに新しいオフィスビルを建設することだった。長期的な投資としては，建物の建設は悪くない，しかし，デイヴィスが客船に魅せられたのと同様に，彼の決断の背景には，利益追求というよりも個人的な満足感があった。チャンドラー・アイデは，「ビルの建設はうまくいった。しかし，基本的には，威信をかけて建てられたものだと思う。また，ちょっとしたプライドもあるが，デイヴィスはずっとオフィスビルを欲しがっていたので，神の思し召しでオフィスビルを建てたのかもしれない。そろばんでは儲からないとのつもりが，建物のローンの利息を払う頃には，ほぼ収支トントンになっていて，会社の投資利益は1～2%程度となった」と述べた[14]。

　1959年，ナトマスは建設用の土地を取得し，設計はアンシェン・アンド・アレン（Anshen and Allen）建築事務所に依頼した。ウィリアム・スティーブン・アレン（William Stephen Allen）とロバート・アンシェン（Robert Anshen）のコンビがサンフランシスコで苦労しながら最初にビジネスを起こした時に，デイヴィスが1930年代の後半に利用した建築事務所である。当時，カリフォルニア・スタンダードオイルの副社長だったデイヴィスは，サンフランシスコ郊外のウッドサイド（Woodside）という町に近い半島に，絵のように美しい丘陵地に購入した広大な土地に新しい家を建てることを決めていた。外壁にも内壁にも木や石をふんだんに使って，快適でありながら目を見張るような構造を提案した若い建築家たちに感銘を受けたデイヴィスは，彼らの計画を受け入れた。そして，この家に満足した彼は，彼らのベンチャーの1つで，第二次世界大戦

後に伸びが期待されたプレハブ住宅市場に向けた「ストレス・スキン・パネル」（stressed skin panels）を支援するなど，長年にわたって彼らと関係を保ち続けた。

　そこで，デイヴィスは，セントメリーズ・スクエアにオフィスビルと会社の本部を建設することを決めたとき，ごく自然にアンシェンとアレンに依頼したのである。彼が求めていたのは，職人の技と材料に費用を惜しまない質の高いビルだった。また，アレンがデイヴィスの考えを述べたように，「とりえのない高層ビルではなく，サンフランシスコらしさを備え，地域に調和した美しく特徴的なビルでなければならない。デイヴィスは，耐久性がある素材で頑丈に造られ，最高の設備と内部の柔軟性を最大限に備えた建物を望んでいました」。デイヴィスは，ビルに彼の名前を付けようという提案を拒否した。セントメリーズ・スクエアにそびえ立つ22階建ての建物は，単に，インターナショナル・ビルディング（International Building）（訳注1）と名付けられた。これは，ナトマスと関連会社の活動内容を表しているため，適切な名称だと思われた[15]。

　インターナショナル・ビルディングができて，APLとナトマスの幹部やスタッフが入居するようになると，APLの収益性に関する問題がデイヴィスの関心事になってきた。なぜなら，資本支出用のファンドが増え，1962年から1965年にかけてナトマスが行った野心的な事業への投資のほとんどがうまくいかなかったからだ。共同船舶会社は，彼が期待していたようには機能していなかった。5年前から考えていた3つの船社の合併は，彼にとって最も重要な課題となった。

　このような統合は，独立した3社の幹部だけでなく，株主や顧客にも迷惑をかけることになるため，デイヴィスは，法律や手続き上の問題と同様に，機転を利かせた対応が重要だと考えていた。彼は，このようなデリケートな問題の処理を，いつもチャンドラー・アイデに任せていた。アイデは，ナトマスの再編成以来の副社長であり，過去7年間は取締役，1961年からは執行役員でもあった。デイヴィスは今回もアイデに，多くの利害関係者にとって公平な方法を考えてほしいと頼んだ。ワーナー・ガードナーは，海事局と司法省（Justice Department）の許可を得ることになった。

（訳注1）　International Building については Anshen & Allen Collection 2013-08（カリフォルニア・アーカイブス：https://oac.cdlib.org/findaid/ark:/13030/c87h1nx6/entire_text/）も参照されたい。

　案の定，3つの母体からは微妙な反発があった。幹部たちは，合併した新会社での自分の立場を心配していたのだ。しかし，ナトマスの経営陣は関係者全員を安心させ，サンフランシスコやシアトルの不安や嫉妬を和らげてくれた。従業員のモラールと顧客の感度，労働者の反応，この3つの重要な分野が損なわれることはなかった。また，政府や株主からの深刻な問題も起こらなかった。

　1965年に開催されたナトマスの年次株主総会で，デイヴィスは政府の承認を条件に合併案を発表した。少数派の主要株主であるシグナルは異議を唱えなかった。しかし，世界各地の多様なスタイル，方針，運航スケジュール，代理店，支店など，3つの船会社の違いを生み出していた数多くの細かい要素を調整することは，そう簡単にはできなかった。これらの違いのほとんどは，それ自体は些細なものであったが，それらを集めると，アイデの忍耐力と，敏感な海事関係者を混乱させずに事態を収拾するアイデの能力が試されることになった。

　デイヴィスの決断は，3つの船社を統合することで，全体的な収益性を向上させることがおもな目的だったが，同時にAPLの経営を改善したいとの思いもあった。ボイス・ラケット（Boyce Luckett）を取締役副社長にして，APLの取締役会のメンバーにするなど，合併に向けての準備を進めていた。ジョン・エスペイ（John Espey）は副社長の地位を得て，重要な貨物営業部門の責任者となった。ラケットと共に仕事をしてきたクレイ・ミラー（Clay Miller）は，貨物輸送担当の副社長になった。1964年，アーサー・プールは引退したが，取締役会には残り，彼の辛辣な分析と23年以上にわたる財務責任者としての経験が，引き続き経営方針の指針となった。

　しかし，APLの経営を大きく変えるには，1948年から社長を務めていたジョージ・キリオンを巻き込む必要があった。デイヴィスにはそのことがわかっていた。以前から，キリオンの業績に不満を持っていたが，決断を遅らせていた。デイヴィスはキリオンの政治的な人脈は会社に価値のあることで，また，APLを買収した際の助けに対して，キリオンに一定の義務感を持っていた。また，シグナルのサミュエル・モッシャー（Samuel Mosher）とキリオンは親しい友人であり，合併を目前にしてモッシャーの機嫌を損ねるわけにはいかなかった。

　しかし，その時期は適切だった。ここ数年，メトロ・ゴールドウィン・マイヤー（Metro-Goldwyn-Mayer）の取締役でもあるキリオンは，自分の時間と関心のかなりの部分を映画産業に費やしていた。デイヴィスは，ハリウッドでの

キリオンの利権をよく知っており，彼が APL の収益状況が改善しても気にすることはなかっただろうし，事実そうはならなかった。また，デイヴィスが必要と感じている経営に関する重要な方針に関するガイドや，コンテナ化をめぐって下層部で起きていた派閥争いにも，キリオンはあまり役に立たなかった。キリオンが65歳の定年を迎えた1966年になっても，デイヴィスはキリオンの残留希望を確認するだけで，何のアクションも起こさなかった。キリオンを残すべきか，引退させるべきか，デイヴィスが悩んでいた時に現れたのが，経営コンサルタントのウィリアム・ジョセフ・ビエール（William Joseph Biehl）だった。ビエールは，長身で体格もよく，自信に満ちた雰囲気と，リラックスした実直なスタイルを兼ね備えていた。彼は，同じく経営コンサルタントのケリー・アトキンソン（Kerry Atkinson）から，サンフランシスコのビジネスの場でデイヴィスに紹介された。ビエールは，過去16年間会長，CEO，主要株主を務め，現在もコンサルタントとして在籍しているシカゴの会社，フライ・アソシエーツ（Fry Associates）を一線から退いたばかりだった。野心的で積極的な彼は，新しい顧客を開拓したいと考えていた。

　ビエールのキャリアは，経営上の問題を内部で解決できない組織問題の解決という困難なビジネスで驚くべき成功を収めたものであった。飼料と穀物の商人の息子として，インディアナ州の農村地域で育った。1937年にインディアナ大学を卒業し，化学工学の学位を取得した。しかし，特徴的なのは，卒業前にすでに就職していたことである。当時は大恐慌の年であり，技術者の職が非常に不足していた。最初に就職した食品加工会社のリビー・マクニール・アンド・リビー（Libby McNeill and Libby）に1943年まで在籍し，最終的には製造担当として「ナンバー2」にまでなった。リビーでは，生産方式や生産管理を専門にしていたが，労働生産性を向上させるシステムを構築することに長けており，食品加工の世界にとどまらず，問題解決の専門家としての評価を確立していた。

　リビーでの出世を阻まれたビエールは，同社を退職し，シカゴに新たに設立された経営コンサルティング会社，フライ・アソシエーツに入社した。生産技術者としての評価に加えて，労使関係の専門家としても活躍していた。その後，食品加工会社の幹部を経て，彼が勤めたフライ・アソシエーツの経営権を取得し，会社は彼の下で経営コンサルティングの分野で大きな力を発揮するようになった。1965年，ビエールは経営権を手放し，保有する株式を他のメンバーに

売却し，非常勤の社員として，新規顧客の開拓を担当することを決めた。ビエールは，カリフォルニアに視察に行った際，ジョージ・キリオンに対する決断を迫られていたデイヴィスと出会った。

ビエールはデイヴィスに良い印象を与えた。何度か話をした後，デイヴィスは APL とのコンサルティング契約を提案し，ビエールもそれを受け入れた。デイヴィスが求めていたのは，ジョージ・キリオンを引き留めるべきか引退させるべきかについての意見であり，引退させる場合には，APL の組織の中で誰を後任に推薦するかということだった。デイヴィスは，APL が直面している多くの問題について外部からのアドバイスも求めていた。ビエールは船会社のことも，APL の経営についても何も知らなかったので，デイヴィスはビエールのために，キリオンを含む幹部へのインタビューを手配した。

ビエールは，キリオン，続いてアーサー・プールス，ピーター・テイジ，ボイス・ルケットら経営幹部の面々と話をした。わずか2日間の面談で，ビエールはデイヴィスに「キリオンは，MGM の取締役としての時間を使いすぎて，APL をおろそかにしている」と報告した。しかし，株式を大量に保有していたシグナルの経営陣からは強い支持を得ていた。また，キリオンは APL の幹部からも多大な忠誠心を持たれていた。これらを総合的に判断して，デイヴィスはキリオンを引退させることにした。次に彼が求めたのは，後任としての R・イクスに対するビエールの意見であり，もし肯定的であれば，APL の社長職について彼を説得することであった[16]。

6 キリオンの退任とイクスの社長就任

キリオンの後任には，R・イクスが選ばれたのは理にかなっていた。彼は PFEL の社長として，1960年には3,500万ドルを超える総売上高で52万9,000ドルに過ぎなかった収益を，1965年には5,000万ドル近い総売上高で461万8,000ドルにまで押し上げるという素晴らしい業績を残していた。また，イクスは不採算の子会社を整理・縮小し，第二次世界大戦中に保有していた船舶を最新のマリナー級に代えることにも成功した。1946年にカフ（Cuffe）が PFEL を設立して以来，軍用貨物は PFEL の主要な収益源であったため，ベトナムの建設ラッシュが PFEL の業績向上に大きく貢献したことは事実である。しかし，イクスは有能な経営者としての姿を現したく，事実 APL の新社長として直面

するであろう問題のせいで，比較的安定した地位を離れたくないと考えていた。APL だけでなく，AML や PFEL と合併して大きくなる APL の社長になることがイクスをその気にさせた。彼は，迷いに迷った末に APL の社長になることを承諾し，後継の PFEL の最高責任者には財務担当のレオ・C・ロス（Leo C. Ross）が就任した。

7 ラッシュ船に惑わされる APL

　イクスは PFEL を去る前に，海事局が推進していた新しいコンセプトである，いわゆるライター（lighter on board ship）もしくはラッシュ船（LASH）のコンセプトに熱中していた[訳注2]。ニューオーリンズの会社の造船技師が開発したラッシュ船は，大規模で特別に設計された岸壁用のガントリークレーンやコンテナ船用のターミナル施設を必要としない，妥協の産物ともいえる技術だった。ラッシュ船は，本船から吊り上げられ，タグでターミナルまで曳かれ，コンテナ化されたライターを運ぶ設計となっていた[17]。

　ラッシュ船は，米国東部や西ヨーロッパのように内陸部に水路が発達していて，川や運河が整備されている地域では，コンテナを効率的に運ぶことができる手段だった。しかし，北米西岸の船会社にとって主要な貿易地域である日本，韓国，香港，台湾，フィリピンには，このような内陸輸送の手段は存在しない。また，アメリカ西海岸の港は，大規模なバージ輸送を支える水路に恵まれていなかった。コロンビア川は支流が少なく，人口密度も高くない。サクラメント川やサンホアキン川の水系は，ミシシッピ川や五大湖・セントローレンス水路に比べれば，ごくわずかである。しかし，東アジアと東南アジアでは，ラッシュ船では現地で所有し厳格に管理するライターかサンパン（小型船）で貨物を扱うため，高額なコンテナ機材を導入する前の一時的な解決策とも言えた。

　イクスと PFEL のオペレーション担当副社長 G・J・グメルチ（G. J. Gmelch）は，この特徴に魅力を感じていた。彼らはラッシュ船に，ベトナムやフィリピンの慢性的な港の混雑問題を解決する方法を見出していた[18]。しかし，彼らや APL の経営陣にとってそれ以上に難しいことは，海事局からの，

（訳注2）PFEL のラッシュ船については加藤信光（1974）『ラッシュ船の研究』成山堂，5～6頁，20～60頁に詳しい。

新たなリプレイスには55％の建造費補助の下でラッシュ船を受け入れろ，との圧力だった。海事局の裁定では，船社は独自にデザインを選ぶことはできず，2社以上が合意したデザインを使用しなければならないと定められていた。グレース・プルデンシャルライン（W. R. Grace/Prudential Line）がラッシュ船のコンセプトを選択し[訳注3]，APL がそれを受け入れるか否かを決める番で，さらに，その次は PFEL の番だった。ラッシュ船のコンセプトはグレース・プルデンシャルラインにとって理にかなったものだった。南アメリカのカリブ海の港への補助金を受けた航路は，長い間，港の混雑に悩まされていた。また，南アメリカ西海岸への航路は，天然の港がないため，ライターに頼らざるを得ない。しばらくは，ラルフ・デイヴィスにも意味があった。

ラッシュ船を開発した会社のパートナーであるジェローム・ゴールドマン（Jerome Goldman）は，説得力のある明瞭な造船技師で，インターナショナル・ビルディングの幹部会議室でプレゼンテーションを行い，APL の経営陣にこのアイデアを売り込む寸前までいった。APL の元オペレーション・チーフであるチャールズ・デアリング（Charles Deering）は，「デイヴィスはラッシュ船のコンセプトに心酔していた」，「ジェリー・ゴールドマン（Jerry Goldman）は，あなたが今までに見たこともないような，とんでもないセールスマンだった。彼は，スライドや写真などを使って，ちょっとした見世物（a dog-and-pony show）を行い，デイヴィスのような男には，それが見事に映った[19]」と振り返った。

デイヴィスとイクスが熱狂した理由の1つは，ラッシュ船がシーランドとマトソンによってコンテナ輸送（containerization）という言葉が，海運業界に定着した頃に現れたからだ。おもに本国とハワイ諸島との貿易を行っていたマトソンは，24時間で20フィート×8フィート×8フィートの500個のコンテナを積み降ろしできる独自のガントリークレーンを開発した。コンテナ貨物輸送はこれまでと異なったため，コンテナ船の建造や関連する港湾システムに資本投資が必要で，実際に行われてきた。ラッシュ船のコンセプトが登場した1965年までには，マトソンはコンテナ化の優れた効率性を実証し，特に港湾労働者の労働時間を大幅に削減した。しかし，APL とその子会社の経営陣に強い印象

（訳注3）グレース・プルデンシャル・ライン（W. R. Grace/Prudential Line）は，前掲書（加藤）3～4頁に記述がある。

を与えたのはシーランドだった。シーランドのビジネスの中心は，東南アジアとの貿易と軍用貨物である^{（訳注4）}。ベトナムの軍拡が始まると，補助金なしで完全なコンテナ輸送を行うシーランドは，ベトナム向けの軍用貨物の大部分を落札した。APLと子会社の中に，シーランドが提示した低価格でサービスを提供できる能力を持つ会社はなかった。ジョン・エスペイは回想している。

　　「私たちはどうすることもできませんでした。私たちの船はすべて，契約した決まった航路で補助金を受けていたのです。他に使える船はありませんでした。係船中の船を買い取って改造するには時間がかかりすぎます。お金も非常にかかるし，それに，ベトナム戦争がいつまで続くかもわかりません。そこでシーランドはMSC（Military Sealift Command：軍事海上司令部）との間で，オークランドからカムラン湾までの膨大なコンテナ輸送契約を結び，そこにクレーンと機材を設置しました。そして，契約に基づいて満船で出港し，空船で戻りました。コンテナは空っぽです。それを1年ほど続けました。そして，政府と新しい契約を結び，コンテナを空にして戻ってくるのではなく，日本航路のサービスを始めようという論理的な決断をしました。そして，神戸と横浜に進出したのでした。」²⁰

　決断後，シーランドは設備投資を惜しまなかった。日本政府による港湾施設の近代化を待たずに，ガントリークレーンやシャーシなど，コンテナの取扱いに必要なすべての関連機材を導入したのだ。それまでコンテナ化に遅れていた日本は，コンテナ船の設計と建造，ターミナルへの機材整備を急ピッチで進めた。「その時点で，運賃同盟の状況が変わり，コンテナ化の道が開けたのです。もちろん，我々自身も徐々にコンテナ化の準備を進めていました²¹」とエスペイは言った。
　しかし，遅すぎたのではないか。APL，AML，PFELの3社は，シーランドだけでなく，日本やイギリス，その他の国の補助金を受けてコンテナ輸送能力の開発を急いでいる船社にビジネスの大部分を奪われる危険にさらされてい

（訳注4）シーランドのベトナム戦争との関わりについては，マルク・レビンソン著・村井訳（2019）『コンテナ物語（増補改訂版）』（日経BP）231〜252頁を，また，シーランドがR・J・レイノルズ傘下となり変容する経緯は，飯田（1979）『新訂　コンテナ輸送の理論と実際』（成山堂）38〜59頁を参照されたい。

た。そのような中で、ラッシュ船は、アジアや東南アジアの港での競争に勝つためには、まさに最適なデザインと言えるのではないか。世界一周サービスのインドと地中海航路では、ラッシュ船の柔軟性がバランスのとれた解決策となるだろう。また、南アジアの未発達な港では、ターミナルや輸送インフラが整っておらず、船から岸壁までの一貫したコンテナサービスができないため、ラッシュ船は現実的な輸送手段と考えられた。ジェローム・ゴールドマンはAPL と PFEL にラッシュ船のコンセプトを説明する際に、これらの点を最も強調したが、アメリカ西海岸の主要港への適用性や、シーランドがすでに日本、韓国、台湾でコンテナターミナルを開発していることについては、言及しなかったり、脇に追いやったりした。

　経営陣の間では、コンテナ化と、旅客と貨物という大きな問題をめぐって派閥が形成されており、ラッシュ船に関してはそれが一気に解消された。オペレーション、エンジニアリング、貨物輸送の各部門から報告があった。彼らの評価はほとんどが否定的なものだった[22]。

　デイヴィスは、APL の社長に就任したばかりのイクスのバックアップを受けて、ラッシュ船を支持した。チャールズ・デアリングは、ラッシュ船はオペレーション上の深刻な問題を引き起こすだけでなく、マトソンとシーランドのコンテナ船のコンセプトが優れている理論的根拠を示した。他にも、キャプテン・コンウェル、ピーター・タイジ、そして引退したものの取締役として影響力を持つアーサー・プールなどもラッシュ船に危惧を抱いていた。双方の主張に耳を傾けていたC・アイデは、注意を促した。

　デイヴィスはギャンブラーではあったが、可能な限りヘッジをかけていた。彼は、海事局の次の補助金の契約先である PFEL がラッシュ船のデザインを採用することを知っていた。イクスの後任として PFEL の社長に就任したレオ・ロスと PFEL の役員会は、すでにラッシュ船2隻を契約してリプレイスのプログラムを行う意向を示していた。技術が急速に変化していると理解した上で、PFEL を先行させ、判断を保留してはどうか。しかし、デイヴィスはゆっくりとその決断を下し、それは「崖っぷち」になってしまっていた。デアリングは、APL が様子を見るという決定を受けたとき、彼やラッシュ船反対派の人たちが安堵したことを思い出した。「神に誓って、我々は勝利したのだ」とデアリングは言った。「そのお金は、次の船社に渡ることになり、それがたまたま PFEL だったのです。だから、彼らはその契約を評価もせず、検

討もせずに，やみくもに契約したのだと思います[23]」。

8 ｜ コンテナ化に向けた組合との交渉

　ラッシュ船をめぐる論争が一時的に経営陣を分断したとしても，港湾組合（the maritime unions）との前例を覆す合意を受け入れる際には，そのような分断はなかった。船内作業（shipboard operations）の自動化が進み，人手は減っていたが，コンテナ化により，港湾労働者をはじめとするターミナルの従業員が大幅に削減されることが予想された。海事局は，これらの技術的変化が労働力に与える影響をすでに認識していた。海事局は，乗船員 1 人当たりの差額補助金を支払っているため，乗船員数の削減を働きかけてきた。もちろん組合は抵抗したが，西岸港の港湾労働者組合（longshoremen's union）のスポークスマンであるハリー・ブリッジス（Harry Bridges）は，交渉に応じる可能性を示唆し，また，他の海運組合のリーダーたちも受け入れた。船会社を代表し，組合員との契約を担当する太平洋海事協会（Pacific Maritime Association：PMA）は，そのトップであるポール・セント・シュア（Paul St. Sure.）を通じて組合幹部との一連の協議を開始した。

　それまでのターミナル作業は，非常に手間のかかるものだった。帆船の時代から貨物の積み降ろしにはほとんど変化がなかった。1930年代から戦後にかけての団体交渉による協約で，港湾労働者の労働時間は増加し，その多くは高額な残業代として支払われていた。港湾労働者はギャング（班）に分かれて，バルク船の船倉から振り出された木箱を手で扱い，パレットに載せて，列車やトラックで出荷するために指定された場所にフォークリフトで運んでいた。積み込みの際には，その逆の手順で，船倉内の貨物がずれないように材木で補強する作業が加わった。コンテナは，荷役作業員の労働時間を大幅に短縮した。コンテナに入った貨物は船内のセルに収納されるため，支柱が必要ない。ガントリークレーンは，コンテナをトラックのシャーシや鉄道の台車に直接積み降ろしの作業を行うものである。

　同様に，新造船のエンジンルームやブリッジでの自動化により，多くの船員の職種が廃止された。マリナー級の APL 乗組員は58人だったが，自動化によって同等クラスの外国籍船では，乗組員が28人にまで減っていた。エンジンルームはその典型である。ピーター・テイジが「米国籍の船はすべて蒸気ター

ビン船だった。ボイラーの調整や，速度変更に，大勢の人が温度をチェックする代わりに，多くのセンサーや遠隔操作装置が開発され，ブリッジから操作できるようになった[24]」と言う。

セント・シュアと各組合との交渉は，長く厳しいものであった。最終的には，APLをはじめとするPMAのメンバーが，雇用の喪失を補償するために，各組合の組合年金基金に多額の資金を支払うことで合意し，大まかな基本原則が成立した。その後も，自動化やコンテナ化が進むにつれ，交渉と支払いが繰り返された。60年代から70年代前半にかけて，APLだけでも500万ドル以上の補償金を組合に支払った[25]。

60年代前半は，西海岸の海運業界にとって，混乱と変化が迫っていた時代だった。ナトマスとその子会社の将来の進路を大きく左右するような重要な決定がなされた。ラルフ・デイヴィスは，このような動きの中心人物だった。1966年になると，彼は長年の目標を達成するための入り口に立っていると感じた。最も重要なのは，ナトマスが保有する3つの船会社の合併である。この統合により，APLは全米最大級の船会社になるのだが，その実現を目前にして，デイヴィスは方向転換を決意した。この頃になると，ビエールは彼の非公式な副社長となり，コンサルタントの立場ではあるが，APLの経営に大きな力を発揮するようになっていた。

[注]————————————————

1　Fowler, "Oral History Transcript," 16-18, APL Archives.

2　上掲書。

3　Teige, "Oral History Transcript," 12, APL Archives.

4　Ide, "Oral History Transcript（II）," "6; Luckett, "Oral History Transcript," 27, 28, APL Archives.

5　ワシントン・メールの事故に関する詳細は，雑誌ライフ（*Life Magazine*）の1956年3月26日号を見られたい。

6　American Mail Line, "Minutes, Regular Meeting of Board of Directors," 23 May 1956, APL Corporate Files.

7　Lintner to Clarence Morse, undated, 1956（copy）, APL Archives. リントナーはワシントン・メールを含んでいるが，まだ，補助の対象ではなかった。

8　以下を参照のこと。War Shipping Administration, Annual Report 1944（Washington, D. C., 1945）, passim; U. S. Maritime Commission, *The Post War Outlook for American*

Shipping, A Report Submitted by the Postwar Planning Committee, June 15, 1946 (Washington, D. C.: U. S. Government Printing Office, 1946), 86-90.

9　Charles Deering, "Oral History Transcript," 14-15, APL Archives.

10　D. S. Holler and John Conway, "Containerization, 'Round-the-World' Research Trip," APL Archives.

11　J. E. Espey, "Oral History Transcript," 38-39, APL Archives.

12　*AML Newsletter*, March 1963, Yost Collection.

13　数字は1958年から1965年の APL，AML，PFEL の年次報告の貸借対照表から計算したものである（Chandler Ide Collection, St. Helena, Calif.）。

14　Ide, "Oral History Transcript（Ⅰ）," 131-32.

15　Wm, Stephen Allen in *Ralph Davies As We Knew Him*, 107-13.

16　W. J. Biehl, "Oral History Transcript," 20-23, APL Archives.

17　Raymond Ickes, "Oral History Transcript," 20-23, APL Archives.

18　上掲書。

19　Deering, "Oral History Transcript," 26, APL Archives.

20　Espey, "Oral History Transcript," 38.

21　上掲書。

22　Teige, "Oral History Transcript," 22, 23.

23　Deering, "Oral History Transcript," 27.

24　Teige, "Oral History Transcript," 25-26.

25　上掲書27頁。

第11章

TRANSITION YEARS

‖‖

転 換 期

1 シーマスター級の建造

　APL は1960年代後半に入ると動き出し，経営陣の記録はそれまでと対照的なものとなった。業界でのスタートは遅れたが，同社とその子会社はコンテナ化に積極的に対応し始めた。デイヴィスが PFEL のラッシュ船の構想を認めたことでそのリスクも広まったが，同時に AML と APL の社員たちは岸壁で貨物を積み降ろすコンテナ船について議論した。1967年から1968年の間に，APL はプレジデント・フィルモア，プレジデント・グラント，プレジデント・タフト，プレジデント・マッキンリー，そしてプレジデント・ヴァンビューレンの5隻の新しいシーマスター級を受け取った。これらの1万4,000トンの船は，基本的なマリナー級のデザインをすべてアップグレードして，より大きな貨物容積と高速化を実現した。プレジデント・ヴァンビューレンは，サンフランシスコから横浜までの平均速度25.55ノットという記録的な速さで航海した。フルコンテナ船への転用も視野に入れ，フラッシュデッキ（甲板），ホールド（船倉），ハッチ（倉口）はコンテナセルへの転用が必要になった場合に備えて設計された[1]。

　同様に，アメリカンメール（AML）は1969年11月に1万6,000トンのメールナー級（Mailiner）5隻のリプレイス計画を完了していた[2]。この21ノットの船は，バルク貨物用にも設計されたが，甲板上（オンデッキ）のコンテナ積載量はメジャートンで6,352トンである。C5型に限られたこれらの船の総投資額は約8,000万ドルで，そのうち55％は AML の積立金と商船債の発行で賄われた。

　APL はシーマスター級の最初の船を受け取るよりもずっと前に，エンジニ

アリング部門は造船技師の会社であるシャープと協力して，フルコンテナ船の最初の船であるペースセッター級（Pacesetter）の設計を行っていた[3]。プレジデント・リンカーンとプレジデント・タイラーは，それぞれ378個積みのコンテナ船に改造する予定だった。

プレジデント・ヴァン・ビューレン。1972年に C4タイプからフルコンテナ船に改造され，100フィート延長，トン数は1万4,000から1万7,801トンに増加した。

　APL がペースセッターを建造するにあたって，経営陣の間で活発な議論があったわけではない。1966年春，イクスが社長に就任したとき，さらに5隻のシーマスター級の建造計画がかなり進んでいた。しかし，イクスは，これらの設計を継続することは経済的に意味がないと考えた。シーマスター級の法定耐用年数は25年だが，彼は5年もしないうちに陳腐化するだろうと確信していた。「私はそれを止めたが，それは非常に苦痛だった」，「地獄のように多くのことを行い，何とか終わった。私は恐らく許されることはないだろう」と彼は述べている[4]。そして，オペレーション，エンジニアリング，および運航部門に後押しされたイクスの主張で，ペースセッター級にリプレイスしたが，すでにAPL はファレルラインズ（Farrell Lines）との共同建造のプロジェクトに着手し，これにより4隻の新造船を受け取ることになっていた。

2 ハワイ航路の再挑戦とデイヴィスの豪華客船への執着

　イクスはまた，ハワイ航路をほぼ独占していたマトソンにチャレンジしようと考えた。スタンレー・ダラーはハワイ群島と西岸との航路には失敗を繰り返したが，APL は，イスミアンラインズ（Isthmian Lines）とハワイを拠点とする巨大なコングロマリットであるキャッスル＆クック（Castle and Cooke）とともに，新会社ハワイアンラインズ（Hawaiian Lines）を設立した[5]。海事委員会（Maritime Commission：Reorganization Act of 1961で名称を変更した）はこの合併を承認したにもかかわらず，ハワイアンラインズはダラーのベンチャー企業と同じような運命をたどることになった。1967年にマトソンの反対勢力は，イスミアンラインズを強制的に新組織から脱退させ，APL が 3 分の 2，キャッスル＆クック（Castle and Cooke）が 3 分の 1 の株式を保有する新会社となった[6]。しかし，関係する各社はハワイの新しい航路について合意に至らなかった。そして，イクスの退任に伴い，APL とキャッスル＆クック[訳注1]の両社はハワイアンラインズの解散に合意した[7]。

　しかし，デイヴィス会長は，大型客船のロマンティックなビジョンに固執していた。彼は50年代後半の計画を縮小したが，その頃には，結局建造されることはなかった初めての大型客船クラスであるプレジデント・ワシントンの開発を無理に進めていた。APL のエンジニアリング部門は，250人乗りの 2 隻のシリーズ船の予備設計に入っていた。

　ビエールはデイヴィスが客船に憧れていることを知っていた。補助金が出ない限り，客船は赤字の事業となると認識していたが，コンサルタントになったばかりの頃に自分で決めた原則に従っていた。それはデイヴィスが，新しい幹部や客船，合併など何かを望んでいるとわかれば，ビエールは彼の判断を受け入れ，それを推奨し，うまくいくように努力することだった。デイヴィスが選んだのがイクスだと，まさに，感じていたからこそ，ビエールはイクスにAPL の社長になるように説得したのだが，今度はイクスがデイヴィスの信頼を失ったと感じたからこそ，彼の後任を探す準備をしていたのである。

（訳注 1）　現在のドールフーズ（Dole Food Company, Inc）。

　大きなポイントとしては，APL は太平洋航路の 3 船があと 3 年で25年の法定耐用年数となった後も運航を続けるべきかどうかということだった。イクスをはじめとする APL の経営陣は，プレジデント・ウィルソン，プレジデント・クリーブランド，プレジデント・ルーズベルトの 3 隻の大型船は年間600万ドルから1,000万ドルの損失を出していることを繰り返し指摘していた。デイヴィスは聞く耳を持たず，ビエールは彼のコンサルティング会社，フライ・アソシエイツ（Fry Associates）に旅客事業が採算が取れることを確認するための調査を行わせた。ウォース・ファウラー（Worth Fowler）の提案で，APL はシアトルの造船設計の事務所である J・J・ヘンリー（J. J. Henry）に新造船の計画を依頼した。デイヴィスはイクスに相談することなく，250人乗りの 2 隻の設計を認めた[8]。

　イクスはそれを知ったときに，声をあげて，このプロジェクトに反対した。「それは明らかに上手くいかない」と。「旅客は貨物の邪魔になり，貨物は旅客の邪魔となる。つまり，このような旅客航路は，貨物を当てにせず旅程を組むことができない。そして，貨物の荷主は旅客のために決められた時間に出港しなければならないことを知ったら，貨物のブッキングをしないであろう[9]」。ビエールは，旅客事業が利益を上げるだけでなく，事業を拡大するためにあらゆる努力をしていた[10]。1968年 6 月，デイヴィスの同意を得て，彼はイギリスのP&O でクルーズ船構想の開発に長年の経験を持つ，著名な旅客専門家ウォーレン・タイタス（Waren Titus）を連れてきた[11]。

　ほぼ同時期にラッシュ船（LASH）改造の論争も起こった。デイヴィスはラッシュのコンセプトは APL では実現不可能だと結論づけた。しかし，イクスは彼の決定を受け入れなかった。1968年 7 月 4 日，デイヴィスはイクスに辞任を求める封印されていない公式なメモを彼の机に置いた。22年来の親密な関係は，今や取り返しのつかないほどに壊れてしまった。AML の社長ワース・ファウラー（Worth B. Fowler）がいやいやながら APL の社長就任に同意して，後任にはムーア・マコーマック・ラインズ（Moore-McCormack Lines）とフェルプス・ダッジ（Phelps Dodge）で海外事業の豊かな経験があるロバート・ベネディクト（Robert E. Benedict）が就任した。

3 │ イクスの退任とファウラーの台頭

　イクスは優秀な管理者だった。彼は勤勉で良心的な経営者で，海運業界に起きている劇的な変化を常に把握していた。しかし，彼は率直に自分の意見を表明するため，目的を達成するために手段を曲げたり，柔軟性のある経営者というよりは，頑固な唱道者になりすぎていた[12]。チャンドラー・アイデが観察したように，イクスの APL からの退任は，ファウラーと彼が選んだ幹部を通じて，APL のマネジメントにビエールが大きく関与する始まりとなった。

　イクスが経営の頼りにしていたボイス・ラケットとピーター・タイジは，イクスがデイヴィスに何度も抗議して加わった経緯があるため，イクスを追って会社を去った。ファウラーはデイヴィスの同意を得て，副社長を廃止し顧問に降格させた。旅客船事業の継続的な重要性を示すため，ウォーレン・タイタスはナトマスと APL の取締役に任命された。タイタスは APL の新社長ワース・ファウラーには報告せず，デイヴィスに直接報告することになった。ビエールは，APL に新会社 APL 旅客サービス（American President Lines Passenger Service, Inc.）を設立させることで変則的な組織を作った。

4 │ マトソンらによる APL，AML，PFEL 3社の合併阻止の動き

　しかし，ビエールは3つの船社の合併を公約に掲げたが，それはあまりうまくいかなかったと言える。かつての競合相手の間で意見の相違点が解消され，すべてがうまくいったように見えたとき，マトソンとステーツラインは法廷で，合併を許可する海事委員会の決定を攻撃した[14]。一方，ナトマスはインドネシアの沖合油田の探査に深く関与するようになっていた。ジャワ島とスマトラ島の沖合で，いくつかの小さな発見はあったものの，ドライホールを次々と掘削する非常に高価なリグ（油井）に集中的な資本投下が必要となった。コンソリデーティッド・フレイトウェイズ（Consolidated Freightways）がナトマスのPFEL の株式の買い取りをデイヴィスに持ちかけたとき，デイヴィスはすぐに承諾した。デイヴィスは厳しい条件を提示したが，ナトマスは当初の投資額から1,300万ドル以上のキャピタルゲインを得て，2,060万ドルの必要な現金を手

に入れることができた[15]。

PFEL の支配権を売却したことで，ナトマスの海運事業全体から期待される利益は大幅に減少した。第 9 巡回区連邦控訴裁判所から合併を阻止する決定が下されたため，デイヴィスはすべての合併計画を中止し，1969年 1 月 2 日にその決定を発表した。

合併計画は破綻したが，デイヴィスは再びビエールに励まされ，3 つの船社の活動の調整をゆっくりだが適切に進めている共同海運（Consolidated Marine）に新たな関心を持つようになった。共同海運は，ロサンゼルスとサンフランシスコのターミナル管理とデータ処理では成功したが，スケジュールと購買の共同化はうまく進んでいなかった。ターミナル管理においても，PFEL が両港でラッシュ船を収容するための新施設の計画を開始したことで，深い溝が生まれてしまった[16]。データ処理については，共同海運は APL 向けに総勘定元帳と会計システムの導入に着手し，APL と PFEL に対応したコンテナ在庫管理システムを導入しようとしたが，PFEL は社内外の手続きのために独自のデータ処理システムを開発し，活用すると主張した。ワース・ファウラーは AML に影響力はあったが（彼は AML の役員会の会長のままであった），同社はシアトル港と共同で独自のコンテナの管理システム（inventory control system）を考案しており，同社の経営陣は概して，協調することに（信条としては）反対していた。

1970年の新年度から，デイヴィスとビエールは共同海運の役員会に出席するようになった。各船社を代表する役員の自由な意見を聞いて，デイヴィスは共同購買は廃止すべきだという結論に達した。さらに，データ処理やターミナル業務についても自由な意見が飛び交うことに悩んでいた。APL は，PFEL がプログラミングやコンピュータ活動への参加が少ないため「重い固定費負担をしすぎている」と訴え，PFEL のロス（Ross）社長は，自社が外部のプログラミング請負業者を活用していたことを認めた。しかし，同氏はこの方針を正当化するために，PFEL には特有のニーズに合わせて設計されたプログラムが必要だと明言した。彼によると，PFEL は APL とは互換性のない貨物書類作成システムを開発してきたという。もちろん，PFEL は今では独立した会社である。ここでデイヴィスは，ファウラーとロスが共同データ処理を継続するかどうかについて30日以内に報告するよう求めた。彼らの報告書は否定的なものであり，共同海運の共同コンピュータ・プログラムは損なわれてしまった。この

決定のずっと以前から，AML，APL，PFEL の 3 社は，それぞれの船の購入，船舶の管理，そして実際にすべてのターミナル活動において，それぞれ別の道を歩んでいた[17]。共同海運のトップであるヒュー・ハワード（Hugh H. Howard）は，「サンフランシスコとシアトルでは独自の管理が行き過ぎ，共同海運の管理に委ねられている部分が少なすぎる」との言葉に，そのジレンマが端的に示されている。1970年末には，共同海運は事実上機能しなくなってしまった[18]。

5 タイタスによる客船ビジネスの分析と撤退

APL と AML の経営を調整しようとしたビエールとデイヴィスの努力は失敗し，両船社の既得権益者たちの餌食となった。そして，彼らの客船事業再生計画も失敗に終わった。APL に入社して半年後，ウォーレン・タイタスは，ビエールの会社が APL の客船事業は利益を上げられる可能性があるとしてきた報告書を分析して，そのデータベースに誤りがあることに気付いた。その他の要因として，報告書は，3 隻の船員組合契約のキャッチアップ条項を考慮しておらず，それは差額補助より早く運航コストを押し上げる点となった。また，25年の法定耐用年数を終えるプレジデント・クリーブランド，プレジデント・ルーズベルト，プレジデント・ウィルソンは，競合する新しいクルーズ船と同等の宿泊施設を提供することはできなかった。プレジデント・ルーズベルトは，独自の兵員輸送船のための設計によって課せられた客室の制約を克服できずに，他の 2 隻はこの欠陥に悩まされることはなかったが，年々競争力が低下していた。また，サンフランシスコからホノルル，横浜，香港，マニラへの助成航路は，復路は香港，横浜，ホノルルにのみ寄港し，ホノルルと横浜の間は海上が 8 日間となるなど，クルーズ客が好むような港間の間隔が短いバラエティに富んだ旅程ではなかった。しかし，APL は，クルーズ（旅客）市場に適した船を持ち，補助金を受ける航路により柔軟性があれば，急成長するクルーズ船市場に参入できる可能性があった。実際には，プレジデント・ルーズベルトは1966年から年 2 回の世界一周スケジュールが組まれ，1970年に売却された後は，他のプレジデント船による世界一周クルーズがたびたび行われた。この頃になると，太平洋横断の助成航路は基隆（台湾）などの寄港地を加えて変化に富んだものとなった。また，プレジデント・クリーブランドとプレジデント・ウィルソンは，アラスカ，メキシコ，地中海，スカンジナビア，太平洋一周のクルー

ズをときどき行っていた[19]。

　タイタスが考えたように，第一に，ファーストクラスの船旅を重視した新しい市場戦略が必要であり，貨物の流動や固定された航海スケジュールから離れなければならなかった。第二に，3隻の老朽船を売却しなければならない。それに代わるものとして，米国東海岸にはクルーズに適した，ブラジルとアルゼンチンの2つの旅客船があった。両船ともファーストクラスで550人の乗客を収容できる立派な宿泊施設を備えていたが，貨物の積載能力はほとんどないか，全くなかった。この2隻はタイタスの計画では暫定的な船で，その間に海事委員会とMARADとの間で，クルーズに特化した2つの旅客船の建造と補助金の交渉が行われた。

　政治的には，贅沢な航海とみなされていたものへの補助金は困難だった。MARADはプレジデント船には，補助金が支給されている29航路以外のクルーズを数回許可しただけで，APLが政府の融資とクルーズ船への補助金を得られる可能性は低いと思われた。新しい商船法案は，新造船と助成プログラムに60億～70億ドルを拠出するものだが，議会の前の段階で，少なくとも1年間はそのような法案は期待されなかった[20]。

　しかし，APLの旅客船航路にとって，暫定的な船としてムーア・マコーマックからブラジルとアルゼンチンを買収することは非常に重要な意味を持っていた。しかし，残念なことに，APLはこれらの船の購入交渉を開始したときに障害にぶつかった。海事関連の組合は地域ごとに分かれていたため，米国東岸に寄港する船には東岸の組合に所属する乗組員が乗船し，米国西岸に関しても同様であった。東岸の組合はブラジルとアルゼンチンが航海する際には，東岸の規約に基づいた東岸の海員が乗船に許可を与えるとしていた。しかし，西岸の組合は，これらの船が東岸の組合の規約で運航することを許可せず，クルーズ船の計画は破綻した。ウォーレン・タイタスは次のように労働事情を説明している。

　　「甲板の組合と機関の組合からは大きな譲歩は得られませんでした。船長，上級船員，パイロット，そしてMFOW（Marine Fireman（火夫），Oilers（給油係）とWatertenders（給水夫））の組合は，幹部も乗組員（Sailors' Union of the Pacific）も柔軟性に欠けていました。調理師やスチュワードたちの船員は，就業規則を緩和し，柔軟性をもってある程度のことをして

くれる覚悟を決めていた。しかし，彼らは仕事を守ることに非常に関心があったと言わざるを得ません。彼らはアイデアを受け入れてくれましたが，契約書を交わすまでには至りませんでした。したがって，管轄権の問題と高い人件費の問題が重なり，それを克服することができず，最初の段階をクリアすることができませんでした。一方，私は69年のこの時期，ワシントンでかなりの時間を過ごし，新造船への新しい補助金プログラムの支持を得ようとしました。しかし，それはまさに不可能な状況にあった時でした。1969年はその年ではありませんでした。」[21]

　タイタスはデイヴィスと APL の旅客船事業全般について何度も長い時間をかけて話し合った。ブラジルとアルゼンチンを除くと，タイタスは，MARADが補助金構造の中で受け入れた新しい商船戦略とより柔軟な配船であっても，旧来の定期船との組み合わせではクルーズ船としては機能しないことを明示した。米国船員の人件費は運航補助金をはるかに上回っており，これらのコストはプレジデント船の他の固定料金と相まって，一等客室に乗船できる客数に対して高すぎたのだ。タイタスは，APL がアメリカ船籍で補助金付きクルーズ船を運航することの収益性や可能性についての幻想を払拭する詳細な報告書で会議を補完した。この特定の旅客航路には，新造船と運航に政府の補助がなければ，旅客船事業の継続は APL にとって財政的に不可能であった。デイヴィスは不可抗力を受け入れた。タイタスは次のように言った。

　「それが私の理解でした。デイヴィスは最終的に，これらの船では利益が出ないことを認識していたし，現在の政治状況では新造船への補助金プログラムを得る機会はありませんでした。ブラジルとアルゼンチンを断念するのは，それらが克服できないように思えたからです。では，代替案は何だったのでしょうか。私はデイヴィスに，どれだけの損失になるか予測を示しました。また，法定耐用年数が来たか，もしくは近づいていて追加で補助金を受けることができなくなっていました。私の知る限りでは，私が会社を辞めたときには，客船事業から撤退して貨物船事業に専念するということが，デイヴィスのレベルで正しく決定されていたはずです。」[22]

　タイタスは APL を辞めてクルーズビジネスに戻り，大成功を収めたロイヤ

ルバイキングラインの責任者になった。

6 デイヴィスの発病とアイデのナトマスの社長就任

客船航路を廃止するまでの間，船舶を管理するために，1970年7月，ジョン・A・トレイナ Jr.（John A. Traina, Jr.）はセールス・マネージャーから客船事業部長に異動した。彼の任務は，経営陣が放棄した旅客サービスを終わらせることだったが，積極的な広告キャンペーンを展開し，その結果，客船からの収入は幾分増加した。プレジデント・クリーブランドは1972年末に法定耐用年数を迎え，プレジデント・ウィルソンは1973年4月に最後の航海となる世界一周クルーズを終えたのである。これにより，1867年以来，第一次世界大戦と第二次世界大戦の間を除いて，アメリカン・プレジデント・ラインズとその前身の会社が途切れることなく続けてきた太平洋横断客船サービスが終了した[23]。

この困難な時期に，デイヴィスは海運会社の周期的な業績悪化に必死に対応してきたが，結果的に新技術の登場でさらに困難になった。彼がナトマスの数百万ドルの資本を危険な石油事業に投じていた間に，彼の健康状態は徐々に悪化していった。そして，1966年には定期健康診断で初期の肺がんが発見された。手術後，彼は立ち直ったように見えたが，最も親しい同僚であるチャンドラー・アイデは，彼には以前のようなエネルギーや，複雑な問題の根本に迫る能力がないことがわかった。また，ビエールが APL で勢いを得た背景には，デイヴィスの体調不良による体力の低下と，それに伴い部下たちへ業務を委譲して行ったことがあったに間違いない。

デイヴィスは常にアイデを信頼しており，会社の方針をすべて話してきた。1966年，R・G・スミス（R. G. Smith）がナトマスの社長を退任すると，デイヴィスはその後任としてアイデを選出した。アイデは，1956年からナトマス社の取締役を務め，1961年にデイヴィスが役員会を作ったときのメンバーだった。アイデは，社内でデイヴィスの病気のことを知る唯一の人物で，ビエールが意思決定に大きな影響力を持つようになったことに懸念していた。特に客船事業などではビエールの助言によって APL が，ひいてはナトマスが明らかに間違った方向に進んでいるように見えた。この間，APL とナトマスの経営幹部全体の士気が低下していた。

7　シートンの財務担当副社長への就任

　混乱した会社の状況を打開するためにも，また，石油・ガス開発の将来を見据えても，ナトマスには一流の財務専門家が必要だと，アイデはデイヴィスに納得させた。1970年3月1日，ビエールのマネジメント会社の推薦により，国際通貨問題に詳しいブルース・シートン（Bruce Seaton）を財務担当副社長に迎えた。

　フィラデルフィアで生まれたシートンは，1948年に UCLA で経営学を専攻して卒業した。卒業から1年後，会計事務所のジョン・F・フォーブス・アンド・カンパニー（John F. Forbes and Company）に入社し，CPA の資格を取得した。背が高くてスリムなシートンは，直接的な物言いに隠されたユーモアのセンスを持ち，人間の弱点に対して敏感だった。彼は，ダグラス・オイル（Douglas Oil）に13年，オクシデンタル（Occidental）に4年勤務した経験を持つ石油ビジネスのエキスパートだった。オクシデンタルの財務次長を務め，同社の売上高が1966年の3,000万ドルから1970年には20億ドルに増加した時期には，実質的に彼が巨大企業の国内外の財務部門の責任者を務めていた[24]。2人ともシートンの複雑な財務状況の把握と，組織の行動や機能についての鋭い洞察力を気に入った。彼らは，オクシデンタルの財務部門の幹部で，天才的ではあるが型破りなトップであるアーマンド・ハマー（Armand Hammer）の下で，国際石油投資に関する広範で創造的な経験を積んできたはずだと考えられた。そして，シートンはナトマスに力強さと安定感をもたらしてくれるだろうと期待したされた。翌年，デイヴィスはシートンの推薦を受けて，同じく優秀な財務専門家であるW・ブラント・ブルックスビー（W. Brandt Brooksby）を会計監査役に抜擢した。同時にシートンは，ナトマスの取締役にも選ばれた[25]。

　一方，ナトマスの東南アジアでの石油開発が軌道に乗り始めると，海運業の収益は長期的に低下し始め，とくに APL の事業には顕著に現れた。APL では，港湾労働者や船員のストライキが長引き，スケジュールも乱れた。ストライキが収まると，運賃や貨物量の増加が伴うことなく，事業コストだけが上昇した。同じ頃，AML と APL はコンテナ船に多額の投資を行い，ブレーク・バルク船をコンテナ船に改造し始めていた。コンテナの購入はもちろんのこと，運航管理のための高価な電子データシステムを導入し，コンテナの積み降ろしに特

ノーマン・スコット。1973年から77年まで APL の社長を務めた。

化した巨大なガントリークレーンも購入した。シアトル，タコマ，サンフラン
シスコ，ロサンゼルスなどの港湾都市が新しいターミナル施設の費用のほとん
どを負担したが，APL と AML はその一部を荷揚げ料で負担することになった。
マニラのような海外の港では，コンテナ施設への転換のための資本コストの多
くを自社で負担し，これは米国の港湾都市より重いものとなった。最終的には，
これらの特別な支出のほとんどは平準化されていった。コンテナ化は，ターン
アラウンドタイム（資本の回転）と人件費の節約には大きな効果をもたらした。
また，船のサイズと速度が急速に進んだため，船隊の縮小が可能となり，固定
費も減少した。しかし，このような移行期であっても，2つの船社の収益は減
少し続け，1970年，ナトマスが船会社から受け取った配当金はわずか7万7，
280ドルで，APL にとって決して好調とは言えなかった1969年の137万1，244ド
ルと比べても，その差は歴然としていた[26]。このようなマイナスの結果にもか
かわらず，マリナー級の5隻のコンテナ船への転換や不採算航路の削減などに
より，持続的な発展の基盤を築くことができた。

　1970年，デイヴィスはビエールに，ナトマスの役員でありながら APL と
AML の事業の責任者となる海運マンを探させた。ビエールは，マトソンで名

を馳せた魅力的で知識豊富な人物であるノーマン・スコット（Norman Scott）を思いついた。海軍兵学校出身のスコットは，マトソンのコンテナ船プログラムに携わっていたが，事業縮小に伴い，新技術の開発ができなくなってしまっていた。スコットは，具体的な職務内容は決められていなかったが，ナトマスの海運担当副社長の職を引き受け，役員会のメンバーにもなった[27]。

　1970年は，デイヴィスにとって最後の大きな経営上の動きであるスコット就任の年であり，また，コンテナ化を完全に受け入れた年でもある。APL は，5隻のシーマスター級をフルコンテナ船に改造する契約を結んだ。AML は3隻のC4型の改造に着手し，1隻で20フィートコンテナ892個分の貨物積載量を確保した。1971年の初夏には港湾労働者がストライキに突入し，西海岸の港湾労働史上最長のストライキとなったが，この時，APL はコンテナ化の必要性を痛感した。

　その頃，R・デイヴィスは危篤状態に陥っていたが，体が動く限り仕事を続けていた。そして，人生の最後の日に，自分がいかに APL とナトマスのことを放ったらかしにしていたかに気がついた。そして，この間接的な経営が，トップだけでなく，3つの組織全体を混乱させてきたことを初めて認識したのだった。亡くなる2週間前，彼はアイデに「過去5年間に行った大きな人事や方針の変更のいくつかには間違いがあった」と打ち明けた。アイデは，彼の遺言執行者の1人であり，彼の後継者でもあった[28]。

　1971年9月19日，74歳の誕生日から10日後にラルフ・デイヴィスは亡くなった。彼の死によって，APL の歴史は1つの区切りを迎えた。

[注]————————————————————

1　ミシシッピ州パスカゴーラのインガーソル造船所で5隻の造船が行われた。
2　これらの船舶はアラスカンメイル（*Alaskan Mail*），アメリカンメイル（*American Mail*），ホンコンメイル（*Hong Kong Mail*），インディアンメイル（*Indian Mail*），コレアンメイル（*Korean Mail*）と命名された。Hartle の"Ships Owned or Operated by American Mail Line Ltd"を見よ。
3　American President Lines, Ltd., Annual Report 1968, APL Archives.
4　Ickes, "Oral History Transcript," 16, APL Archives.
5　Natomas Company, Annual Report 1966, Ide Collection.
6　上掲書，1967年。

7 上掲書，1968年。

8 Natomas Company, Company Annual Report 1968, Ide Collection.

9 Ickes, "Oral History Transcript," 18, 30, APL Archives.

10 Biehl, "Oral History Transcript," 31, 33, APL Archives.

11 Warren Titus, "Oral History Transcript," 4, 5, APL Archives.

12 Ickes, "Oral History Transcript," 26, 27, APL Archives.

13 Ide, "Oral History Transcript（Ⅱ），" 1, 2, APL Archives.

14 Fowler to all American Mail Line Employees memorandum, 15 January 1968, copy, in Yost Collection; *Seattle Times*, 21 January 1969; *Marine Digest*, 25 January 1969.

15 Natomas Company, Annual Report 1969, Ide Collection.

16 1970年の上半期のターミナル収入の分析によれば，APLが69.4%，PFELが23.9%，その他の船社が6.7%となっている。Consolidated Marine, "Minutes of Regular Meeting of Board of Directors, "27 May 1970, APL Corporate Files より。

17 上掲書。

18 上掲書，1971年4月21日。

19 American President Lines, Ltd., Annual Report 1966, p.5; 1970, p.4, Yost Collection; APL Passenger Cruise Schedules, 1969, 1971, 1972. The *President Hoover*［Ⅱ］had been sold in 1964.

20 Jeff O'Neill, "Greatest Peacetime Merchant Shipbuilding Program Ready for Launching," *Navy Magazine* (November 1970)：18-20.

21 Titus, "Oral History Transcript," 11, APL archives.

22 上掲書28頁。

23 American President Lines, Ltd., Annual Report 1970, 1973, Yost Collection.

24 Bruce Seaton, "Oral History Transcript," 1, 2, APL Archives.

25 Ide, "Oral History Transcript（Ⅱ），" pp.1, 4, 8-10;（Ⅰ），10 11, APL Archives.

26 Natomas Company, Annual Report 1966-70, Ide Collection.

27 Biehl, "Oral History Transcript," 42; Norman Scott, "Oral History Transcript," 6-15, 17, 18, APL Archives.

28 Ide, "Oral History Transcript（Ⅱ），" 1, APL Archives.

第12章

FULL CIRCLE

||||||||||||||||||||||||||||||||||||||||||||||||||||||||||||||||||||||||||||||||||||||||||||||||

航跡：コンテナ船業までの道

1 チャンドラー・アイデの APL 会長就任

1971年12月の役員会の特別会議で，チャンドラー・アイデ（Chandler Ide）^(訳注1)はナトマスカンパニーの社長兼最高経営責任者（CEO）に選出され，すぐ後にAPL の役員会は彼を会長にした。約２カ月後，ウィリアム・J・ビエールはAPL とナトマス（Natomas Company, Ltd）の取締役会を辞任した。

アイデは，約１億6,800万ドルの資産を管理し，約4,000人の従業員を雇用する事業組織を率いることになった[1]。同社の素晴らしい展望が示される一方で，輝かしい未来を暗くする困難と不確実性もあった。それはアイデに寄るところが大きかった。長年彼はR・デイヴィスの影のように働いてきて，62歳になっていた。彼は手綱をしっかりつかみ，巨大な会社を管理できるのか。それ以上に，彼はデイヴィスが病気の間，経営方針と事業を混乱させた内部秩序と外部関係者とのダメージを修復できるのか。

アイデは大企業のビジネスマンとしての印象はなく，ましてや，積極的な独立系の石油会社にはありそうな事業拡張的でリスクテイキングな起業家でもなかった。彼は身長が６フィート，白髪と端正な顔立ちで公には無口で通っていたが，彼が知る人たちの小さな集まりではよくしゃべる方だった。さらに，状況によっては，驚くほどオープンで積極的でもあった。彼は賢明で才能のある経営者であり，意欲的で野心的な者たちの対立も普段は全員が同意できる道筋

（訳注1）アイデ（Chandler Ide）は，"History of the Petroleum Administration for War: 1941-1945", (International Military Law & History Series, Vol. 8), Williams Hein & Co. (May 1, 1974) の著者でもある。

を見つけることで解決してきた。彼の石油産業に関する知識は包括的だったが，海運業に対する理解はそれほどでもなかった。しかし，アイデは速やかに学んで，明確な行動が起こせるよう，複雑なデータを理解し，わかりやすい形式にまとめることができる十分な能力をもっており，すぐに APL と AML の問題と可能性について学んだ。

　1909年にニューヨーク州マウントバーノン（Mount Vernon）で生まれたアイデは，会衆派^{（訳注2）}の牧師の次男だった。彼が7歳のとき，父親はカリフォルニア州レッドランズ（Redlands）の教区を受け入れ，家族と西に移動した。アイデと兄弟全員が，クレアモント（Claremont）の近くにあり，私立で1887年に会衆派の牧師が創立したリベラルアーツのカレッジであるポモナカレッジ（Pomona College）に進んだのは自然なことだった。

　アイデは1930年に卒業し，それはちょうど大恐慌で経済が深いスパイラルに陥った年だった。大学卒業生の新しい仕事は事実上入手不可能で，彼は何とか私立学校での教職の確保に成功したが，次第に教育製品，教科書，立体模型地図，その他の教材に興味を持つようになった。潜在的なマーケットに気付いて，アイデは教えることは辞め，さまざまな教材を開発するビジネスを開始した。彼は3年間このビジネスを生活の糧としたが，1934年に結婚し，彼のさまざまな仕事の収入でも妻と家族を支えることはできないと悟った。カリフォルニアではどこも仕事の見通しが暗い中で，サンフランシスコはましに見えた。1935年アイデは出資を引き揚げ，ベイエリアに移動し仕事を探し始めた。彼はその中でカリフォルニアのスタンダードオイルに応募した。そこで人事担当者は彼にタイプができるかを尋ね，「はい」とアイデは答えた。口述を取ることは？「残念ですが，できません」と答えると，人事担当者は「それができるようになれば，門戸が開かれるでしょう」と言った。

　次の6週間，アイデはグレッグの速記（Gregg shorthand）を勉強し，タイプと口述のテストを受け，簡単に合格した。彼は必要に応じてどの部門でも働く補助秘書として雇われ，スタンダードオイルの事業運営について多くを学んでいった。アイデはR・デイヴィスのために一連の秘書業務を行ったが，デイヴィスはアイデの態度が気に入り，その能力に感心していた。デイヴィスの秘書が別

（訳注2）会衆派（教会）とは，会衆派教会主義（Congregationalism）に基づいて17世紀英国において組織された教会『新英和大辞典（第5版）』（研究社）。

の部門に移された時，アイデがその後任となった。その後1971年にデイヴィスが亡くなるまで，アイデは最初は秘書を，次にアシスタント，そして戦時中に行政やその後もさまざまな事業で，若いパートナーと言うより，最後は共同経営者となったが，アイデのようには誰もデイヴィスの信頼を得ることはなかった。

2 加速するコンテナ化

　デイヴィスは一緒に仕事をするには難しい人であり，信頼の置ける関係を構築するのは，もっと難しかった。しかし，アイデは物静かで学究肌のやや控え目な性格で，デイヴィスはそのような彼に信頼を置いた。アイデは完全な忠誠心と勤勉さ，分析と判断の高い能力で報いた。アメリカン・インディペンデント石油（American Independent Oil）の設立，APL アソシエイツの創設，ナトマスの再編成，AML と PFEL の支配持分の購入，３つの船社の合併の試み，PFEL の売却，未開発のインドネシアの油田に対するリスクのある数百万ドルの投資の決定などの中で，アイデはただ相談されるだけでなく，あらゆる決定において重要な役割を果たした。アイデの特異な能力を理解した人はいなかったが，デイヴィスは実質的に彼に頼っており，彼のナトマスを管理する能力に疑念はなかった。ワーナー・ガードナーはその信頼関係を知る１人で，ラルフ・デイヴィス自身が人生の最後の数カ月でこの信頼の事実を証明した。

　ナトマスの船会社の権限を整理した後，アイデはシートンを APL の役員に任命し，ナトマスの役員会の執行役員に据えた。アイデの初期のもう１つの決定は，デイヴィスの主張でペースセッター級（Pacesetters）に設けられていたすべての客室を撤去することだった。また，プレジデント・クリーブランドとプレジデント・ウィルソンが法定による船齢に達した時に，APL は大規模な旅客事業から撤退することを明確にした。旅客事業からの段階的な撤退は APL が被ってきた損失の一部を取り去ることだった。インドネシアでの石油事業からの利益は劇的に増加したものの，経済状況は停滞または低下したままだった。

　1973年初頭までに，APL と AML はコンテナ船への転換プログラムを完了し，５隻のシーマスター級と３隻のマスターマリナー級（Master Mariner）の船は半分にカットされ，ミッドボディセクションが追加された。シーマスター級の場合，船体は191フィート延長され，積載量は250TEU（20フィートコンテナ換

算）から1,066TEU に増加し，トン数も3,803総トン増加した。小型のマスターマリナー級は104フィート延長され，総トン数は6,407トン増加し，コンテナ積載量は792TEU に増大した[2]。しかし，造船所の遅延のため，APL はフルコン船の新しいペースセッター級を受け取ることができなかった。

長期間の港湾労働者のストライキは1972年の第1四半期に解決されたが，労働問題は利益減のおもな要因となった。交渉は米国西海岸の海運企業の交渉団体であった太平洋船主協会（Pacific Maritime Association：PMA）と船長，乗組員，水先人の国際組織で行われ，APL と AML の船隊の半数も関わった42日間のストライキが続いた。港湾労働者のストライキが再中断した後に，荷役作業は平常に戻ったが，ストの影響を受けていない競合する外国船社にビジネスは失われた。1966年に港湾労働者と免許不要の労働者との交渉をした事前協議にもかかわらず，船体の自動化とコンテナ化の導入による労働者の削減にすべての組合が同意するまでは苦しい困難な時期となった。

プレジデント・タイラー。1972年に PFEL のラッシュ船，ジャパン・ベアとして建造。78年にフルコン船に改造され，翌年プレジデント・タイラーと船名も変わった。

配船の中断と資本設備の利用休止を要因とする損失は，コンテナ化へのペースを加速させた。1971年カリフォルニアの諸港と日本，韓国，シンガポールの間を APL 船で運ばれたすべての貨物の58％がコンテナ扱いとなり，その数は2年間で35％も増加した。APL の企画部門は，すべての貨物の95％が5年以

内にコンテナ化されるだろうと予測した[3]。コンテナ化には1972年までに約
2,500万ドルの費用が掛かり，プログラムが完了するまでにはさらに4,200万ド
ルが必要になると推計された。これらの支出にはAMLがコンテナ化される投
資約2,000万ドルは入っていない。コンテナ船の米国政府の建造補助はなかっ
たので，コンテナ船の購入またはリースのための多額の資本支出は，すべて会
社の資金で賄う必要があった[4]。また，コンテナの数が増加するにつれて，大
型で高速な船舶や再設計され整備されたターミナル施設，書類を処理するため
の精巧な電子データシステムの購入とそのための人員配置，LCL貨物[(訳注3)]
を含めたコンテナの追跡，さらには船への積み込みを待つコンテナ蔵置のため，
ターミナルを拡大する必要もあった[5]。

　サンフランシスコでの新しいターミナルと十分な土地の確保は，早くも1969
年にはAPLのマネジメントにおける喫緊の課題となった。サンフランシスコ
湾を渡ったオークランドでは，ベン・ナッター（Ben Nutter）が港湾委員会で
行動力と構想力のあるマネジャーを務め，APLの新しい船のコンテナポート
としての利点を宣伝し，オークランドはAPLのホームポートとして相応しい
ものだと推薦した。

3　サンフランシスコ港の慰留と オークランド港への移転

　オークランドは，東西南北のすべての主要な鉄道であるサンタフェ鉄道，ウ
エスタンパシフィック鉄道（Western Pacific），サザンパシフィック鉄道
（Southern Pacific）の起点であった。サザンパシフィック鉄道はサンフランシ
スコに直接乗り入れる唯一の鉄道だったが，サンフランシスコ港で降ろされた
貨物の多くは，大陸の北部や東部への輸送のためにバージでオークランドまで
運ばれなければならず，追加的な時間と労力，コストが必要となった。オーク
ランド港の周辺は土地が平坦で比較的安価だったが，サンフランシスコの
ウォーターフロント周辺の土地は限られ，丘陵地で比較的高価だった。これら
の事実と数字は，ノーマン・スコット（Norman Scott）[(訳注4)]，B・シートン，

（訳注3）LCLはless than container loadのことで，コンテナ一本に満たない小口貨物。
　　　　コンテナ船社のターミナルにはLCL倉庫が併設し，LCLはコンテナ1本に混載
　　　　されてきたが，現在ではその機能の多くは，フォワーダーなどに移っている。

C・アイデなどの APL とナトマスの役員たちにオークランドの好印象を与えた。しかし，普段は現実的に考慮すべきことを受け入れるデイヴィスが，ナッターの甘言には抵抗した。シリル・マグニン（Cyril Magnin）とサンフランシスコの新市長であるジョセフ・アリオト（Joseph Alioto）が，ピア94にコンテナ用地には十分な広さを持つ数百万ドルのターミナルを建設すると約束したとき，デイヴィスはオークランドに移転する考えを拒否した。

　サンフランシスコは APL と1849年にまで遡るすべての前身の会社の母港であった。ここは，デイヴィスの自宅があり，ビジネスの場で，彼の最高の思い出とも繋がっていた。彼はサンフランシスコの自然の美しさ，文化活動，アメニティに大きな誇りを持っているだけではなく，金融地区にあるナトマスのインターナショナル・ビルディング（訳注5）の所有権からその継続的な成長と発展による金銭的利益も受けていた。マグニンはデパートの大御所でサンフランシスコの社会的リーダーで，デイヴィス家の親友でもあった。また，サンフランシスコの港湾委員会の会長でもあった。コンテナ船の米国西海岸の来るべき港としてサンフランシスコを支持する彼の議論はデイヴィスと，夫が好きでこの街にもプライドを持つ彼の妻，ルイーズを容易に説得した。

　アイデがナトマスのトップになったとき，彼はオークランドの APL の母港化構想に対して多少はサンフランシスコのことを疑ったかもしれないが，マグニンとアリオットが数百万ドルの施設計画と3年以内の完成をサンフランシスコ市に代わって表明してしまった。しぶしぶ，アイデとファウラー（Worth Fowler）は，市役所の市長のオフィスで簡単な式典を行い，APL を代表して署名した。「そして」とアイデが述べたように，「決して何も起こらなかった，つまり市は実行せず，土木工学の調査もしなかった[6]」。

　サンフランシスコの話しがほぼ1年先延ばしになったのち，オークランド市は最後通牒を送ってきた。オークランドには利用可能な土地とターミナルを建設する資金もあるが，APL がその申し出を受け入れない場合，ナッターはその施設と土地が別の船社のものとなることを示唆した。APL の社長に就任したばかりの N・スコットは，移転が実現するようにアイデに強く主張した。会

（訳注4）　スコット・ノーマンは，マトソンでコンテナ化を成功に導いたが，航路が縮小され APL に移った（近藤美作（1989）「Dollar Line の出現とその消滅」『海外海事研究』83・102頁）。

（訳注5）　601 California Street に建物は現存する。

社の他の経営陣たちも同様の嘆願を行った。アイデは彼らの議論に同情しながらも，サンフランシスコの支持者や影響力のあるビジネスマン，市政府，そしてルイーズ・デイヴィス（Louise Davies）から大きな圧力を受けるであろうことがわかっていた。

　しかし，APL は1939年以来初めての大きな赤字に直面しており，オークランドを支持するメリットは明白で，彼には選択肢がほとんどなくなっていた。アイデは言った，「よし，私は決めた。我々はオークランドに移る，なぜなら，ここでは APL の将来は危機に瀕することになるからだ。サンフランシスコ市は私たちをケチだと言ってきたが，彼らは合意して締結した約束のいずれか，いや１つも履行していない[7]」。決定後，アイデが思った通り批判が彼に降りかかり，その間は何度か不愉快なこともあった。しかし，両社の役員会とその経営陣たちは彼に忠実であり，彼は決して動揺することはなかった。彼は，「とにかく，私たちは移転を決めた」，「それは良かったと思うし，非常に健全な移転だ」と言った[8]。

　構造改革が APL の管理構造とその事業のなかで始まったとき1,009万3,519ドルの純損失を計上しており，アイデは責任のある新しい立場のなかで落ち着くことはほとんどなかった[9]。アイデは，ファウラーがこれまでの海運業でのすべての経験をもってしても，コンテナ化の新しいデマンドの理解には至って

カリフォルニア，オークランドの APL ミドル・ハーバー・ターミナル。３社の大陸横断鉄道が近接した。

いないと悟ったとき，問題の領域を特定して修正するための努力はすでに進みつつあった。ファウラーはたいへん感じが良い人で，AML の小規模で親密な事業での優れた経営者だったが，はるかに大きな重圧と責任が必要な APL に適応するのは難しいことがわかった。それから，ファウラーが引き継いだときに APL に存在していた管理上の問題は，彼自身に対する自信の喪失となった。彼は自分が欺かれていると気づき，しばしば経営幹部たちからも孤立して行った。ファウラーが悪びれずに耐えたのは非常に苛立たしい経験であった。

4 ファウラーの辞任とノーマン・スコットの登場

アイデはその状況をよく理解し，ファウラーに APL での完全な権限を与えることで解決した。しかし，ファウラーは過去 5 年間に蓄積した問題に対処し，同時に，会社を再編成させる技術的変化にうまく取り組むため，迅速に行動することはできなった[10]。当然のことながら，ナトマスの株主は，1973年の四半期ごとに続いた損失への質問をしようとした。そして APL のトップマネジメントの変更が示され，ファウラーは1973年 4 月に辞任した。N・スコットは，ナトマスにおいては，朗らかで，経験豊富，先見性も持ちあわせた海運のスペシャリストであり理想的な人選のようで，1973年 5 月 1 日にファウラーの後任となった[11]。

スコットは重要な経営方針の変更のために速やかに行動した。彼は APL のサンフランシスコからオークランドへの移転を強くプッシュし，成功させた。W・ガルドナーとアイデの強力なサポートのおかげで，彼は AML の APL への統合も完了させた。スコットは次のように説明した，「規模の経済とは小さな会社が食い物にされるもので，そのうえ APL は 2 つの会社を合計するよりも優れているであろう。もし個別に残ろうとしたら，どちらか一方は溝に落ちてしまうことになる[12]」。

AML の社長であるロバート・E・ベネディクト（Robert E. Benedict）は極東で AML の代理店をしていたエバレット汽船（Everett Steamship Company）に移っていった。アイデは，AML の社長として良い仕事をしてきたベネディクトに APL の副社長（executive vice president）のポストを主張した。しかし，ベネディクトは，スコットが権限を委任するタイプの幹部ではないことは明白で，非常に多くの不確定要素に気付いた[13]。

スコットは，また，多大な損失を出していた世界一周航路の問題にも取り組んだ。1967年にスエズ運河が閉鎖されて以来，船は地中海に寄港することはなくなり，数千マイルも余分に喜望峰を周って米国の東海岸まで航海していた。彼はマトソンで知り合い，APL に入る前はナトマスとの問題解決をしていたポーランド生まれでスコットランドで教育を受けた造船技師のヘンリー・コズロウスキー（Henry Kozlowski）に APL のすべての航路分析をさせ，提案させた。

コズロウスキーは，スエズ運河の閉鎖期間中の世界一周航路については，これまでとまったく同じ寄港地をフルコンテナ化された航路に再編成したが，6隻の必要性は排除した。彼はシンガポールでインドネシアの諸港，マレーシア，スリランカ，インド，パキスタンと大西洋/海峡（Atlantic/Straits）航路を中継する2隻のフィーダーを持つことでこの偉業を成し遂げた(訳注6)。パキスタンから喜望峰を周る無益な数千マイルの航海は解消されたが，同時に配船を向上した世界一周航路は続けた[14]。

アイデとスコットの改革の結果はすぐに APL のバランスシート（貸借対照表）に現れた。結果は，4隻のペースセッターの一年以上の納期遅れ(訳注7)と合わせて，1974年の純利益は1,083万5,000ドルになった。しかし，数年におよぶ約2億5,421万6,000ドルの資本設備への莫大な投資を考えると，総収入の4.8%の利益はあまりにも低すぎた[15]。ナトマスの経営陣は，スコットがしばらく続いた赤字の傾向を変えたことには満足した。しかし，アイデはこのような低い利益率に満足しておらず，業績に目を光らせていたシートンは，「APL に投資している資金を他の事業，特に石油事業に使ったほうがいいのではないか」と考えた。さらに，その資産と収益性に課された海事局の制限により，ナトマスへの配当という形で支払われる資金が厳密に管理されていた。

スコットがうまく会社をまとめており，アイデは注意をナトマスに注ぐことができた。彼は65歳の誕生日に近づいており，落ち着きがなくしばしば難しいデイヴィスと，30年以上の緊張度の高い仕事に従事してきた責任と，ナトマスが倒産するのではないかとの重圧から解放されることを望んでいた。彼は次のように述べている。「私は一部の人がするように，自分の足跡の中で死ぬよう

（訳注6）　シンガポールをフィーダーで繋ぐハブ港とすることで，基幹航路の寄港地を減らし，航海時間とコストの削減を図った。
（訳注7）　造船所から違約金が支払われた。

な野心は持っていません。それなりの時期が来れば，誰か他の人にもチャンスがあると思っています。だから，すべてを整理して有能な人に委ねたかったのです[16]」。

アイデはナトマスの経営陣には欠陥があると感じていた。当時の状況から，アイデはナトマスとはまったく関係のない外部から，しかし，石油事業を知り，同社には不可欠と思われるすぐれたリーダーシップの資質を持つ人物を最高経営責任者に迎えたいと思った。シートンはダグラス・オイルとオクシデンタルでの元上司であるドーマン・コモンズ（Dorman Commons）を推薦した。

5 ドーマン・コモンズのナトマス CEO 就任

コモンズは最近オクシデンタルを退職し，独立してコンサルティング会社を立ち上げたばかりで，受け入れは可能だった。アイデは彼と話をして，彼の気さくな物腰と幅広い関心に強く惹かれた。コモンズはカリフォルニア出身で，セントラルバレーの農村地帯で育った。スタンフォード大学を卒業したコモンズは，シートンと同じく会計士を仕事としており，ダグラスとオクシデンタルのいくつかの部署でリーダーシップを発揮しながら，余暇は地域活動に当てていた。アイデはナトマスでの役割を減らしたいことをコモンズに率直に話した。アイデはまた利益率は上がってきているものの，ナトマスを取り巻く問題について彼の知るところを示した。2人は，コモンズがナトマスのコンサルタントとして1年間フルタイムで勤め，それから決定することで合意したが，アイデはコモンズをナトマスの役員会で選出し執行役員のメンバーにした[17]。

コモンズはインドネシアに赴き，当時の原油価格が現在の1バレル3.65ドルでは，ナトマスの小さな油田では「限界操業がせいぜいである」との報告書を持って帰ってきた。その油田が潜在的に利益を生むためには，世界の石油価格が1バレル当たり1ドル，つまり約35％上昇しなければならない。第二次スエズ危機後の1973年12月にコモンズが帰国してから数カ月後，原油価格は1バレル10ドルまで上昇し，1カ月で1ドル近く値上がりした。

ナトマスにとっては良いニュースでもAPLにとっては明らかに悪いニュースだった。1973年春のスエズ運河の再開は，APLの事業にとって常に重要な問題となっている世界一周サービスの再編成をもたらすことになった。天井を知らない燃料油価格の高騰は同社の収益性に大きな打撃を与えた。

　コモンズは APL の収益を分析していた。中東の不安定さと APL の事業への影響を除いても，彼は海運業を怪しげな経済活動と見なし以下のように述べている。

> 「APL は利益を上げたり下げたりしていました。……10年間の利益総額は，私の記憶では，3,000万〜3,500万ドル，年平均では300万〜400万ドルだったと思います。私は輸送事業について何も知りませんが，年間3,500万ドルから5,000万ドルの補助金を受けています。私はこの種の事業は好きではなかった。だから海運業には興味がなかったのです。」[18]

　コモンズはコンサルティングの年の終わりに，ナトマスに残ることを決めました。コモンズはナトマスの経営陣は概して優れた力があると感じていた。彼はシートンとナトマスの監査役である W. ブラント・ブルックスビーを頼りにできると感じていた。彼はアイデと仲良くなり，誠実で自由主義的な人で，彼自身に似ていると尊敬し，特にナトマスの多くの問題点を把握していると注目していた。アイデにとっては，コモンズはエネルギッシュで心の広いエグゼクティブであり，ファイナンスについて洞察力を持ち人間関係では気楽であるが，指揮官のような雰囲気を持っていることに気付いていた。何年もあとに，コモンズについてアイデはこうコメントしている。

> 「相性は良かった。そう言えると思う。私は彼のスタイルが好きで，私たちが抱えているさまざまな問題に対する彼のアイデアや経験豊富な意見が好きでした。それで翌年私は彼を社長兼最高経営責任者に任命しました。その結果，私には取締役会長としての役割が残りました。そして，それを後悔したことは一度もありません。数回のランチやディナー，あるいは会議だけで（決めるのは）難しいことでしたが，ここでは約 1 年間彼と一緒に仕事をして，彼が思う会社を発展させるための方向性について話をしました。」[19]

　コモンズはナトマスのインドネシアの子会社 IIAPCO の経営トップを再編し，国内エネルギー資源におけるナトマスの持分を改善するという彼の計画に沿って，買収と開発の新しいプログラムを始めた。

　これらのいずれのプログラムも当面は APL に影響を与えなかった。Ｎ・スコットは，APL の社長兼最高経営責任者とナトマスの執行役員を兼ねた。しかし，ナトマスがエネルギー投資の拡大に新たに重点を置くことは，あらたな資金に対する継続的な要求が生み出されるすることに加え，エネルギー資源に専念しようとする会社にあって海運事業との本質的な不整合が顕在化していた。

　それでも，APL は数年前よりもうまく経営されているように見えた。スコットの改革，特に AML との合併は助けとなったが，彼が経営を引き継いだときには，すでに会社の組織は決められたあとだった。スコットは会社をコンテナ化したことでデイヴィスに十分に貢献したが，ファウラーとビエールによる二重経営は，コンテナ船の効率を事業に最大限に活かすようにはなっていなかった。スコットは彼の使命をマトソンから経験豊富な人々を連れてくることだと考え，つまり，それはオペレーションはレ・ハーランダー，企画はヘンリー・コズロウスキー，マーケティングはゴードン・バート（Gordon Bart）だった。スコットは彼の新しい経営陣が何を成し遂げようとしていたかを説明した。

　　「まずは船の運航管理，ターミナルのレイアウト，コンテナの管理，航路の宣伝，マーケティングと運航業務との調整。「運航」の定義付けも行いました。私たちが基本的にやったことは，船とオペレーション業務を担当し，岸壁の荷役機材やコンテナ，シャーシを管理するオペレーションとそれらに価格を付けて販売するマーケティングを立ち上げることでした。そして，この３人は私の部下としました。良い組織になっていました。彼らは全員マトソンで一緒に仕事をして，ハワイ航路に携わってきたし，全員が極東の貿易に関わるこの事業にある程度深く従事してきました。」[20]

　船隊の大半がコンテナ化され，航路上にある港湾が荷役機器を備えていたため，スコット，ハーランダー，コズロウスキーの３人は，国境を越える貨物の移動を速やかにするための同社の電子データ能力の向上，つまり，貨物の輸出入と，貨物とコンテナの追跡に必要な複雑な書類をコンピュータ化することに集中した。スコットは，ロス・ペロット（Ross Perot）の電子データシステム会社（EDS）にソフトウェアの開発を依頼したが，それは賢明だった。EDS は，1975年にスエズ運河が再開したときには，とくに重要なこの領域でたいへんな進歩を遂げて行った。

　国際貿易の状況は流動的だったが，スコットは APL の船隊の再編成を開始し，米国東岸への途中，紅海，スエズ運河，そして地中海に寄港するようにした。彼の動機の１つには予想される収益の増加と新しいコンテナ船隊から最大限の可能性を引き出したいという願望からだった。しかし，船を運航させながらの再スケジューリング，マーケティング，貨物スペースのロスなどの重い費用負担は，コンテナ化による大幅な節約があっても，世界一周航路の市場で正当化できるものではなかった。

　競争は1967年以前よりもはるかに厳しく，料金の引き下げやリベート^{（訳注8）}がとくに地中海で広まっていた[21]。1975年は260万8,000ドルの純損失が発生し，前年にナトマスに200万ドル近くの現金を供与していた配当金は９万ドルに減少した。スコットは，コモンズをはじめとする役員会のメンバーは公正な価格が付くのなら APL を処分したい気分になっていることを感じとった。

　スコットは，権限を持っていると思い，1975年の初めに APL の株式の47%を保有していたシグナル（Signal）に接触し，ナトマスが持つ残りの53%の株式をシグナルが買い取る話を進めた。コモンズがシグナルの申し出とジョセフ・アリオトからの APL に対する別の入札について熟考している間，ナトマスの監査役であるブルックスビーもまた，売却の可能性を検討していた。彼はAPL の支配権を売却すべきかどうか，売却する場合には提示された価格が適切かどうかを明確に判断できるまでは，どちらの申し出も受け入れるべきではないとの結論に達した。APL の価値に関する外部評価が出るまで何もしないよう，スコットはコモンズを説得した。このようにコモンズは，スコットが提示したシグナルの買収提案を受け入れる準備ができておらず，取引は失敗に終わった[22]。事実シグナルは急速に APL の購入に興味を失っていったが，幸運にもナトマスに株式を売却するか，ナトマスが顧客を見つけることができれば，同社の株式を売却すると表明した。シートンは以前から APL と海運企業全般の収益性に批判的でナトマスに会社を処分するよう求め，コモンズはこれに同意もした[23]。しかし，売却をどのようにするかは別の問題で，スコットの提案とアリオトの入札は却下され，コモンズは，APL はそれほど簡単に売却できる企業ではないとわかってきた。

（訳注8）ここでは，"rebating" と記されているが，一般的には「運賃延戻し制度」と呼ばれる。一種の二重運賃で，盟外船への対抗策で同盟船にのみ積んだ荷主に対して，一定額の運賃の払い戻しをする制度。

6 APL の再評価と戦略の見直し

　コモンズは APL の業績が小幅な利益から大幅な赤字に激変した 2 年間を見て，ついに何かをしなければならないと考え，APL の分析を行うべきだと結論付けた。コモンズはまず，社内の開発グループに徹底的な調査をさせることから始めた。「よし，ここでプログラムを組んで，会社だけでなく業界全体を本気で調査しよう。会社がどのような環境で事業を展開しているのかを理解し，その環境との関係，競合他社との関係でどのような立ち位置にあるのか，そして我々は何をすべきなのかを理解しよう」と言った。調査の結果，コモンズは以下のことがわかった。

　　「長期的な計画があったわけではありません……。ターミナル施設の多くは，公共の港湾か短期リースか何かでした。長期的な継続事業としては考えていなかったのです。元々，バルクからコンテナへの転換は良い決断だったのですが，その代償も払ってきました。大半の機材はリースで所有ではなく，これは振り返ってみると良い判断ではなかったのですが，しかし，単純に競争力がなかっただけではなく組織も貧弱でした……。」[24]

　ナトマスは補助的なコンサルティング会社を探し始め，いくつかの有能なコンサルタントと面談したのち，海運業の経営問題を専門とするボストンのテンプル・ベーカー＆スローン（Temple, Baker and Sloane）を選んだ。同時に，ナトマスが APL を清算した場合の税務調査をアーサー・アンダーセン（Arthur Andersen & Company）に依頼し，3 つ目の調査として清算や売却が決定した場合の法的側面も含めた政府の立場について，リリック・マクホース＆チャールズ（Lillick, McHose & Charles）法律事務所を選定した[25]。
　コモンズはスコットに電話をかけ，調査を伝えた。コモンズはスコットのスタッフの全面的な協力を求め，提案された変更が適切であれば何でも行うという保証を求めた。スコットはテンプル，ベーカー＆スローンとの APL の連絡係としてコズロウスキーを任命した[26]。彼は多くの提言に対して責任を持つことになった。
　1 年間の集中的な分析を経て，1977 年半ば，3 つの調査グループは，コモン

ズ，アイデ，その他ナトマスの経営陣を驚かせるような報告書を発表した。売却や清算の税務上の影響は，何年にもわたって税金の支払いが繰り延べられていた積立金，同社が拠出して税額控除を受けていた厚生年金基金，APL が政府との特別な関係を維持していたことに関連するその他の問題などが絡んでくるため，最もコストがかかり複雑なものになるだろうと考えられた。補助航路である APL は，法律上米国企業にしか売却できないことになっていた。予想された通り，財務報告と財務管理は本来あるべき姿ほど正確でも体系的でもなかったが，アーサー・アンダーセンの評価では改善の兆しが報告された。

　驚くべきことに，テンプル・ベーカー＆スローンの報告書は，APL が復活させた世界一周航路や大西洋／海峡航路などの赤字航路を切り離し，太平洋航路に集中的に運航すれば，APL は高い利益を上げられることを示したのである(訳注9)。テンプル・ベーカー＆スローンは，太平洋地域，とくに米国と日本，韓国，台湾，マレーシア，東南アジアの群島間の海上貿易が急速に拡大していることを示す数々の数字を示した。その中で，シーレーサー級の，プレジデント・リンカーンとプレジデント・タイラーを除く APL のコンテナ船隊は世界のどの海運会社にも劣らず，高度で効率的な近代的コンテナ船隊を有していることを指摘した。また，APL は極東を中心にその名を馳せているが，APL の経営陣は高度な設備と急速に変化する世界市場が必要とするような計画と管理ができていないように見えた。報告書は5つの問題点を指摘している。それは，(1)船腹稼働率，(2)荷役費，(3)荷役機器のコストと一般管理費，(4)不採算航路，(5)不採算船隊である。

　利益が出た1974年には，APL の船隊は58.2％の稼働率で，別の黒字の年だった1976年の稼働率は73.8％。同じ年の同じ航路でのシーランドの業績は，それぞれ93.15％と93.55％だった。もう1つの競合会社である US ラインの稼働率はさらに高水準だった。報告書によると，APL の船隊が競合他社と同様に消席率を高めると，1974年には9,000万ドル以上，1976年には7,000万ドル以上も総収入が増加していたと推定された。事実1976年の APL のコンテナ・インベ

（訳注9）その後 APL は1990年代初頭には商船三井や OOCL とグローバルなアライアンスを形成し欧州航路にも進出することになる。代理店や支店網の整備を含め欧州航路進出は大きな投資で賭けでもあった。当時のコンサルタントの報告を経営幹部で長く引き継いでおれば，その後の APL の在り方は違ったかもしれない。マトソンは太平洋航路のコンテナのパイオニアでもあるが，ハワイ航路を中心に太平洋に特化し，米船社として事業を継続している。

ントリー（在庫管理）の7.4％は遊休状態のままであり，空コンテナのレポ（再配置）コストは1974年（84万5,000ドル）から1976年（600万ドル）の間に76.7％も急増した。一般管理費の増加は，市場の需要に対して，不適切なコンテナのトラッキング（追跡）とポジショニング（配置）によるものだ[27]。過大な市場予測による短期リースのコンテナ調達コストは，他社のコンテナ在庫と比較して高額で，余ったコンテナのために1976年には170万ドルの損失が発生したと推定された。

スコットが1975年に再び投入した世界一周サービスは，これらの経営上の欠点に加えて，大きな損失を積み上げていた。さらにコストがかかっていたのは，補助金を上回る大西洋／海峡サービスだった。APLの経営陣はついに大西洋／海峡サービスを休止すべきだと理解した。海事局から必要な許可を得た後，スコットは1976年前半にサービスを休止した。しかし，この報告書が作成されたときには，まだ，世界一周サービスは稼働しており，これらの不採算サービスは，1973年以来2,000万ドル以上のコストを掛けていてその前に廃止されるべきだった。

最後に，報告書はシーレーサー級の運航コストがAPLの他のコンテナ船と比較して極めて高いことを指摘している。報告書はこの点については何の提言もしていないが，法定耐用年数が満了する前でも，これらの船を処分したほうがいいことは明確だった[28]。世界一周サービスと一部の不採算なフィーダー運航を除くことで，マスターマリナー級3隻と2隻のシーレーサー級は約287万ドルで売却することが可能だった[29]。最も効率が良い船を含む残りの船は，テンプル・ベーカー＆スローンが予測した東アジアと東南アジアの劇的に拡大する市場で配船できる。報告書は1978年の市場成長シナリオを高成長と中成長に分け，コンテナの利用と管理について推奨する変更がすべて行われると仮定したものである。その結果高成長シナリオでは，税引前営業利益は2,440万ドルと推定され，1967年以来の最高の年となり，営業外項目からの特別利益を680万ドル計上した1976年の営業利益を56％上回り，緩やかな成長予測でも，売上高2億2,270万ドルに対して利益は1,950万ドルと推定され大幅な増加となる。コモンズはこの報告書に基づいて，非生産的な航路の休止，余剰船の売却，太平洋航路への資源の集中など適切な経営を行えば，APLはかなりの利益を上げることができると結論付けた。

この間にAPLは第二次世界大戦以来唯一の船舶喪失に見舞われた。1967年

にパスカゴーラ（ミズーリ州）のインガルス造船所で建造し，1972年にロサンゼルスでフルコンテナ船に改造されたシーマスター級のプレジデント・グラントは，1976年9月1日に台湾の基隆港（キールン）の入り口で視界不良のため座礁した。船底の損傷が激しく，船は浮いていたが，引き揚げ作業は失敗に終わり別の岩礁に突き刺さった。人命を亡くすことはなかったが，積み荷の66個のコンテナのうち助けに来たタグボートでは半分以下しか搬出できなかった。9月末，同社は同船の再浮揚を断念し海難としての手続きを進めていることを発表した。保険金は本船の減価償却簿価と費用を上回り，船を失った収入は445万ドルとなった。

　APLの1976年の純利益は1,374万2,000ドルだった。しかし，利益の半分以上は，プレジデント・グラントの損失に対する保険金と，ペースセッター級の引渡しの契約期限を守らなかったリットン造船所が支払った違約金で，2つの特別項目によるものだった。このように，APLの実際の業績は，テンプル・ベーカー＆スローンの経営に関する報告書の結論を裏付けているように思われた[30]。

　スコットは1977年7月8日に辞任し，コモンズは彼の後任について困惑していた。コモンズは調査を始めたが，APLを経営するのに必要な能力と経験を持った人物を見つけるのは難しいことがわかった。APLでは10年以内に辞任した最高経営責任者が3人で，平均在任期間は約3年であったため，野心的な才能を持った人物にとっては，このポジションは特に魅力的なものではなかった。また，ナトマスはエネルギー企業であり，候補者はナトマスの主要な関心分野ではないAPLに対する本社の意図を憶測せずにはいられなかった。コモンズは，「この業界には才能ある人材が溢れているわけではない」ことにも気付いた。彼が説明するように，海運業は長年にわたって著しく衰退しており，政府の政策の揺らぎと世界貿易における米国の地位の低下の犠牲となっていた。「善良な人はそれに惹かれなかっただけである」との彼の言葉は，シーランドのようにうまく行った企業には当てはまらないかもしれないが，これまでのことを考えるとAPLには当てはまるかもしれない[31]。

7　コンテナ事業の中興の祖，ブルース・シートン

　いずれにしても，コモンズはAPLを引っ張っていく可能性のある人物を見

つけることができなかった。そこで役員たちに目を転じ，さまざまな可能性を
検討した結果，ブルース・シートンに決めた。シートンはAPLの役員をすで
に5年間勤めていた。ナトマスの財務部長としてAPLの損益状況を熟知して
おり，テンプル，ベーカー＆スローンの調査以前から経営陣の欠点を把握して
いた。シートンはそのキャリアの大半を財務の専門家としてきたが，業務の方
針とその実行には長けていて，長年一緒にやってきたコモンズには賞賛できる
ものだった。彼には明らかに経営者としての資質とリーダーシップがあった。
それは明示的な資質ではなかったが，彼を知るすべての人たちは理解していた。
また，彼には平凡だが明晰な頭脳があり，複雑で時には混乱をきたす財務情報
を整理し，まとまりのある方針を策定するために長年培ってきたものがあった。
彼は52歳にして，経営者として全盛期を迎えていた。つまり，明晰で，活発で，
野心的であり責任を受け入れることにも遠慮しなかった。

ブルース・シートン。APLの社長，APCのCEOと議長を務め1990年に退職。

　シートンは，ナトマスの幹部の中で最も強くAPLを批判し，最も執拗に売
却を主張してきた。そこでコモンズが「ブルース，君にAPLを一時的に経営
してほしい」と言ったとき，シートンはそれに同意したが，シートンが望めば
エネルギー部門に戻って来られる保証を求め，それは受け入れられた。シート
ンは1977年8月，APLの役員室があるオークランドのフランクリンストリー

ト1950番地に移転し，社長兼最高執行役員（Chief Operating Officer：COO）に就任した。コモンズは取締役会長兼最高経営責任者として残ったが，シートンに自由な裁量権を与えた[32]。

シートンの着任は経営方針を変える合図となった。彼はヘンリー・コズロウスキーとゴードン・バートの責任が過重になっており，さらに，不適当に人員配置された業務の管理まで負わされていたことに気付いた。例えば，各支店には船舶の運航とマーケティング，オペレーション業務の各ディレクターがいるが，それぞれがオークランドのバートとコズロフスキーに直接連絡をとっていた。スコットは高度に中央集権的な業務運営を構築してきた[33]。

シートンは海運業について学ぶべきことが多いことは認識していたが，APL のマネジメントにショックが必要なことも十分にわかっていた。彼は言った，「見れば一目瞭然だった。2万〜2万5,000個のコンテナを持っていたが，それを追跡しなければならないし，コンピュータ化はまだ初歩的な段階でしかなかった」。

彼はまた，技術革命と言えるものに直面していた大規模な海運会社を経営するためには熟練した人材がひどく不足していることに気付いた。スコットの経営方針の下では，主要な人材は彼らが会社を去ったときにそのまま放置されるか，または補充されていなかった[34]。

シートンの最初の動きの1つは，コズロウスキーとバートの責任を軽減することだった。コズロウスキーは船舶の運航と計画，オペレーション業務を管理し，バートのマーケティング部門には地域で担当する部門はなく，オークランドの25人のスタッフが APL の航路がある世界のすべての地域を直接管理していた。D・コモンズは，シーランドでベトナム向けのコンテナ船の航路のゼネラルマネージャーを務め，カムラン湾に世界最大のコンテナターミナルも建設したオペレーションのトップの役員だったウィリアム・ハバード（William B. Hubbard）を苦労のすえ雇い入れ，ハバードはオペレーション担当の上級副社長に就任した。その後シートンは，バートのマーケティング部門を地域別に分散し，ライアン（T. J. Rhein）とシュミット（S. F. Schmidt）をそれぞれ北米と南アジアの地域担当副社長に任命した。ライアンは APL の組織では魅力的な若手メンバーで，1967年に入社しマーケティングの専門家となる前はコスト分析を行っていた[訳注10]。

8 ジョージ・ハヤシの極東での活躍

日本，韓国，台湾，フィリピン，香港の重要な地域には，日本で生まれ育ち，父親が戦前から神戸の APL と関係のあった J・ハヤシが選ばれた^{（訳注11）}。ハヤシは18歳の時に渡米し，カリフォルニア州立大フレスノ校とバークレーのアームストロング・カレッジで農業とビジネスを学んだ。カリフォルニアに到着したときには，いくつかの英単語しか話せなかったが，2年で流暢に話せるようになった。1964年1月，太平洋航路の日本人旅客の通訳として APL に入社。後にパーサーに昇進し，クルーズ船として使用されていたプレジデント・ルーズベルトで何回か，さらに，世界一周の航海も6回経験した。気さくな人柄と，貨物や旅客の知識を身に付けたハヤシは，陸上業務としてカリフォルニア北部のセールスに就くことになった。彼は特に米国内外の日本人の顧客にうまく対応していった。当時の日本は非常に急速に経済成長を遂げており，綿花，パルプ，原皮，高単価の非鉄金属スクラップ，古紙，冷蔵果物や野菜などのアメリカの商品市場として，APL にとってますます重要になっていった。1972年，ハヤシは南カリフォルニアの営業を担当することになる。

スコットとアイデが APL と AML を合併したとき，ハヤシは日本に派遣された。彼の任務は，極東における APL と AML の代理店を統合することで，スコットの集中化の方針に沿って，日本に本社を置く代理店を設立しエバレット汽船と APL の支店を統合することであった。日本の法律に基づいたこの新会社の設立や人員配置などの詳細はすべてハヤシに任された。

ハヤシは5カ月という短い期間で現地の反対や官僚的な弊害をすべて克服し，東京，横浜，神戸，大阪を拠点に125名の従業員を擁する代理店（APL-Everett Agencies, Ltd.）を円滑に機能する組織として作り上げた。APL との合併後，

（訳注10）ライアン（Tim J. Rhein）は，シンガポールの NOL との合併時には APL の CEO となり，NOL の役員も務めた。世界規模の海運企業で CEO を務めた最後のアメリカ人となった。

（訳注11）ハヤシ（Joji（George）Hayashi：林譲治）は1930年兵庫県宝塚市生まれ，2023年4月没。父は APL の神戸支店に勤めたフランク・ハヤシ。APL の CEO，会長を務め NOL との合併を機に退社。その後商船三井に副社長として迎えられた。ハヤシは米国籍であったため，国会で邦船社役員の国籍条項が外されるきっかけとなった。船木春仁（2003）「海運業界に国際化をもたらした男　ジョージ・ハヤシ」『時代がやっと追いついた』（新潮社）を参照されたい。

AML からエバレットに移籍したロバート・ベネディクトは，エバレットを継承しながら新会社の責任者に就任し，ハヤシは引き続き財務の指揮を執った。ベネディクトがエバレットと代理店を去るとき，ハヤシは彼の退社を機に代理店の弱点を APL の経営陣に指摘し驚かれた。そして，ハヤシが提案したように代理店を解散し，支店型のマーケティングに戻すことになった。

APL は当初から，APL-エバレットとの利害関係を内包していた。しかし，その最大の弱点は，アジアの顧客にとって大きな意味を持つ APL のブランドと営業権を効果的に活用できなかったことにあった。ハヤシは会社を設立したときと同じようなノウハウで代理店を清算し，スコットは彼を支店長にして，日本と韓国の営業部長という肩書きを与えた。エバレットとのつながりは解消されたが，APL との直接的なつながりが復活したのであった。

しかし，北アジアのマーケティングは依然としてオークランドから直接管理されており，地域レベルでの機能的な権限はほとんど認められていなかった。シートンはこの方針を転換し，ハヤシを副社長に昇格させ，営業展開に大きな裁量を与えた。ハヤシは当初の偏見を克服し，事実，APL のアジア本社を日本から経費が少なく東南アジアの市場と中東ともコミュニケーションがよい香港に移転するなど，いくつかの大きな変更を遂行した。その後すぐに，ハヤシは上級副社長（senior vice president）として会社の全ての部署を管掌し米国に戻り，その後 APL のエグゼクティブ VP 兼 COO となった。

9 米国内のロジスティクスの混乱

シートンは，APL のマーケティングの幹部を増強し，さらに，地域の権限が大きくなるよう分割しただけでなく，APL の組織全体をほかの面でも経営能力を強化した。彼は J・ドナルド・ケニー（J. Donald Kenny）の後任としてリチャード・L・タヴロー（Richard L. Tavrow）を副社長と法務顧問，秘書に任命し，チャールズ・ディアリング（Charles Deering）をハバードの下で運航管理のチーフに昇格させた。しかし，シートンには迫りくる災難まで半年もなかったのであった。

1977年の冬は，米国内のすべての国内交通機関に不幸な結果をもたらした。大規模な吹雪が全米の大部分を襲い，主要な高速道路が閉鎖され，鉄道も止まった。北東部と中西部でのストライキは，困難な状況をさらに複雑にし，一

時的にロッキー山脈以東の米国のすべての輸送システムが停止した。APL は何千ものコンテナを鉄道に積んでいたが，最終的な仕向地や，なかには運送途中やトラッカーに渡されたコンテナもすでにあったが，それらを管理することができなかった。

この頃までに，APL は運航管理のための電子データシステムを開発していた。膨大なコストと多くの難しいステップを経て，3 年の期間をかけて，外国やアメリカの政府機関が商品の輸出入に必要とする複雑な書類を電子化していった。これまで，船上や陸上で何百人もの従業員が責任を持って手作業で処理していた膨大な船荷証券（bills of lading）を，ほんのわずかな人員で，わずかな時間で，従来よりもはるかに高い精度で処理できるようになった。コンテナの電子的な追跡だけでなく，船荷証券のデータを利用して，特定の貨物が積まれたコンテナ，ルート，目的地，荷受人を特定することができるようになった(訳注12)。包括的な運航管理システムになるはずだったが，システムが海上輸送に特化しているという大きな弱点があった。また，高度にコンピュータ化されたほかのシステムと同様に，主要なコンポーネントのいずれかがプログラム通りに機能しないと故障しやすいという弱点もあった。

APL の経営陣が怠っていたのは，米国内での貨物追跡システムだった。事実，同社の経営陣には陸上輸送を専門とする幹部は 1 人しかいなかった。つまり，APL は鉄道とトラックの陸上輸送網のネットワークを完全に相互作用させる本物のインターモダルの企業にはなっていなかったのである。米国西海岸のターミナルでコンテナが鉄道の貨車（railroad car）やトラックのシャーシに積み込まれたあとは，APL の追跡はそこで完全に終わっていた。コンテナを

（訳注12）　その後 APL はライナートレインから1984年には Double Stack Train（DST）を開発し高度なインターモダルを完成させていくことになる。それと並行して，コンテナ番号か B/L（船荷証券）番号で貨物を追跡するシステムを開発した。IBM のメインフレームを使ったシステムは社内では CCMS と呼ばれ，アジアからの輸出を例にとると，①空コンがコンテナヤード（CY）からピックされたとき，②貨物が CY に搬入されたとき，③輸出通関が切れたとき，④本船に積み込まれたとき（Port of Loading），⑤運賃の入金があったとき（CIF/CNF 貨物），⑥事前に輸入通関が切れたとき，⑦（米国西岸港で）降ろされたとき（Port of Discharge），⑧DST に乗ったとき，⑨仕向地（Place of Delivery）に近い鉄道ターミナルで降ろされたとき，⑩B/L の差し入れと運賃の支払い（FOB 貨物）が確認されターミナルを出たとき（食品なら FDA 検査の合格後），⑪空バンが CY に戻った時，これらのタイミングでシステムがアップデートされ，APL の端末があるところなら世界中の支店やヤード，本船上でも貨物が追跡できた。

仕向地まで運ぶのは，鉄道会社とトラック会社の責任だった。APL や他の海運会社がコンテナと一緒に送った情報は，国内の運送会社が使用しているウェイビル（waybills）やその他の書類とは互換性がなかった。とくに鉄道会社は，船社が送る指示書の形式や内容に不満を持っていた。国内の輸送網が順調なときには，鉄道の輸送システムを通してコンテナは仕向地に到着したが，必ずしも船社が指定した日時に到着してはいなかった。吹雪やストライキで国内の地上輸送網が減速し，ついには大部分が停止すると，鉄道会社はコンテナの制御を失ってしまうのだ。APL の新しいオペレーションのヘッドであるウィリアム・B・ハバードは言った。

　　「ほとんどの鉄道会社は，国際輸送に関する多くの書類を見ても，自分たちが何をしているのかわかっていませんでした。その後，ランプが詰まり始め，除雪が追いつかなくなると，コンテナを空けるために空いているランプを見つけようと移動させ始めました。すべてのコンテナがニューヨークに現れるよう，順にランプを探そうとしたが，何も動きませんでした。鉄道会社はコンテナと一緒に書類を送らなかったため，貨物だけ動かしても，米国税関には適切な書類がないと貨物の扱いを認めず，事態を悪化させるだけでした。」

　コモンズ，シートン，ハバード，そして APL のインターモダルの担当ディレクターであるドナルド・オーリス（Donald Orris）は東部に飛んで，コンレイル（Conrail System）の社長と COO と緊急会議を開いた。明らかになったことは，鉄道会社は海運業界の要求に合わせて運行管理を変えようとしないことだった。したがって，考えられる唯一の解決策は，APL が何らかの方法でコンテナを追跡するための独自の方法を国内輸送にまで拡張しなければならないということだった。同社はあらゆる意味でインターモダルになる必要があった。ハバードは，「我々は進化して自らの運命を決める戦略へと進みました。最初はそのシステムについて協議し，その後自分たちの宿命と運命は，可能な限りコントロールしなければならない，という方針にしていきました」と述べた[35]。
　シートンは，APL の荷役業務とインターモダル，ターミナルの専門家たちを組織して，東部に派遣した。3 カ月間危機管理は続いたが，彼らはニューヨーク地域の混乱と膨大な数のコンテナの渋滞を一掃した。困難だったが，重

要な教訓を得ることができた。APL の経営陣が手を差し出せば，このような
事態は二度と起こらないということだった。シートンはハバードに国内輸送の
専門家を APL に入れるよう指示した。彼は業界から多くの人材を採用した。
能力があることがわかっている知人を中心に，シートンが主張したのは，考え
方が柔軟で，さらに，APL がすぐに認めるような野心家で，それぞれの分野
に精通していることだった。新社長にとっては大変な時期でしたが，彼はこの
挑戦を歓迎した。

1980年，APL のライナートレイン。ピギードックの時代。

　新しい運行管理の幹部チームは，ほぼ一斉に良い結果を示し始めた。鉄道会
社との間でタイムチャータを組んで，決められたスケジュールで運行する
APL ライナートレインを開発した。繁栄期には貨車不足に悩まされてきたが，
いつでも準備ができるように自前の貨車をリースした。また，重要な拠点には
自社の鉄道ランプも設置した。シートンの決定により，APL の電子化された
追跡と文書システムはアメリカ全土とアジアに拡大された。最終的には，その
高度に洗練されたコンピューターシステムは LCL 貨物の動静さえ直接顧客に
伝えることができるようになった。
　APL が陸上輸送会社となってからは，APL の運行管理グループはそのシス
テムを使って多くの経済活動を発展させた。その輸送の大部分は，北東部，西

南部，南東部，中大西洋地域の工業地帯や人口が集中する地域のものだった。このような貨物の流れは，何千ものコンテナが空のまま返却されることを意味していた。何百万ドルもの費用がかかったコンテナは，空コンテナの返却を含めなければ，実入りはせいぜい利用されても 5 割にしか過ぎなかった。

10　内貨輸送を取り込んだインターモダル

　APL のインターモダル部門は，大手フォワーダーのトランスウェイ（Transway）と協定を結び，工業地帯からサンベルトと呼ばれる人口急増地域であるアメリカ南西部と西行きのコンテナ輸送を請け負った(訳注13)。もちろん，この方法はピギーバックのトレーラーで貨物輸送していたトランスウェイと鉄道会社の両方に販売しなければならない。しかし，トランスウェイのようなフォワーダーは APL と同じような苦境に立たされており，トレーラーを西に戻さなければならないため，さらにコストがかかっていた。価格の高い貨物で満たされた多くのコンテナの戻りが保証されたので，APL は料金の引下げと，ほぼ完全なコンテナの利用，コンテナのレンタル収益を確保することができた。

　純利益が年間1,200万ドルを超えたことがなかった会社が，シートンのリーダーシップのもとで年間平均4,500万ドルになった。彼自身が説明したように，「国内の最悪のインターモダル事業者から 3 年で最高の事業者に変わった」。しかし，シートンのエネルギーと決断力，そして特別な使命感を組織全体に伝えるためには，シートンは総力をあげなければならなかった。彼は言った。「非常に生産的な感じがしていました。それは完全に物事を好転させることに集中していたからです。私の性格的なものから，心配とかそういうタイプのものではありませんでした。ただの挑戦だったのです36」。

　シートンはこれらの転換に伴うコンピュータやソフトウェアの追加費用を管

（訳注13）米国内から直接アジア向けの外貨もあるが，荷主によっては西岸港近辺まで内貨として運びコンテナ詰めする場合も多く，船社は米国西部にコンテナを集める必要があった。そこで，APL は海上コンテナを使った国内貨物の集荷と輸送を行い，東部や中西部に滞貨するコンテナが実入りで西部に返すような仕組みを考案した。一方で，トラック会社が鉄道を利用する際の主流は，ピッギーバッグ（piggy bag）方式で，トラックの車体をヘッド部分と切り離して，後輪付きで鉄道の台車に載せて輸送した。

理するトップが必要で，また，会社の業務と財務上の問題を処理するための副社長が必要だったこともあり，コモンズを説得して，ナトマスの有能な監査役員であるブラント・ブルックスビーを APL に連れてくるようにした。ブルックスビーの最初の任務の1つは，APL のデータ処理システムの追跡・制御機能について分析し提言を行うことだった。ブルックスビーは上級副社長と APL の役員にもなり，シートンと同様にナトマスの執行役員としてグループにはとどまった[37]。ブルックスビーは1年ほどで複雑なデータ処理システムをマスターし，その弱点を特定し，さらに，幹部らにそれらを効率的かつ効果的に利用するために管理を再組織化した。

電子データ機器で追跡できる完全なインターモダル・システムの開発により，オペレーション業務に大きな経済性がもたらされ，コンテナ船の消席率（utilization）は往路では100％近く，復路では80〜90％にまで上昇しました。北米航路の海上運賃は1976年から1981年の間に約30％低下したが，APL は大きな利益を上げることができた。これは，APL の経営陣が船のリプレイスのサイズと設計，およびリプレイスの船が接岸するターミナルに適切な注意を払っていたことも一因だった。シートンはすぐに APL だけでなく海運業界の多くを悩ませている中心的な問題を把握したのだった。

彼が思ったように，業界はコンテナ化とそれが意味する適切なロジスティクスの意味を十分に理解していなかった。シーランドとマースク，マトソンのような企業は60年代後半にコンテナ化にとって特徴的なことに対応し始めていた。とくにシーランドは，技術革新がこの産業を変えることを認識していた。APL もまた，基本的ないくつかの側面を認識し始めていた。70年代初頭には，ノーマン・スコットは急速な技術変化に対応する手はずにとりかかったが，残念ながら APL はまだ，それまでの慣習と伝統に重きを置いていた。このようにたいへん前向きな経営者でさえ，包括的に統合された輸送体系を完全には理解することができなかった。

シートンはこの会社の弱点を認識し，組織に組み込まれた惰性を最初に克服することで自分自身を成長させた。彼の解決策は，ロジスティクスとは組織を通じてこの分野の可能性を深く広く掘り下げることができる専門的な上級幹部を必要とする特別な機能で，根本的な変化であると定義付けることに特徴があった。そのために彼は，海運業の内外から，輸送の専門家で構成される新しい経営陣の採用を始めた。同時に，この会社を成功させるためには，高度に洗

練された電子データシステムの開発が不可欠だと考え，その開発にも力を注いだ。資本投資は急増したが，シートンの指揮の下で強化された経営陣は，自分たちが自由に使える強力なツールを理解し，利益も上がっていった。シートンは管理職にはそれぞれの分野の専門家であることはもちろん，経験の幅を広げるために異動も受け入れる柔軟性を要求した。

　十分に調整された権限の分散化は，個々のマネジャーに最大限の権限を割り当てる方針のガイドラインとなった。振り返ってみると，シートンは新しい社内秩序を適用することが難しかったことを認めている。しかし彼は，海運業界は，「鉄鋼業界や自動車業界，化学業界が新技術や外国との競争に適応するのに比べると，変化への適応に関しては，良い仕事をしてきた」と考えていた[38]。

11 C9型クラスのアボンデール造船所への発注

　APL がインターモダルの潜在能力を十分に発揮し始めたとき，古い船を C8型の大型で高速のコンテナ船にリプレイスした。APL は破産した PEFL から2,600トンのラッシュ船３隻を購入し，これらの船は政府からの通常の財政的な助成を受けずに安いコストでコンテナ船に改造された。サンフランシスコのベツレヘム造船所で小さな船体構造の変更が行われ，積載容量は1,856TEU となった[39]。

　北米大陸を横断するランドブリッジ・サービスが開発されるのと同時に，太平洋での社船の運航も慎重に検討されていった。1977年には，赤字だった世界一周サービスは中止されていた。オークランド，ロサンゼルス，シアトルからコンテナ船は太平洋を横断して12日間で横浜に着いた。これらのコンテナ船は，日本，韓国，台湾，香港の港に直接寄港するか，なかにはシンガポール，コロンボ，インド，パキスタンの港に向かう船もあった。自社船をシンガポールを起点とする「シンガポール・スイング」に配船し，シンガポールを経由して米国からインドネシア，マレーシア，スリランカ，パキスタン，そしてアラビア湾の港にコンテナを運ぶサービスとした。また，APL 船の配船のほかに，オーストラリアやインド洋の北部の港へのフィーダー・サービスを他社の船で行った。

　1980年秋には OPEC が定めた燃料油価格が１バレル30ドルまで上昇したため，改造されたラッシュ船の取得は，小型のコンテナ船からのリプレイスに留

まり，高速で燃料効率の良い大型船の投入となる第一段階に過ぎなかった。APL のエンジニアリング部門は，すでに，燃料を浪費する蒸気タービンではなく，燃料効率の高ディーゼルエンジンで推進する 5 万トンのコンテナ船 C9 型の新設計に取り組んでいた。しかし，エンジニアリング部門でのデザインに関する議論は白熱し，シートンは外部への相談が必要だと判断した。

　ハーランダーを選んだのは，この行き詰まりを解決するための合理的な選択だと思われた。彼は N・スコットの下で APL のオペレーション部門を率いていた時に，同社のコンテナ船隊転換プログラムを指揮し，新造船の予備設計も始めていた。彼には他にもその資格があった。おそらく全米のどの造船技師よりも，コンテナ船の設計とガントリー・クレーンの設計・開発に責任を持つ立場にあったからだ。彼は，カリフォルニア州のリッチモンドの近くで半分は引退し，自分のボートヤード（boatyard）を経営し，技術コンサルティングの仕事をしていたので可能であった。シートンは1978年 6 月にリッチモンドを訪れ，APL のエンジニアリングと計画の状況を説明した。ハーランダーは，コンサルタントとして APL に参加し，プログラムの責任者になってくれるだろうか。ハーランダーはこれに同意し，エンジニアリング担当ディレクターのペンティモンティ（Eugene K. Pentimonti），海務担当副社長のデアリングらで構成されるチームを編成した。

　ハーランダーは，未解決の問題を迅速に解決し，契約の計画と詳細仕様書が作成された。D・コモンズは， 3 隻のプログラムに対する政府の建造差額補助金（construction differential subsidy：CDS）(訳注14) を受けたあとでも， 1 億5,000万ドルもの巨額な投資が必要となることを懸念し，造船所の入札を説いた。政府保証の商船債や抵当権などの有利な資金調達が可能であったにもかかわらず，頭金は多額に及びその利息は将来の収益を圧迫することになるからであった。

　コモンズは，APL にとって，新しいコンテナ船を契約するよりも，AML と合併した際に引き取った C5型をフルコンテナ船に改造したほうが，はるかに

（訳注14）建造差額助成金とは，米国と海外の造船所との建造の差額に対する助成金で最大50％を補てんする。第 2 次大戦後から1980年代半ばまでに約250隻のタンカー，コンテナ船，バルク船が対象となったとされる。（参考：http://www.professionalmariner.com/June-July-2019/Time-to-make-nations-shipyards-merchant-marine-great-again/（2020年 5 月14日アクセス））

良い投資になると判断した。彼は C9 型の建造のための契約におけるすべての技術的な作業とその執行を停止し，ハーランダーと彼のチームに C5 型をリプレイスする入札仕様書を作るとことを指示した。しかし，海事局は改造された船に助成金を使うことを拒否したため，コモンズは翻意し，当初の構想を承認しなければならなかった。貴重な時間を失い，海事局が設定した厳しい期限のなかで，ハーランダーと彼のチームは計画と仕様書を準備した。彼らは造船所との契約交渉と海事局との建造差額補助金の有利なレート交渉との両方を間に合わせることができた。

設計と建造のプログラムのなかで最も困難だったのは，計画と仕様書で要求されていた蒸気タービン推進に代えて，4 万 2,300 馬力の低速ディーゼル推進を導入することだった。当時は燃料価格が高騰しており，燃料効率の良いディーゼルが魅力的だったため，APL は契約締結の 1 カ月後にタービンからディーゼルに変更できる条項を契約に盛り込んでいた。これほどの大きさと積載量の船舶用ディーゼルエンジンは，アメリカでは造られたことがなかった。欧州や日本では大型のディーゼルエンジンがライセンス生産されていたが，米国ではタービンによる推進力が船舶の標準装備となっていた。しかし，補助金の対象となるためには，少なくともその一部を米国内で製造する必要があり，この場合欧州企業のライセンスであった。海事局は，使用する施設を特定し，アメリカ企業が製造するエンジン部品とその割合を明記した詳細な製造計画を承認するまでは，外国のライセンス契約を承認しないことになっている。

ハーランダーのチームは，契約締結後 1 カ月間で，ナトマスが予測する将来の燃料価格を用いたコスト調査，ディーゼルとタービンの性能比較，C9 型に提案されている 3 種類の欧州製ディーゼルエンジンそれぞれを分析し，また，造船所がコスト変更のための固定費を決定するのを支援するために，予備的な計画と仕様書を作成するとともに，ディーゼルの選択が経済的ではない場合に備えて，タービンの開発についても造船所と協力して進めた。選んだのは，スイスの大手企業スルーザー（Sulzer）が開発したもので，選定したアメリカのアリス＝チャーマーズ（Allis-Chalmers）がライセンス契約を結んでユニットを製造することになった。海事局は，スルーザー/アリス＝チャルマーズ社製エンジンの計画を承認した。しかし，もう 2 つの障害があった。APL のエンジニアリング部門とマリンオペレーション部門は，企画部門とテンプル・ベーカー・スローンが行う経済的な実効性調査に必要なコストの見積もりと，運転

データを準備しなければならなかった。この調査では，ディーゼルエンジンが従来の蒸気タービンに比べて1,000万ドルの追加コストをかけることを正当化しなければならなかった。「総合的なディーゼルエンジンプロジェクトのために，私たちはあらゆる手を尽くしました」とハーランダーは語った。経済的な問題のほかにも，解決しなければならない問題はたくさんあった。それをハーランダーは以下のように要約した。「APL 内部で関係する人たちに，どうやって関心を持たせるのか。乗組員の配置，組合との協定，トレーニングプログラム，陸上での新しい機材のメンテナンス・プログラムなどをC・デアリングが開発しなければならなかった。これらのことをどうやってやるのか。少なくとも，コストをかけて自分が何をしているのかがわかるように十分に描く必要があります」。

シートンは，新たに船舶調整委員会を設置し，その委員長を務めた。ペンティモンティとハーランダーは，エンジンだけでなく，建造計画全体の問題点を洗い出し，必要に応じてシートンが適切な部門に照会して対策を講じることにした。このようにして，プログラムのすべての側面が調整され，APL の経営陣が満足する形で実施された。海事局も同様に，船体，エンジン，そして船に搭載される何百ものサブシステムや部品を承認したが，それには長い交渉が

1984年 APL は軽量鉄道シャーシの開発に成功し，コンテナ 2 段積みを可能とした（ダブル・スタック・トレイン）。APL が保有する北米の鉄道網は西岸港で船と接続し，外貨と内貨の両方を運ぶことができる。

プレジデント・ワシントン。1982年から83年に米国内で３隻建造されたディーゼル船の１隻。総トン数４万627トン。

必要だった[40]。1978年，ニューオーリンズのアボンデール造船所に，プレジデント・リンカーン，プレジデント・ワシントン，プレジデント・モンローの３隻の C9型が発注された。

12　北米最大級のサンペドロのターミナル

　C9型が決定したことで，１隻当たり2,500個の20フィートコンテナを積載する巨大な船を支えるための設備が次に注目されることになった。まず，ハバードがターミナルの拡張と整備の先頭に立った。彼は APL がシアトル港との協定を交渉し，1983年までには北西部で最大かつ最高の施設を手に入れた。オークランドのターミナルは，今後予想されるコンテナの増加に対応するため，すでに設備が整っていた。しかし，ロサンゼルスの拡張は，市の港湾局との厳しい交渉を経て合意に至った。ロサンゼルスには，１つのターミナルとしては広すぎるが，２つの繁忙なターミナルにしては十分な広さの土地ではなかった。

　ハバードは，この問題をロサンゼルス港のアーネスト・L・ロイ・ペリー（Ernest L. "Roy" Perry）局長と話し合っているうちに，APL が施設全体を引き受けて管理者となり，テナントを確保してスペースを貸し出し，他のターミナ

ル施設も含めて運営するというアイデアを思いついた。ハバードは次のように話した。

> 「ロイ，君が持っている不動産の一部を使わせてくれないか。君はLAにできるだけ多くのコンテナを運びたい。私はオペレーターとして，1つのゲートと1つの管理棟を持つ非常に効率的なターミナルに興味がある。岸壁は共有する。また，1つのメンテナンスハウスも共有する。私たちがターミナルオペレーターとなり共同で他のテナントを探す。非効率に3つの施設に発展させるのではなく，うまく管理してコンテナ取扱量を最大限にし，合理化する。」

ペリーも納得し，最終的にAPLはロサンゼルス港のサンペドロにある115エーカーの施設の「アンカーテナント」として業界に知られる存在となった^{（訳注15）}。ターミナル自体は，20フィート，40フィート，45フィートのコンテナを5,000個蔵置することができる。「すべてがうまくいき，計算通りの貨物のトン数が得られれば，美しくて大きな施設をゼロコストで運営することができる」とハバードは言った。彼の予測は楽観的すぎた。しかし，1984年5月24日にシートンとロサンゼルス市長のトム・ブラッドリー（Tom Bradley）がターミナルを竣工させた時には，一般管理費は削減されていた[41]。

それまでにハバードは，シアトル港との間でも「アンカーテナント」として交渉し，また，APLの新たに拡張された横浜，神戸，香港，韓国の釜山，台湾の高雄，マニラのコンテナ施設でもサブテナントを積極的に探し，確保した。これらすべての交渉で，ハバードはコンサルタントとしてベン・ナッターの協力を得た。ナッターは，オークランドを西岸港で有数のコンテナ港にした最大の功労者で，オークランドの局長を退任したばかりだった。

APLは，高雄（タカオ）を極東における主要なコンテナターミナルとすることを稀に

（訳注15）115エーカーは約46万5,000平方メートル。1970年代にAPLが借り受けた神戸のポートアイランド（C5）は岸壁長が350メートル，奥行き300メートルで10万5,000平方メートル。したがって，日本のターミナル4つほどの広さだが，船側までDST用の軌道を敷き，オンシャーシを基本としたアメリカのターミナルは広大な敷地を必要とした。その後，後継会社のCMACGMが売却するまでGlobal Gate South（GGS）として長く親しまれ，現在はFenix Marine Servicesのオペレーションとなっている。

1984年，APL はロサンゼルス（サンペドロ）にコンテナ5,000個を取り扱える，西岸港で最大のターミナルを開設した。

見る先見性をもって決定した。日本と南アジアの港の中間に位置する高雄は，地理的にもコンテナ貨物の中継に適した場所だった。当時，APL は高雄では年間 2 万個のコンテナ輸送しか行っていなかったため，ハバードは，高雄での拡張を主張するのに苦労した。1983年 APL は高雄のターミナルで20万個の通貨貨物を取り扱った。アラスカの新しいダッチハーバー，インターモダルのためのシカゴのターミナルなど施設開発関連のプログラムが完了した時点で，APL は新しい船，ターミナル，電子データ処理装置，コンテナ，シャーシ，そして鉄道ランプなどに 6 億ドルを投資していた。

　ハバードは，シーランドでの経験を生かして，APL が独自の港湾運送（stevedoring）サービスを組織することをシートンに勧めた。このサービスは，APL に港湾労働者やクレーンのオペレーターなどを提供するだけでなく，最終的には他の船会社にサービスを販売することも考えた。シートンはこれに同意し，別会社のイーグル・マリーン（Eagle Marine）を設立した。ハバードによれば，「いつかサービスを提供することになる競合他社にとっても，もう少し信頼できる会社にするためだ」。当時の組織変更で，イーグル・マリーンはアメリカ西海岸港のターミナル業務を担うことになった[42]。

　コモンズは，APL 社が C9型を発注することを決定した後，ナトマスの石油事業に比べれば規模は小さいものの，健全な投資先であると考えていた。そこでコモンズは，シグナルが保有する APL 株と少数株主が保有する APL 株を，

ナトマスが発行する約168万8,000株の株式で買い取るのが得策だと考えた。シグナルの会長兼CEOであるフォレスト・シャムウェイ（Forrest Shumway）はこの取引に同意し，1979年6月30日に取引が完了した。

APLの純利益は1979年に5,920万ドルに上り，その後3年間は高く推移した。1982年から1983年にかけて，新しいコンテナ船，プレジデント・ワシントン，プレジデント・リンカーン，プレジデント・モンローが竣工し，配船された。その後，他のアメリカ船社から譲り受けた大型で高速なコンテナ船，プレジデント・F・D・ルーズベルトとプレジデント・アイゼンハワーがAPLの仕様に合わせて改造された^{（訳注16）}。

APLは，C9型の納入が契約より1年も遅れたことで，海外での造船の必要性を痛感していた。C9型の高額なコスト超過は，海事局にアメリカの造船所は建設費の補助を増やしても外国の造船所と競争できないと確信させた^{（訳注17）}。レーガン政権が1981年の予算から建造費補助金を廃止し，議会もこれに追随したため，この政策が浸透している間は，アメリカン・プレジデント・ラインズが海外で新造船を建造するのは時間の問題となった。APLは，主要な競争相手であるライクスラインズ（Lykes Lines）が海事局から許可を得て新造船の多くを外国の造船所で建造していることを知り^{（訳注18）}，同等の扱いを求め，それが認められたのである。APLのような補助金を受けている船社は，慎重に決められた範囲内で，海外で船を建造することが許された。

一方，石油の開発と生産，それと海上輸送という2つの微妙な国際業務に携わる企業としては，ナトマスの将来は安泰だった。D・コモンズは，国内の石油と石炭資源への投資は不運だったが，長期的にはナトマスとAPLにとって正しい判断ができたと満足していた。APLについては，海運業界の変化の本質をいち早く把握したシートンの功績が大きい。具体的には，彼は地域ごとに

（訳注16）日本の造船所で建造されたプレジデントF・D・ルーズベルトとプレジデント・アイゼンハワーはJ9型とされた。APLは表ブリッジの船が多かったが，これらは三島型であった。

（訳注17）C10型の建造は業界でも大きな話題となった。船腹がコンテナ16列のため当時のパナマ運河を通行できないノン・パナマックスのサイズである。西ドイツのキールに5隻発注され1987〜88年に竣工したが，船籍は米船籍を保った。

（訳注18）APLはライクスから3隻購入し，高雄を起点としたWAX（West Asia Express）に投入した3隻（L9型）は三井造船での建造だった。WAXは高雄の後は，香港・シンガポール・コロンボ・フジャイラ（UAE）に寄港し，復航はコロンボを抜港した。

組織を構築した。APL の市場は，北米，北アジア，南アジアの３つの地域に分かれており，彼はそれらの地域に責任を持たせるマーケットエリアを設けた。

シートンは海運業界には，トップマネジメントにスペシャリストではなく，ゼネラリストが必要だと早くから認識していた。APL の幹部は，ターミナルの運営，顧客対応，複雑なロジスティクスの管理ができ，財務や会社全体に影響を与える事業についてもある程度の専門知識を持っていなければならない。

このような人物像を念頭に置きながら，彼は新組織のスタッフとなる多くのマネジャーを見つけ出し，勧誘するという困難でデリケートな仕事を始めたのである。彼は，自分の条件に合う人には大きな責任と，劇的に成長すると信じるに足る会社の報酬を分かち合う機会を与えた。しかし，彼はマネジャー候補に対して，APL のビジネスの顔になるよう注意した。船や海運ネットワークだけではなく，鉄道や，最終顧客への配送を含む陸上輸送のすべての側面に関わることになるのだ。「その結果，他の業界で良い仕事をしていた優秀な人材が多く入社してきた」とシートンは語っている[43]。

13 ダイアモンドシャムロックの TOB と APL のスピンアウト

シートンは，APL の再構築を終えたとき，彼が期待していた厳格なパフォーマンス基準を満たすチームを編成していた。シートンは，海と陸が完全に統合された輸送システムから生まれる大きな効率性を最大限に活用できる体制を整えた。

1983年秋，C・アイデはナトマスの社長を８年，会長を10年務めて引退した。そしてその直後，同社は R・デイヴィスの象徴的な記念碑であるインターナショナル・ビルディングを売却した。

この仕事が片付いた時に，ナトマスはテキサス州の大企業，ダイヤモンドシャムロックから敵対的買収を受けた。ナトマスは，インドネシアでの石油開発が黒字になって，何年も前からこのような動きに対抗する準備をしていた。ニューヨークの著名な法律事務所と２つの投資銀行が，ウォール街の動きを監視していた。また，いざという時に会社の利益を守るために，10億ドルの融資枠も用意していた。

金融筋はナトマスの石油とガス収入の飛躍的な伸びには注目していたが，不

動産事業や APL の所有権については全く理解していなかった。ナトマスの株式は常に過小評価され，株価収益率の低さが買収の魅力となって，それがコモンズの懸念でもあった。しかし，サンフランシスコでダイヤモンドシャムロックによる買収の噂が流れたとき，コモンズは最初，その噂を信じようとしなかった。それが本当だと判明したのち，いくつかの選択肢があったが，どれも慎重に検討した結果，会社を破綻させるようなものと感じていた。

　結局，ダイヤモンドシャムロックは交渉に応じてくれたが，APL や不動産物件には全く興味がなかった。そして，APL とナトマスの不動産を分離し，独立した別会社を設立することで合意した。入札額も十分に増額されたため，コモンズは，反対することによるコスト増を考慮して，これは石油，ガス，そして石炭事業に対する公正な提案であると考えた。1983年9月1日，この取引は完了した。APL の名前はそのままで，親会社はアメリカン・プレジデント・カンパニーズ（American President Companies）となった。シートンは社長兼最高経営責任者に選ばれ，APL は再び独自のビジネスを開始したのである[44]。

　APL は一航海を終え1956年以前の状態に戻り，以前のように自らの運命を追求することになったのだ。メキシコ戦争が終結したとき，ウィリアム・アスピンウォールがカリフォルニアの将来を推測して以来，その道のりは紆余曲折を経てきた。ニューヨークの商人，ウォール街の投機家，鉄道王，木材王，石油王など，さまざまな人物が登場した。その多彩な歴史の中で，APL は輸送会社として，またアメリカ西部の経済成長の要因として，消滅しそうになったこともあった。しかし，APL は生き残り，最終的にはアメリカの国旗を掲げた最も強力で優れた経営を行う海運会社の1つにまで成長した。APL の未来は，世界の不安定な海運業界の中での評価ではあるが，かつてないほど明るいものである。

[注]

1　従業員は APL が2,200人，AML が500人，その他はナトマスと関連企業の社員から成った（"Container Financing Package", 7 March 1972, APL Archives）。

2　Ide, "Oral History Transcript（Ⅰ）" 3, 4; W. G. MacDonald and D. V. Reardon, "Past and Present President ships of the American President Lines, Ltd., and Predecessor Companies," APL archives, passim; *Gangway*, March/April 1972, p2.

3　"Container Financing Package," 7 March 1972, APL archives.

4　上掲書。

5　上掲書。

6　Ide, "Oral History Transcript（Ⅰ）" 126, 127;（Ⅱ）, 13, APL Archives.

7　上掲書。Dorman Commons, "Oral History Transcript," 10, APL Archives.

8　Ide, "Oral History Transcript（Ⅱ）" 13, 14, APL Archives.

9　American President Lines, Ltd., Annual report 1973, Ide Collection.

10　Les Harlander, "Oral History Transcript," 41, APL Archives.

11　Natomas Company, Annual Report 1973, Ide Collection.

12　Scott, "Oral History Transcript," 41, APL Archives.

13　上掲書42頁。

14　Henry Kozlowski, "Oral History Transcript," 6, 7, APL Archives. American President Lines, Ltd., Annual Report 1973.

15　American President Lines, Ltd., Annual Report 1974, Ide Collection.

16　Ide, "Oral History Transcript（Ⅱ）" 8, 9, APL Archives.

17　Natomas Company, Annual Report 1973, Ide Collection.

18　Commons, "Oral History Transcript（Ⅱ）," 4, 5, APL Archives.

19　Ide, "Oral History Transcript（Ⅱ）" 8, 9, APL Archives.

20　Scott, "Oral History Transcript," 29, APL Archives.

21　上掲書。Temple, Barker and Sloane, "Strategic Evaluation of American President Lines Ⅱ," 22-28, APL Corporate Files.

22　Scott, "Oral History Transcript," 38, 39, APL Archives; John Niven, "Notes on Interview with W. Brandt Brooksby," 12 July 1984, Claremont, Calif.

23　Commons, "Oral History Transcript," 6, 7, APL Archives.

24　Commons, "Oral History Transcript," 6, 7, APL Archives.

25　上掲書。

26　上掲書。

27　Temple, Baker and Sloane, "Strategic Evaluation of American President Lines," 3-72, 17 APL Corporate Files.

28　上掲書27頁。

29　上掲書14頁。

30　APL News Release, 28 September 1976, APL Archives; *Seattle Post-Intelligencer*, 10, 16, 17 September 1976; APL, "Notes to Consolidated Financial Statements," 31 December 1977, APL Archives.

31　Commons, "Oral History Transcript," 9, APL Archives.

32　Seaton, "Oral History Transcript," 1-7; Commons, "Oral History Transcript," 9-11; Natomas Company, Annual Report 1977, APL Archives.

33　T. J. Rhein, "Oral History Transcript," 28, APL Archives.

34　Seaton, "Oral History Transcript," 8, APL Archives.

35　W. B. Hubbard, "Oral History Transcript," 9, 10, APL Archives.

36　Seaton, "Oral History Transcript," 7, 11, APL Archives.

37 American President Lines, Ltd., Annual Report 1980, Ide Collection: W Brandt Brooksby, "Oral History Transcript," 22–28, APL Archives.

38 Seaton, "Oral History Transcript," 14, 15, APL Archives.

39 The ships were renamed the *President Grant, President Hoover*, and *President Tyler*. American President Lines, Ltd., Annual Report 1978, Yost Collection; MacDonald and Reardon, "Past and Present President Ships of American President Lines, Ltd., and Predecessor Companies."

40 Harlander, "Oral History Transcript," 40–46, APL Archives.

41 Hubbard, "Oral History Transcript," 32, 33, APL Archives.

42 Hubbard, "Oral History Transcript," 32, 33, APL Archives.

43 Seaton, "Oral History Transcript," 16, 17, APL Archives.

44 Commons, "Oral History Transcript," 15–23, APL Archives.

訳者あとがき

　原著にはパシフィック・メール・スチームシップ・カンパニー（通称メール
ライン）からアメリカン・プレジデント・ラインズ（APL）までの136年間の歴
史が刻まれており，創業期のアスピンウォール以降，ロバート・ダラー，ラル
フ・デイヴィス，ブルース・シートンをそれぞれの時代の「中興の祖」として
描いている。そして，会社が，1970年代半ば以降，コンテナ船業（定期船ビジ
ネス）に特化し，インターモダルの確立が見通せた時点で記述は終わっている。
　1984年は，まさに，APL がコンテナ二段積みのダブル・スタック・トレイ
ン（DST）の運行を開始した年であり，その後1987年，88年にはノン・パナ
マックスの大型船も就航させ，米国西岸港から東岸や内陸部の拠点にコンテナ
を輸送するシステムを完成させていった。DST によるインターモダルは海運
業界のスタンダードとなり，グローバルなサプライチェーンに貢献してきたこ
とは周知のとおりである。それは，規制緩和の端緒となった1984年の米国新海
事法に対応して，コストに勝るアジア船社とサービスを差別化し運賃競争を回
避するためにグループ内で垂直統合を推し進めた APL の事業戦略でもあった。
同じタイミングで，低速の巨大船を世界一周航路に投入した US ラインがわず
か数年で破綻したことからも，APL の戦略は正しかったと言えよう。
　1990年代以降，定期ビジネスの戦略はインターモダルや単一航路のコンソー
シアム（協調配船）から，東西の基幹航路を中心とするグローバルなアライア
ンスの形成へと移っていく。戦後コンテナを商業化した米船のシーランドや
APL はその後，海運業界の世界的な水平統合の波に呑まれ，シーランドはデン
マークのマースクに，APL はシンガポールの NOL を経て現在はフランスの
CMACGM 傘下にある。

　訳者は1989年に APL の日本支社に Management Trainee として入社し，そ
の後，神戸支店でオペレーション業務を，大阪支店では営業を経験し，米国東
部支社で営業の Japan Trade のマネジメント，帰国後は営業の管理部門で近
海の新規航路の開拓や業界では運賃同盟のチェアも経験し，2011年に退職した。
海運業の素晴らしさを実感する一方で，コンテナ船業の置かれた厳しい競争環
境を学んだ22年でもあった。

　本書の前半は，アスピンウォールやヴァンダービルトなど，米国産業史ではおなじみの海運王や鉄道王たちの駆け引きが描かれ，太平洋航路については日本との貿易や邦船社との競争についての記述も多い。戦後，米国政府管理から複雑な手続きを経て民間に戻ったAPLは，中堅の石油会社，ナトマスのグループ企業に収まるが，その後，ナトマスが他社から買収された1983年にスピンアウトされ，独立企業となり，ニューヨーク証券取引所（NYSE）に上場した。CEOや会長を務めたジョージ・ハヤシはNYSE上場企業の初の日系人トップと言われた。

　1848年創業の伝統を担うこの会社は，コンテナ化の過程では，社内での客船派やラッシュ船派の議論が絶えず，シーランドやハワイのマトソンの後塵を拝することにもなった。したがって，本書は副題の通り「外輪船からコンテナ船まで」の海運企業史であるが，同時に，米国の交通産業史，太平洋を挟んだ日米の海運史ととらえることもできる。海運の研究は，元来の運賃論から航路研究，港湾ガバナンス，クルーズの寄港地選好などと多様化してきたが，とくに若い研究者に歴史への関心をもってほしく数年をかけて翻訳した次第である。ちなみに，著者のニーヴェンには，“Martin Van Buren” や “The Coming of the Civil War” などの著書がある西洋史家でもある。

　翻訳は当時長崎県立大学の学生であった三島優奈さんに原稿を手伝ってもらった。また，同僚の三浦佳子先生にはすべての原稿を読み直していただいた。中央経済社の小坂井和重氏には校閲の際に的確なアドバイスを頂戴し，お世話になった。さらに，APLを退職された竹迫健一氏には1960年代以降の社内報や年報を寄贈いただいた。お礼を申し上げたい。

　翻訳は近藤美作氏のAPL関連の『海外海事研究』の論文も参考にした。本書の出版には長崎県立大学学術研究会の助成を賜ったことを記しておく。

山　本　　裕

索　引

《訳者紹介》

山 本　　裕（やまもと　ゆたか）

長崎県立大学大学院地域創生研究科地域社会ビジネスマネジメント専攻長

1989〜2011年　アメリカンプレジデントラインズ勤務
2010年　神戸大学大学院経済学研究科博士後期課程修了　博士（経済学）
2011年　長崎県立大学准教授を経て，
2015年　長崎県立大学教授，現在に至る。
2015〜2018年　長崎県立大学東アジア研究所所長
2018〜2019年　エラスムス大学（客員研究員）

［主要業績］　『国際海運と内外港湾の競争力』（長崎県立大学経済学部研究叢書17，
　　　　　　2012年）

［メール・アドレス］　yamamoto@sun.ac.jp

米国海運100年の変遷
——アメリカン・プレジデント・ラインズと先駆者たち

2025年2月25日　第1版第1刷発行

著　者　ジョン・ニーヴェン
訳　者　山　本　　　裕
発行者　山　本　　　継
発行所　㈱中央経済社
発売元　㈱中央経済グループ
　　　　パブリッシング

〒101-0051　東京都千代田区神田神保町1-35
電　話　03(3293)3371（編集代表）
　　　　03(3293)3381（営業代表）
https://www.chuokeizai.co.jp
印刷／東光整版印刷㈱
製本／誠製本㈱

©2025
Printed in Japan

＊頁の「欠落」や「順序違い」などがありましたらお取り替えいた
しますので発売元までご送付ください。（送料小社負担）

ISBN978-4-502-52681-7 C3034

アクティビストの正体
対話と変革を促す投資家の戦略

菊地 正俊〔著〕

● A5判・220頁・ソフトカバー
● ISBN：978-4-502-50481-5

資本コストや株価を意識した経営が上場企業に要請される中，動きが活発化するアクティビストに対して企業と投資家はどう対応すべきか。最新情報を踏まえて著名ストラテジストが解説。

◆本書の構成◆

中央経済社

《訳者紹介》

山 本 裕（やまもと ゆたか）

長崎県立大学大学院地域創生研究科地域社会ビジネスマネジメント専攻長

1989〜2011年 アメリカンプレジデントラインズ勤務
2010年 神戸大学大学院経済学研究科博士後期課程修了 博士（経済学）
2011年 長崎県立大学准教授を経て，
2015年 長崎県立大学教授，現在に至る。
2015〜2018年 長崎県立大学東アジア研究所所長
2018〜2019年 エラスムス大学（客員研究員）

［主要業績］ 『国際海運と内外港湾の競争力』（長崎県立大学経済学部研究叢書17，
2012年）

［メール・アドレス］ yamamoto@sun.ac.jp

米国海運100年の変遷
――アメリカン・プレジデント・ラインズと先駆者たち

2025年2月25日 第1版第1刷発行

著　者 ジョン・ニーヴェン
訳　者 山　本　　　裕
発行者 山　本　　　継
発行所 ㈱中　央　経　済　社
発売元 ㈱中央経済グループ
　　　 パブリッシング

〒101-0051 東京都千代田区神田神保町1-35
電　話 03(3293)3371(編集代表)
03(3293)3381(営業代表)
https://www.chuokeizai.co.jp
印刷／東光整版印刷㈱
製本／誠　製　本　㈱

©2025
Printed in Japan

アクティビストの正体
対話と変革を促す投資家の戦略

菊地 正俊〔著〕

● A5判・220頁・ソフトカバー
● ISBN：978-4-502-50481-5

資本コストや株価を意識した経営が上場企業に要請される中，動きが活発化するアクティビストに対して企業と投資家はどう対応すべきか。最新情報を踏まえて著名ストラテジストが解説。

◆本書の構成◆

中央経済社